GEORGI GOSPODINOV
ZEITZUFLUCHT

atb aufbau taschenbuch

Georgi Gospodinov wurde 1968 in Jambol, Bulgarien, geboren. Einem großen internationalen Publikum wurde er mit seinem ersten Roman bekannt, dem »Natürlichen Roman« sowie dem Roman »Physik der Schwermut«, die in mehr als zwanzig Sprachen übersetzt wurden. Gospodinov wurde mit zahlreichen Preisen ausgezeichnet, u. a. zweifach mit dem bulgarischen Buchpreis und dem Jan Michalski-Preis. Für seinen Roman »Zeitzuflucht« erhielt er 2023 den International Booker Prize. Er lebt und arbeitet in Sofia.
Zuletzt erschien von ihm im Aufbau Verlag »Der Gärtner und der Tod«.

Alexander Sitzmann studierte Skandinavistik und Slawistik in Wien, forscht und lehrt an der dortigen Universität. Seit 1999 ist er als literarischer Übersetzer aus dem Bulgarischen, Mazedonischen und den skandinavischen Sprachen tätig.

Gaustín ist ein Flaneur, der durch die Zeit reist. In Zürich eröffnet er eine »Klinik für die Vergangenheit«, die Alzheimer-Kranken eine inspirierende Behandlung anbietet: Patienten können dort Trost finden in ihrer verblassenden Erinnerung. Aber auf einmal interessieren sich auch gesunde Menschen dafür, in die Klinik aufgenommen zu werden, und schließlich sind es sogar ganze Länder, die in frühere Zeiten zurückkehren wollen … Ein glänzender, hochpolitischer Roman, durchzogen von dunklem Witz, der uns eine neue Art eröffnet, unsere Vergangenheit, Gegenwart und Zukunft zusammenzudenken.

Georgi Gospodinov

ZEIT ZU FLUCHT

Roman

Aus dem Bulgarischen
von Alexander Sitzmann

aufbau taschenbuch

Die Originalausgabe unter dem Titel
Vremeubezhishte
erschien 2020 bei Janet 45, Plovdiv, Bulgarien.

MIX
Papier | Fördert gute Waldnutzung
FSC® C083411

ISBN 978-3-7466-3996-3

Aufbau Taschenbuch ist eine Marke
der Aufbau Verlage GmbH & Co. KG

4. Auflage 2025
Vollständige Taschenbuchausgabe

www.aufbau-verlage.de
10969 Berlin, Prinzenstraße 85

Bei Fragen zur Sicherheit unserer Produkte wenden Sie sich bitte an produktsicherheit@aufbau-verlage.de.
Umschlaggestaltung nach einem Design von Holly Ovenden
unter Verwendung von Motiven von
© Felix Mizioznikov/shutterstock, © Jacek_Sopotnicki/
Getty Images, © Westend61/Getty Images und weiterer Bilder
von Images © Getty images and Shutterstock
Satz Greiner & Reichel, Köln
Druck und Binden CPI books GmbH, Leck, Germany

Printed in Germany

Meiner Mutter und meinem Vater,
die immer noch die ewigen Erdbeerfelder der Kindheit jäten

Alle echten Personen in diesem Roman sind ausgedacht, nur die ausgedachten sind echt.

INHALT

Bisher hat noch niemand eine Gasmaske und einen Luftschutzraum gegen die Zeit erfunden.

Gaustín, »Zeitzuflucht«, 1939

Aber welches ist denn unser Zeitorgan? Willst du mir das mal eben angeben?

Thomas Mann, »Der Zauberberg«

Der Mensch ist die einzige Zeitmaschine, über die wir verfügen.

Gaustín, »Gegen die Utopien«, 2001

Wozu gibt's Tage? Wo sonst sollten wir leben?

Philip Larkin, »Days«

Oh, yesterday came suddenly …

John Lennon/Paul McCartney

»Wenn die Straße die Zeit wäre, und er am Ende der Straße…«

T. S. Eliot, »The Boston Evening Transcript«

Unser ewiges gestern, gestern und dann wieder gestern …

Gaustín/Shakespeare

Der Roman kommt im Notfall mit eingeschaltetem Blaulicht und Sirene daher.

Gaustín, »Emergency Novel. Brief Theory and Practice«

… und Gott holt wieder hervor, was vergangen ist.

Prediger 3,15

Die Vergangenheit unterscheidet sich in einem wesentlichen Punkt von der Gegenwart – sie fließt nie in eine Richtung.

Gaustín, »Physik der Vergangenheit«, 1905

Einmal, als sie noch klein war, zeichnete sie ein Tier, das absolut nicht zu erkennen war.
Was ist das, fragte ich.
Manchmal ist es ein Hai, manchmal ein Löwe und manchmal eine Wolke, antwortete sie.
Aha, und was ist es jetzt gerade?
Und jetzt ist es ein Versteck.

G. G., »Anfänge und Enden«

I

KLINIK FÜR VERGANGENHEIT

Also, das Thema ist das Gedächtnis. Tempo: andante bis andante moderato, sostenuto (zurückhaltend). Vielleicht wäre die Sarabande mit ihrer beherrschten Feierlichkeit, mit der Punktierung der zweiten Note gut für den Anfang. Eher Händel als Bach. Strenge Wiederholung und zur gleichen Zeit kommt sie vom Fleck. Zurückhaltend und feierlich für den Anfang. Danach kann – und muss – alles zerfallen.

1.

Zu einem bestimmten Zeitpunkt macht man sich daran auszurechnen, wann die Zeit begonnen hat, wann genau die Erde erschaffen wurde. Der irische Bischof Ussher berechnete Mitte des 17. Jahrhunderts nicht nur das konkrete Jahr, sondern auch das anfängliche Datum: 22. Oktober 4004 vor Christi Geburt. Es sei auf einen Samstag gefallen (natürlich). Manchen Forschern zufolge nennt Ussher auch die genaue Stunde – gegen sechs am Nachmittag. Samstagnachmittag, das glaube ich sofort. Zu welcher anderen Zeit der Woche wird sich ein gelangweilter Schöpfer daran machen, eine Welt zu erbauen und sich Gesellschaft zu suchen. Ussher widmete dem sein ganzes Leben, der Aufsatz umfasste 2000 Seiten auf Latein, es haben sich wohl kaum viele die Mühe gemacht, ihn ganz zu lesen. Aber er wurde außerordentlich populär, vielleicht nicht so sehr er selbst, als eher die darin beschriebene Entdeckung. Die Bibeln der Insel kamen fortan mit nach Ussher vermerktem Datum und Chronologie aus dem Druck. Diese Theorie über die junge Erde (und meiner Meinung nach über die junge Zeit) eroberte die christliche Welt. Wir müssen dazusagen, dass sogar Gelehrte wie Kepler und Sir Isaac Newton konkrete Zeitangaben für die göttliche Schöpfung machen, die ebenfalls rund um das von Ussher angegebene Jahr liegen. Aber trotzdem sind für mich nicht das Jahr und die Tatsache, dass es gar nicht so lange zurückliegt, das Erstaunlichste, sondern der konkrete Tag.

22. Oktober, viertausendundvier Jahre vor Christus, gegen 6 Uhr Nachmittag.

Irgendwo im oder um den Dezember 1910 veränderte sich der menschliche Charakter. So schreibt Virginia Woolf. Und man kann sich jenen Dezember des Jahres 1910 vorstellen, vordergründig wie alle anderen auch, grau, kalt und nach frischem Schnee riechend. Aber etwas hat sich gelöst, etwas, das nur wenige gespürt haben.

Am 1. September 1939 früh am Morgen kam das Ende der menschlichen Zeit.

2.

Jahre später, wenn viele seiner Erinnerungen wie erschrockene Tauben in alle Richtungen davonfliegen würden, könnte er sich immer noch diesen Morgen zurückrufen, an dem er ziellos durch die Straßen Wiens ging und ein Stadtstreicher mit einem Schnurrbart wie Márquez auf dem Gehsteig in der frühen Märzsonne Zeitungen verkaufte. Es kam Wind auf, und einige Zeitungen erhoben sich in die Luft. Er versuchte zu helfen, erwischte zwei, drei und brachte sie zurück. Sie können eine behalten, sagte Márquez.

Gaustín, wir werden ihn so nennen, obwohl er selbst diesen Namen als Tarnkappe verwendete, steckte die Zeitung ein und reichte ihm eine Banknote, eine ziemlich große in Anbetracht der Umstände. Der Stadtstreicher drehte sie unschlüssig in der Hand hin und her und sagte unvermittelt: Aber … ich kann doch gar nicht rausgeben. Das klang so absurd an diesem frühen Wiener Morgen, dass beide lachten.

Gaustín verspürte Liebe und Furcht für die Obdachlosen, das waren die Wörter, und immer in dieser Kombination. Er liebte sie und fürchtete sich vor ihnen in der Art, in der man jenes liebt und fürchtet, das man schon gewesen ist oder von dem man erwartet, dass man sich eines Tages in es verwandeln wird. Er wusste, dass er sich früher oder später in ihre Armee eingliedern würde, falls wir das Klischee verwenden wollen. Er stellte sich einen Augenblick lang die langen Reihen marschierender Obdachloser auf der Kärntner Straße und dem Graben vor. Ja, er war mit ihnen verwandt, war einer von ihnen, wenngleich ein wenig anders als sie. Ein Obdachloser in der Zeit sozusagen. Er war einfach aufgrund glücklicher Umstände mit ausreichend Geldmitteln ausgestattet, um die Verwandlung metaphysischer Unbilden in physisches Leid hinauszuschieben.

Zu diesem Zeitpunkt verwendete er einen seiner Berufe – den des Alterspsychiaters. Ich hatte den Verdacht, dass er heimlich die Geschichten seiner Patienten klaute, um in ihnen unterzuschlüpfen, um sich für kurze Zeit an jemandes Ort und Vergangenheit niederzulassen. Sonst herrschte in seinem Kopf ein solches Durcheinander von Zeiten, Stimmen und Orten, dass er sich entweder unverzüglich in die Hände seiner Psychiaterkollegen hätte begeben müssen oder dass er etwas Derartiges getan hätte, dass sie ihn ganz von selbst einkassierten.

Gaustín nahm die Zeitung, ging ein paar Schritte und setzte sich auf eine Parkbank. Er trug einen Borsalino, einen dunklen Trenchcoat, unter dem ein Rollkragenpulli mit hochgezogenem Kragen zu sehen war, alte Lederschuhe und eine Ledertasche in mit Würde verbleichendem Rot. Er sah aus wie jemand, der soeben mit dem Zug aus einem anderen Jahrzehnt angekommen war, er hätte als diskreter Anarchist durchgehen können, als alternder Hippie oder Prediger eines weniger bekannten Ordens.

Er setzte sich also auf die Parkbank und las den Namen der Zeitung – »Augustin«, die Obdachlosenzeitung. Ein Teil der Zeitung wurde von den Obdachlosen geschrieben, ein Teil von professionellen Journalisten. Dort irgendwo, auf der vorletzten Seite unten links in der Ecke, dem am wenigsten beachteten Bereich in einer Zeitung, das wissen alle Zeitungsmacher, stand die Notiz. Sein Blick fiel darauf. Ein schmales Lächeln, in dem mehr Bitterkeit lag als Freude, huschte über sein Gesicht. Er würde gezwungen sein, wieder zu verschwinden.

3.

Vor einiger Zeit, als Herr Alzheimer noch hauptsächlich in Witzen Erwähnung fand, *welche Diagnose wurde dir gestellt, nun ja, es war der Name eines Mannes, aber ich habe ihn vergessen*, erschien eine kurze Mitteilung in einer kleinen Zeitung, eine jener Nachrichten, die von fünf Personen gelesen und von vieren von ihnen im selben Augenblick wieder vergessen wird.

Hier die Notiz, in wenigen Worten nacherzählt.

Ein Arzt, ein gewisser Dr. G. (erwähnt nur mit seiner Initiale) aus dem Wiener Geriatriezentrum am Wienerwald, ein Verehrer der Beatles, hatte sein Büro im Stil der 60er eingerichtet. Er trieb ein Bakelit-Grammophon auf, hängte sich Bandplakate an die Wand, den berühmten »Sergeant Pepper« … Auf dem Flohmarkt besorgte er sich einen alten Schrank und stellte allen möglichen Kleinkram aus den Sechzigern hinein – Seifen, Zigarettenschachteln, eine Serie von VW Käfern im Miniaturformat, rosa Cadillacs und Mustangs, Filmplakate, Poster von Schauspielern. Es hieß auch, sein Schreibtisch sei mit alten Zeitschriften überhäuft, und er selbst sitze da und trage einen Rollkragenpulli unter dem weißen Kittel. Foto gab es natürlich keines, der ganze

Artikel bestand aus knapp dreißig Zeilen, die in die linke untere Ecke gequetscht waren. Die Nachricht bestand darin, dass der Arzt bemerkt hatte, wie die Patienten mit Störungen im Gedächtnis immer länger in seinem Büro verweilten, immer gesprächiger wurden, mit anderen Worten, sie fühlten sich wie zu Hause. Auch die häufigen Fluchtversuche aus dieser sonst renommierten Klinik hatten radikal abgenommen.

Die Mitteilung hatte keinen Autor, sie war im Namen der Zeitung unterzeichnet.

Das war eigentlich meine Idee gewesen, sie schwirrte mir seit Jahren im Kopf herum, aber offenbar war mir jemand zuvorgekommen. (Ich muss gestehen, dass meine Idee sich auf einen Roman bezog, nicht auf eine Klinik, aber egal.)

Bei Gelegenheit besorgte ich mir immer diese Straßenzeitung, einerseits aufgrund einer seltsamen Verbundenheit mit denen, die sie redigierten, eine lange Geschichte aus einem anderen Roman, aber auch aufgrund des deutlichen Gefühls (persönlichen Aberglaubens), dass genau auf diese Art und Weise, durch einen Zeitungsausschnitt, jenes, was dir gesagt werden muss, bei dir landet oder vor dem Blick vorbeihuscht. Und es hat mich nie getäuscht.

Dort stand, dass die Klinik im Wienerwald war, sonst nichts. Ich überprüfte die Geriatriezentren in der näheren Umgebung, mindestens drei von ihnen befanden sich dort. Dieses, das ich brauchte, stellte sich, wie es sich gehört, als das letzte heraus. Ich gab mich als Journalist aus, eigentlich war das gar nicht so sehr gelogen, ich hatte einen Ausweis von einer Zeitung, um kostenlos in die Museen zu kommen, und manchmal schrieb ich sogar für sie. Sonst verwendete ich den verwandten, weitaus harmloseren und flüchtigeren Beruf des Schriftstellers, mit dem es unmöglich ist, sich auszuweisen.

Wie dem auch sei, es gelang mir, übrigens mit ziemlich viel Mühe, zur Direktorin der Klinik vorzudringen. Als sie begriff, wofür ich mich interessiere, wurde sie schlagartig verschlossen. Die Person, nach der Sie suchen, ist seit gestern nicht mehr verfügbar. Warum? Sein Arbeitsverhältnis wurde in beiderseitigem Einvernehmen aufgelöst, antwortete sie, wobei sie sich auf die rutschige Ebene der Beamtensprache begab. Wurde er entlassen, zeigte ich mich aufrichtig verwundert. Ich habe Ihnen doch gesagt, in beiderseitigem Einvernehmen. Warum interessieren Sie sich dafür? Ich habe in der Zeitung vor einer Woche einen interessanten Artikel gelesen ... Noch während ich die Phrase aussprach, spürte ich, dass ich einen Fehler beging. Jenen Artikel mit den Fluchtversuchen aus der Klinik? Von unserer Seite ist eine Klage auf Widerruf eingereicht worden. Ich begriff, dass es für mich keinen Grund gab, weiter hier zu sitzen, ich begriff auch den Grund für die Kündigung in beiderseitigem Einvernehmen. Und wie hieß der Arzt, drehte ich mich im Hinausgehen noch einmal um, aber sie sprach bereits am Telefon.

Ich verließ die Klinik nicht sofort, ich entdeckte den Flügel mit den Büros und sah, wie ein Arbeiter gerade das Schild von der dritten Tür rechts abnahm. Natürlich, das war sein Name. Ich hatte es von Anfang an geahnt.

4.

Gaustíns Spur aufzunehmen, der von Jahrzehnt zu Jahrzehnt wechselt, so wie wir am Flughafen den Flieger wechseln, ist eine Chance, die sich nur einmal alle hundert Jahre auftut. Gaustín, den ich mir zuerst ausdachte und später in Fleisch und Blut traf. Oder war es umgekehrt, ich erinnere mich nicht. Der unsichtbare Freund, sichtbarer und realer als ich selbst. Der Gaustín meiner Jugend. Der Gaustín meines Wunschtraums, jemand anders zu sein, anderswo zu sein, eine andere Zeit zu bewohnen und andere Räume. Wir hatten eine gemeinsame Obsession für die Vergangenheit. Der Unterschied war klein, aber wesentlich. Ich blieb überall ein Fremder, doch er fühlte sich in allen Zeiten gleich wohl. Ich klopfte an die Türen von allerlei Jahren, doch er war schon dort, öffnete mir, führte mich ein und verschwand.

Als ich Gaustín zum ersten Mal rief, war es, damit er drei Zeilen unterschrieb, die einfach so von irgendwoher zu mir gekommen waren, gleichsam aus einer anderen Zeit. Ich mühte mich monatelang ab und konnte ihnen nichts hinzufügen.

Der Troubadour ist von der Frau erdichtet
Ich wiederhole es noch einmal
Sie hat den Dichter erdacht

Eines Abends träumte ich den Namen, geschrieben auf einen Ledereinband – *Gaustín von Arles, 12. Jhd.* Ich erinnere mich, dass ich mir noch im Traum sagte, das ist es. Später tauchte Gaustín selbst auf, will sagen einer, der ihm ähnelte und den ich für mich selbst auch so nannte.

Es war ganz am Ende der 80er. Irgendwo muss ich diese Geschichte aufbewahrt haben.

5.

Gaustín. Kennenlernen

Genau so würde ich ihn euch gerne vorstellen: Auf einem der traditionellen frühseptemberlichen Literaturseminare am Meer sah ich ihn zum ersten Mal. Wir hatten uns gegen Abend in ein kleines Restaurant am Ufer gesetzt, ausnahmslos Schreibende, unverheiratet und ohne ein erstes Buch veröffentlicht zu haben, in einem angenehmen Alter zwischen 20 und 25. Der Kellner kam fast nicht damit nach, die Schnäpse, gemischten und Snežanka-Salate aufzuschreiben. Als wir endlich verstummten, meldete sich zum ersten Mal der junge Mann am Ende des langen Tisches, dem es offenbar nicht gelungen war, seine Bestellung aufzugeben.

Eine Kaffeesahne, bitte!

Er sprach es aus mit der Entschiedenheit eines Menschen, der zumindest Ente mit Orangen oder Blue Curaçao bestellt. Während der darauffolgenden langen Stille hörte man nur, wie der vom Meer her kommende leichte Abendwind eine leere Plastikflasche mit sich schleifte.

Verzeihung?, brachte der Kellner heraus.

Eine Kaffeesahne, bitte, wiederholte er mit derselben zurückhaltenden Würde.

Auch wir waren verdutzt, aber schon kurz darauf setzten die Gespräche bei Tisch wieder mit ihrer vorherigen Lautstärke ein. Bald bedeckten Teller und Gläser die Tischdecke vollständig. Das letzte, was der Kellner brachte, war ein kleines Porzellantellerchen mit vergoldetem Rand. In der Mitte des Tellers stand anmutig, wie mir schien, die bestellte Kaffeesahne. Er trank so langsam und so wenig, dass sie ihm für den ganzen Abend reichte.

Das war unser erstes Zusammentreffen.

Bereits am nächsten Tag versuchte ich, ihm näherzukommen, und in der weniger als einen Woche verbleibender Zeit kehrten wir dem Seminar vollends den Rücken. Wir gehörten beide nicht zu den Gesprächigsten, sodass wir unsere Zeit wunderbar mit Spaziergängen und Schwimmen in gemeinsam geteiltem Schweigen verbrachten. Immerhin gelang es mir zu erfahren, dass er allein lebte, sein Vater war schon vor langer Zeit gestorben und seine Mutter vor einem Monat zum dritten Mal illegal nach Amerika aufgebrochen – er hoffte sehr, dass sie diesmal Erfolg haben würde.

Außerdem erfuhr ich, dass er manchmal Erzählungen vom Ende des letzten Jahrhunderts schrieb, genau so drückte er sich aus, und ich konnte meine Neugier kaum zügeln, tat aber so, als sei das etwas ganz Natürliches. Die Vergangenheit beschäftigte ihn besonders. Durch alte, leerstehende Häuser sei er gezogen, habe in den Ruinen gewühlt, Dachböden und Kisten durchsucht, alle möglichen Altwaren sammle er. Von Zeit zu Zeit gelinge es ihm, etwas zu verkaufen, an ein Antiquariat oder an Bekannte, und so erhalte er sich. Ich dachte mir, dass die Bescheidenheit seiner Bestellung an jenem Abend keinen Anlass dazu gab, sonderlich viel Vertrauen in diese Art von Business zu setzen. Deshalb, als er nebenbei erwähnte, dass er im Moment über drei Schachteln Zigaretten der Marke »Tomasjan« aus dem Jahre 1937 verfüge, entstaubt und Double Extra Qualität, wollte ich ihm, als eingefleischter Raucher, sofort alle drei abkaufen. Wirklich?, fragte er. Ich hätte schon immer davon geträumt, so lang gelagerte »Tomasjan« zu probieren, antwortete ich, und er rannte los zu seinem Bungalow. Er sah mir mit echtem Vergnügen dabei zu, wie ich sie lässig mit einem deutschen Originalstreichholz aus dem Jahre 1928 (ein Geschenk von ihm zu den Zigaretten) anzündete, und fragte, wie der Geist von 37 sei. Scharf, gab ich zur Antwort. Die Zigaretten waren wirklich stark, hatten keinen Filter und qualmten mächtig. Das liegt sicher an den Bombardierungen von Guernica im selben Jahr, sagte Gaustín leise. Oder vielleicht ist es auch wegen der »Hindenburg«, der größte Zeppelin der Welt explodierte damals kurz vor der Landung, ich glaube am 6. Mai, 100 Meter über dem Boden und mit 97 Personen an Bord. Alle Radioreporter weinten im Äther. Solche Dinge bleiben sicher an den Tabakblättern kleben …

Ich wäre fast erstickt. Ich drückte die Zigarette aus, sagte aber nichts. Er sprach wie ein Augenzeuge, dem es nach vielen Anstrengungen gelungen war, über das Geschehene hinwegzukommen.

Ich beschloss, das Thema abrupt zu wechseln, und an diesem Tag fragte ich ihn zum ersten Mal nach seinem Namen. Nenn mich Gaustín, sagte er und lächelte. Angenehm, Ismael, antwortete ich, um den Scherz noch ein wenig weiterzutreiben. Aber er schien mich gar nicht zu hören, sagte, ihm gefalle dieses eine Gedicht mit dem Motto von Gaustín, das war mir angenehm, muss ich gestehen. Und außerdem, fuhr er ganz ernst fort, verbindet es meine beiden Namen Augustin-Garibaldi miteinander. Meine Eltern konnten sich nicht darauf einigen, wie ich heißen sollte. Mein Vater bestand darauf, mich auf den Namen Garibaldi zu taufen, er war sein leidenschaftlicher Verehrer. Meine Mutter, sagte Gaustín, eine stille und kluge Frau, eine bekennende Verehrerin des Hl. Augustinus mit drei Semestern Philosophie an der Universität, wiederum bestand darauf, auch den Namen des Heiligen dazuzunehmen. Sie nennt mich immer noch Augustin, und mein Vater nannte mich, solange er noch am Leben war, Garibaldi. So fanden frühe Theologie und spätes Revoluzzertum zusammen.

Alles in allem erschöpfte sich damit die konkrete Information, die wir im Laufe dieser fünf, sechs Tage des sich seinem Ende zuneigenden Seminars austauschten. Ich erinnere mich natürlich auch an einige besonders wichtige Momente des Schweigens, aber die kann man schwerlich nacherzählen.

Ach ja, es gab noch ein kurzes Gespräch, am letzten Tag. Erst da erfuhr ich, dass Gaustín in einem verlassenen Haus in einem kleinen Städtchen am Fuße des Balkangebirges lebte. Ich habe kein Telefon, sagte er, aber Briefe kommen an. Er kam mir unendlich einsam vor und … unzugehörig. Das war das Wort, das mir damals in den Sinn kam. Nicht zugehörig zu nichts in der Welt, oder genauer gesagt, zur gegenwärtigen Welt. Wir betrachteten den verschwenderischen Sonnenuntergang und schwiegen. Aus dem Gebüsch hinter uns erhob sich eine ganze Wolke von Mücken. Gaustín folgte ihnen mit dem Blick und sagte: Während das für uns einfach nur ein weiterer Sonnenuntergang ist, ist dieser Sonnenuntergang für die heutigen Eintagsfliegen der Sonnenuntergang ihres Lebens. Oder so etwas in der Art. Ohne nachzudenken, sagte ich, das sei doch nur eine abgedroschene Metapher. Er schaute mich verwundert an, blieb aber stumm. Erst nach einigen Minuten meinte er: Bei denen gibt es keine Metaphern.

… Im Oktober und November 1989 passierte ein ganzer Haufen Dinge, die schon zur Genüge bekannt und beschrieben worden sind. Ich lungerte auf den Plätzen herum und schrieb nicht an Gaustín. Ich hatte auch andere Probleme, ich bereitete gerade mein erstes Buch vor, heiratete. Alles dumme Ausreden natürlich. Aber während dieser Zeit dachte ich oft an ihn. Auch er schrieb nicht.

Die erste Postkarte erhielt ich exakt am 2. Januar 1990, eine offene Weihnachtskarte mit einem nachträglich kolorierten schwarz-weißen Schneewittchen, das an Judy Garland erinnerte. Es hielt einen Zauberstab in der Hand, der auf die mit großer Schrift geschriebene Jahreszahl 1929 zeigte. Auf der Rückseite der Karte standen meine Adresse und knapp gehaltene Neujahrswünsche, mit Tusche geschrieben, nach der damaligen Orthographie, mit allen möglichen harten und weichen Zeichen am Wortende und anderen, nicht mehr verwendeten Buchstaben. Sie endete mit »Ich wage es, mich Dein Gaustín zu nennen«. Ich setzte mich gleich hin und antwortete ihm mit einem Brief, in dem ich mich für die angenehme Überraschung bedankte und schrieb, dass ich seine elegante Mystifikation wirklich zu schätzen wisse.

Noch in derselben Woche erhielt ich eine Antwort. Ich öffnete den Umschlag vorsichtig, darin waren zwei blassgrüne Blätter mit Wasserzeichen, nur auf einer Seite mit derselben anmutigen Handschrift beschrieben, unter strenger Einhaltung der alten, wenn ich mich nicht täusche, auf Omarčevski zurückgehenden Rechtschreibung der 20er Jahre. Er schrieb, dass er nirgendwohin gehe, sich aber ausgezeichnet fühle. Er habe die Tageszeitung »Zora« abonniert, unter der »sehr objektiven Redaktion von Herrn Krapčev«, und die Zeitschrift »Zlatorog«, um immerhin auf dem Laufenden zu bleiben, wohin sich die Literatur entwickelte. Er fragte mich, was ich von der Suspendierung der Verfassung halte und von der Auflösung des Parlamentes durch den jugoslawischen König Aleksandar am sechsten dieses Monats, worüber »Zora« bereits am folgenden Tag berichtet habe. Er beendete seinen Brief mit einem Postskriptum, in dem er sich entschuldigte, dass er nicht verstanden habe, was ich mit »eleganter Mystifikation« meinte.

Ich las den Brief noch einige Male, drehte und wendete ihn in meinen Händen, schnupperte an ihm in der Hoffnung, wenigstens irgendein Anzeichen von Ironie zu entdecken. Vergeblich. Wenn das ein Spiel war, lud mich Gaustín ohne jegliche Präzisierung der Regeln ein mitzuspielen. Also gut, ich entschied mich, sein Spiel zu spielen. Weil ich keinerlei Kenntnisse über das verfluchte Jahr 1929 hatte, musste ich die nächsten drei Tage in der Bibliothek verbringen, in alten Ausgaben von »Zora« wühlend, die zu allem Überfluss auch nur auf Mikrofilm existierten. Ich las aufmerksam über den Fürsten Aleksandar. Ich warf für jeden Fall einen Blick auf die anstehenden Ereignisse: »Trotzki aus UdSSR verjagt«, »Die Deutschen akzeptieren den Briand-Kellogg-Pakt«, »Mussolini unterschreibt eine Übereinkunft mit dem Papst«, »Frankreich gewährt Trotzki kein politisches Asyl«, einen Monat später »Deutschland gewährt Trotzki kein politisches Asyl«, ich gelangte schließlich zu »Börsenkrach an der Wall Street« am 24. Oktober. Noch in der Bibliothek schrieb ich Gaustín eine kurze und, wie mir schien, kühle Antwort, wo ich auf die Schnelle meine Meinung zu den Ereignissen in Jugoslawien mitteilte (welche verdächtig genau mit der des Herausgebers Herrn Krapčev übereinstimmte) und ihn bat, mir die Dinge zu schicken, an denen er gerade arbeitete, weil ich mir davon zu erfahren erhoffte, was genau vor sich ging.

Sein nächster Brief kam erst eineinhalb Monate später. Er entschuldigte sich, dass ihn eine heimtückische Influenza befallen habe und er nicht im Stande gewesen sei, auch nur irgendetwas zu tun. Unter anderem fragte er, ob ich glaubte, dass Frankreich Trotzki aufnehmen würde. Lange überlegte ich, ob ich der ganzen Geschichte nicht ein Ende setzen und ihm einen ernüchternden Brief schreiben sollte, doch ich entschied mich, noch ein wenig weiter mitzuspielen. Ich gab ihm einige Ratschläge bezüglich der Influenza, die er allerdings bereits selbst in »Zora« gelesen hatte, riet ihm, nicht viel auszugehen und jeden Abend ein warmes Fußbad in gesättigter Salzlösung zu nehmen. Ich zweifelte stark daran, dass Frankreich Trotzki politisches Asyl gewähren würde, wie übrigens auch Deutschland nicht. Als sein nächster Brief ankam, hatte Frankreich es wirklich abgelehnt, Trotzki aufzunehmen, und Gaustín schrieb mit Begeisterung, dass ich jedenfalls ein »kolossales politisches Gespür« hätte. Dieser Brief war länger als die früheren aufgrund noch zweier anderer Begeisterungen seinerseits. Die eine rührte von der soeben publizierten Ausgabe von »Zlatorog« her und der darin abgedruckten neuen Auswahl von Gedichten Bagrjanas, die andere von einem Radioapparat Marke »Telefunken«, den er jetzt zu reparieren versuchte. Zu diesem Zwecke bat er mich, ihm eine Radioröhre »Valvo« aus dem Geschäft von Džabarov auf der »Aksakov« Straße Nr. 5 zu schicken. Lang und breit beschrieb er mir die Demonstration eines mit zwölf Röhren bestückten Apparats von Dr. Reißer in Berlin, der auf Kurzwelle mit automatischer Regulierung des Fadings empfange. »Damit wird man sogar Konzerte aus Amerika hören können, kannst Du Dir das vorstellen?«

Nach diesem Brief beschloss ich, nicht weiter zu antworten. Er schrieb mir auch nicht mehr. Weder zum nächsten Neujahr, noch zum übernächsten. Allmählich verblasste die Erinnerung, und wenn da nicht einige Briefe wären, die ich immer noch aufbewahre, würde ich wahrscheinlich selbst nicht daran glauben. Aber es sollte anders kommen. Einige Jahre später erhielt ich erneut einen Brief von Gaustín. Ich hatte böse Vorahnungen und es nicht eilig, ihn zu öffnen. Ich fragte mich, ob er nach so langer Zeit Vernunft angenommen oder die Dinge sich eher noch verschlimmert hatten. Ich öffnete den Briefumschlag erst am Abend. Darin standen nur einige Zeilen geschrieben. Ich werde sie wörtlich zitieren:

Verzeih, dass ich Dich nach so langer Zeit erneut behellige. Aber Du siehst ja selbst, was rund um uns geschieht. Du liest Zeitung, und mit Deinem politischen Spürsinn hast Du bestimmt schon längst die Schlächterei, die an unserer Türschwelle steht, vorhergesehen. Die Deutschen ziehen massiv Truppen an der polnischen Grenze zusammen. Bis jetzt hatte ich Dir gegenüber noch nicht erwähnt, dass meine Mutter Jüdin ist (erinnere Dich daran, was letztes Jahr in Österreich geschehen ist, und auch an die »Kristallnacht« in Deutschland), der da wird vor nichts Halt machen. Ich habe das Notwendige veranlasst und bin fest entschlossen, morgen in aller Frühe mit dem Zug nach Madrid zu fahren, dann nach Lissabon und von dort aus nach New York …

Leb vorerst wohl!
Dein Gaustín.
14. August 1939.

Heute ist der 1. September.

6.

Am 1. September 1939 erwacht Wystan Hugh Auden in New York und schreibt in sein Tagebuch:

Bin mit Kopfschmerzen aufgewacht nach einer Nacht böser Träume, in denen C untreu war. Die Zeitung berichtet über den deutschen Überfall auf Polen … Da hast du alles in einem echten Anfang – böse Träume, Krieg und Kopfweh.

Ich war in der New York Public Library, als ich auf diesen Eintrag in Audens Tagebuch stieß, das sonst in London aufbewahrt wird, aber durch einen glücklichen Zufall war sein Archiv vorübergehend in New York.

Nur ein Tagebuch kann auf diese Weise Persönliches und Historisches zusammenbringen. Die Welt ist nicht mehr dieselbe – Deutschland überfällt Polen, der Krieg beginnt, mir tut der Kopf weh, und dieser Idiot C besitzt die Unverfrorenheit, mir im Traum untreu zu werden. Heute im Traum, morgen in Wirklichkeit (ob er sich das gedacht hat?). Mit dem Erkennen von Untreue beginnt Schahriyar das große Abschlachten von Frauen in »Tausendundeine Nacht«. Ob Auden sich bewusst war, wie viele Dinge jene zwei Zeilen registrieren, wie genau, persönlich und zynisch genau sie sind. Zwei Zeilen über den wichtigsten Tag des Jahrhunderts. Am selben Tag, nachdem das Kopfweh leicht verflogen ist, wird er einige Verse zu Papier bringen:

I sit in one of the dives
On Fifty-second Street
Uncertain and afraid …

Und hier bereits die Spelunke in der 52sten, das Kopfweh, die Untreue und der böse Traum, der Überfall auf Polen an jenem 1. September – alles ist zu Geschichte geworden. Das Gedicht wird genau so heißen: *1. September 1939*.

Wann wird aus Alltag Geschichte?

Eine Sekunde nur. Hängt jenes so oft zitierte *We must love one another or die* gegen Ende des Gedichts, das Auden später angeblich überhaupt nicht gefiel und das er ständig wegließ, nicht gerade mit dieser geträumten Untreue zusammen? Wer würde sich gern an solche Albträume erinnern?

Ich würde gern alles über diesen Tag wissen, ein Tag im Herbst 1939, würde gern mit jedem in den Küchen der Welt sitzen, in die Zeitung hineinsehen, die er aufgeschlagen hat, während er seinen Kaffee trinkt, begierig alles lesen – von den an der deutsch-polnischen Grenze zusammengezogenen Truppen bis zu den letzten Tagen des Sommerschlussverkaufs und der neuen Bar »Cinzano«, die in Lower Manhattan öffnet. Der Herbst liegt schon in der Luft, die Werbeflächen in den Zeitungen, im Voraus bezahlt, stehen jetzt in Nachbarschaft zu den kurzen Kommuniqués über die letzten Stunden in Europa.

7.

An einem anderen 1. September werde ich auf dem Rasen im Bryant Park sitzen, die Spelunke in der 52sten gibt es schon lange nicht mehr, ich bin soeben aus Europa gekommen, und müde (die Seele hat ebenfalls Jetlag) werde ich die Gesichter der Menschen betrachten. Ich habe den kleinen Band von Auden mitgenommen, immerhin sind wir uns das Ritual schuldig. Nach einem Tag, verbracht in der Bibliothek, sitze ich hier »unsicher und ängstlich«. Ich habe schlecht geschlafen, habe nicht von Untreue geträumt, oder ich habe davon geträumt, habe sie aber vergessen … Die Welt steht auf der gleichen Stufe von Beunruhigung, der örtliche Sheriff und der Sheriff eines weit entfernten Landes bedrohen sich gegenseitig. Sie tun es über Twitter, begrenzt auf einige Zeichen. Die alte Rhetorik gibt es nicht mehr, es gibt keine Redegewandtheit. Ein Köfferchen, ein Knopf und … Ende des Arbeitstages für die Welt. Eine Beamtenapokalypse.

Ja, die alten Spelunken und die alten Meister gibt es nicht

mehr, der Krieg, der damals bevorstand, ist ebenfalls vorbei, auch andere Kriege sind vorbei, nur die Beunruhigung ist geblieben.

I tell you, I tell you, I tell you we must die.

Irgendwo in der Nähe lief der Song der Doors, und auf einmal kam es mir so vor, als würde hier ein heimliches Gespräch stattfinden, als ob Morrison tatsächlich mit Auden spricht. Und genau dieser Refrain, diese Replik, ist gleichsam die Lösung für das Zögern in jener von Auden selbst so ungeliebten Zeile, *We must love one another or die.* Bei Morrison gibt es kein Zögern mehr, die Antwort ist kategorisch: *I tell you we must die.*

Nach gewisser Recherche entdecke ich, dass das Lied bereits 1925 von Brecht mit Musik von Kurt Weill geschrieben wurde. Er selbst singt es 1930 wie wahnsinnig, am Rande des Entsetzlichen … Und das macht die Dinge noch verworrener. Auden hat den Vers von jenem Lied Brechts entgegengenommen und umgedreht, und eigentlich spricht er mit ihm. Sowohl Brecht von 1925 als auch Morrison von 1969 folgen dem Tod. *Ich sage dir, wir müssen sterben.* Vor ihrem Hintergrund klingt Auden so, als würde er noch immer eine Chance sehen – *uns lieben oder sterben.* Nur vor Kriegen, selbst an ihrem Vorabend, ist der Mensch geneigt zu hoffen. Am 1. September hätte die Welt wahrscheinlich noch gerettet werden können.

Ich bin als dringender Fall hierhergekommen, wie man für gewöhnlich nach New York kommt, vor etwas auf der Flucht, auf der Suche nach etwas anderem. Ich floh vor dem Kontinent der Vergangenheit an einen Ort, der behauptete, keine Vergangenheit zu besitzen, auch wenn er in der Zwischenzeit welche gesammelt hatte. Ich hatte ein gelbes Notizbuch dabei, ich suchte einen Menschen, ich wollte erzählen, solange mich das Gedächtnis noch nicht verlassen hatte.

8.

Einige Jahre früher werde ich mich in einer Stadt aufhalten, wo es kein 1939 gegeben hat. Eine Stadt, die gut zum Leben ist und noch besser zum Sterben. Eine Stadt so ruhig wie ein Friedhof. Ist dir nicht langweilig, fragt man mich am Telefon. Die Langeweile ist das Emblem dieser Stadt. In ihr haben Canetti, Joyce, Dürrenmatt, Frisch und sogar Thomas Mann sich gelangweilt. Es ist irgendwie unangenehm, seine Langeweile mit der ihren zu messen. Mir ist nicht langweilig, sage ich. Wer bin ich, dass mir langweilig wäre. Obwohl ich heimlich Lust hätte, vom Luxus der Langeweile zu kosten.

Es war einige Zeit vergangen, seit ich die Spur Gaustíns in Wien verloren hatte.

Ich wartete darauf, irgendwoher ein Zeichen von ihm zu erhalten, ich sah die Seiten der abwegigsten Zeitungen durch, aber offensichtlich war er vorsichtiger geworden. Eines Tages bekam ich eine offene Karte, ohne Namen und Rücksendeadresse.

Grüße aus Zürich, ich habe mir etwas ausgedacht, wenn es klappt, werde ich schreiben.

Das konnte nur Gaustín sein. Die folgenden Monate schrieb er nicht, aber ich beeilte mich, eine Einladung für einen kurzen Aufenthalt im dortigen Literaturhaus anzunehmen.

Und so hatte ich fast einen Monat hier, ich ging durch die leeren Straßen am Sonntag, erfreute mich an der Sonne, die sich auf dem Hügel länger hielt, und bei Sonnenuntergang konnte man sehen, wie weit weg am Ende der Landschaft die Farbe der Alpengipfel zu einem kühlen Violett wechselte. Ich begriff, warum am Ende alle hierher kamen. Zürich ist eine gute Stadt zum Altwerden. Und auch zum Sterben. Falls es eine europäische Geographie des Alters gibt, dann sollte sie folgendermaßen verteilt sein: Paris, Berlin und Amsterdam für die Jugend, mit ihrer ganzen Ungezwungenheit, dem Geruch nach Joints, dem Trinken von Bier im Mauerpark und dem Herumliegen auf seiner Wiese, die sonntäglichen Flohmärkte, die Frivolität des Sexes … Danach kommt die Reife von Wien und Brüssel. Eine Verlangsamung des Tempos, die Bequemlichkeit, die Straßenbahnen, die funktionierenden Krankenkassen, die Schulen für die Kinder, ein wenig Karriere, Eurobeamtentum. Na gut, für die, die noch nicht alt werden wollen – Rom, Barcelona, Madrid … Das gute Essen und die warmen Nachmittage werden den Verkehr, den Lärm und das leichte Chaos kompensieren. Zur späten Jugend würde ich auch New York hinzufügen, ja, ich zähle es zu den europäischen Städten, die aufgrund eines Zusammentreffens der Umstände auf die andere Seite des Ozeans verlegt wurde.

Zürich ist eine Stadt zum Altwerden. Die Welt hat sich verlangsamt, der Fluss des Lebens hat sich in einem See verborgen, langsam, ruhig an der Oberfläche, der Luxus der Langeweile und Sonne auf dem Hügel für die alten Knochen. Die Zeit in ihrer ganzen Relativität. Es ist überhaupt kein Zufall, dass zwei Entdeckungen des 20. Jahrhunderts, die just mit der Zeit zu tun haben, genau hier gemacht wurden, in der Schweiz – Einsteins Relativitätstheorie und »Der Zauberberg« von Thomas Mann.

Ich war nicht gekommen, um in Zürich zu sterben, noch nicht, ich ging durch die Straßen, brauchte diese Pause, versuchte, einen Roman abzuschließen, der als Rumpf ohne Gliedmaßen im Stich gelassen vor sich hin blutete, und ich hoffte darauf, Gaustín zu treffen, einfach so, in der kleinen Seilbahn auf den Zürichberg hinauf oder auf einer Parkbank auf dem Friedhof Fluntern sitzend, neben der Statue am Grab von Joyce. Ich verbrachte einige Nachmittage dort. Beim rauchenden Joyce, ein Bein übergeschlagen, mit einem kleinen aufgeschlagenen Büchlein in der rechten Hand. Den Blick vom Buch abgewandt, um den Sätzen Zeit zu geben, sich mit dem Rauch der Zigarette zu vermischen, die Augen hinter den Brillengläsern leicht zusammengekniffen, als würde er jeden Moment den Kopf heben und unvermittelt etwas zu dir sagen. Für mich ist das einer der lebendigsten Grabsteine, die ich je gesehen habe. Ich habe die Friedhöfe der Welt bereist, wie jeder zu Tode vor dem Tod und dem Sterben Erschrockene (wovor habe ich eigentlich mehr Angst – vor dem Tod oder vor dem Sterben), der die Höhle seiner Angst sehen möchte, sich davon überzeugen, dass dieser Ort ruhig ist, leise, dass er tatsächlich für Menschen gemacht ist, zur Erholung … Gleichsam ein Ort, um sich zu gewöhnen. Obwohl es kein Gewöhnen gibt. Ist es nicht seltsam, sagte Gaustín einmal zu mir, es sterben immer die anderen, und wir selbst – nie.

9.

Und so traf ich Gaustín nicht, weder auf dem Friedhof noch in der Seilbahn auf den Zürichberg. Mein Aufenthalt neigte sich dem Ende zu, ich hatte mich mit einer Bulgarin im Café am »Römerhof« in die Sonne gesetzt, und wir plauderten unbehelligt, indem wir die Vorteile einer kleinen Sprache nutzten, die Gelassenheit, dass dich niemand verstehen wird, während du über alles herziehst. Wir kommentierten mutig drauf los – von den Besuchern des Cafés über irgendwelche Schweizer Merkwürdigkeiten bis hin zur ewigen Schwermut und zu den Unbilden, Bulgare zu sein, ein Thema, geeignet, jede peinliche Pause im Gespräch auszufüllen. Für den Bulgaren ist das Sich-Beklagen wie das Aufgreifen des Wetters für den Briten, immer angebracht.

Und in diesem Moment drehte sich ein würdevoller, schön gealterter Herr, der einen Schluck von seinem Kaffee nahm, zu uns um und sagte mit der sanftesten bulgarischen Stimme (sanft und bulgarisch reimen sich für gewöhnlich nicht): Verzeihen Sie, dass ich Sie aus nächster Nähe belausche, aber wenn ich schönes Bulgarisch höre, kann ich meine Ohren nicht ausschalten.

Es gibt Stimmen, die sofort eine Geschichte erzählen, es war die Stimme eines Emigranten, aus der alten Emigration; bewundernswert ist, wie sie ihr Bulgarisch ohne Akzent bewahren, nur an ein paar wenigen Stellen waren manche Vokale in den 50ern oder 60ern der Sprache hängengeblieben, was ihr eine leichte Patina verlieh. Unsere Verlegenheit als auf frischer Tat Ertappte verflog schnell, immerhin hatten wir nichts über den Herrn gesagt.

Und es begann jenes Gespräch zwischen Landsleuten, die sich zufällig getroffen haben, meine Rolle war eher die des Ohrs. Es verging eine Stunde, aber was ist eine Stunde für Jahre der Abwesenheit, unsere Dame entschuldigte sich und brach auf, wir setzten uns an einen Tisch, haben Sie ein wenig Geduld, ich will nur diese Geschichte fertigerzählen und dann können wir gehen, ich hatte sie, versteht sich. Als das Gespräch begann, war die Sonne in den Vitrinen des Cafés und der Uhr eingedöst, die drei Uhr nachmittags anzeigte, dann wurden die Schatten der Tassen länger, auch unsere

Schatten, die Kühle der Dämmerung näherte sich, aber ohne sich zu beeilen, gab sie uns gnädig Zeit für die Beendigung einer Geschichte, die länger als fünfzig Jahre dauerte.

Er war ein Mensch mit messerscharfem Denken, an manchen Stellen hielt er inne, um das passendste Wort zu finden. Nein, jetzt übersetze ich aus dem Deutschen, warten Sie kurz, es wird kommen, da, das ist das Wort … und er fuhr fort. Sohn eines vergessenen Schriftstellers und Diplomaten, eine Kindheit am Vorabend des Krieges, in den Botschaften Europas. Ich wusste von seinem Vater, was ihn freute, ohne dass er dem sichtbaren Ausdruck verliehen hätte. Danach kam die klassisch bulgarische Geschichte nach 1944 – der Vater entlassen, verurteilt, war im Arbeitslager Belene, geschlagen, verängstigt, kaputt; ihre Wohnung beschlagnahmt und einem »richtigen« Schriftsteller gegeben, und sie mit der Familie irgendwo an den Stadtrand geschickt.

Mein Vater verlor nie ein Wort darüber, was ihm im Lager zugestoßen ist, nie, sagte mein Gesprächspartner, nennen wir ihn Herrn S. Nur einmal, meine Mutter hatte Kartoffeln gekocht und entschuldigte sich dafür, dass sie wohl nicht ganz durch waren, da brachte er über die Lippen – das macht nichts, ich habe sie auch roh gegessen, habe wie ein Wildschwein in der Erde gewühlt. Und er verstummte wie jemand, der mehr gesagt hat, als er hätte sollen. Danach wurde auch Herr S. selbst, wie es sich gehört, für 15 Monate ins Gefängnis gesteckt, erstens als Sohn seines Vaters und zweitens für alle Fälle nach dem Ungarischen Volksaufstand. Später schien sich sein Leben zu erholen, er sagte sich, dass er nicht ans Gefängnis denken würde, an die Spitzel, die ihn auch weiterhin verfolgten, aber eines Nachts, als er auf die letzte Straßenbahn wartete, sah er ein vollkommen leeres Schaufenster und starrte es an. Nur eine Glühbirne baumelte an einem Kabel von der Decke und warf flackerndes Licht.

Eine Glühbirne, ein Kabel und ein leeres Schaufenster.

Er konnte den Blick nicht abwenden. Er hörte gleichsam im Halbschlaf, wie die Straßenbahn quietschend anhielt, kurz wartete, die Türen schloss und abfuhr. Er betrachtete die Glühwendel dieser wie eine Gehängte von der Decke baumelnden einfachen Glühbirne. Und dann ging mir ein Licht auf, sagte er, das, was ich sogar vor mir selbst immer verborgen hatte – ich musste weg. Mir ging ein Licht auf, wiederholte er und lachte. Es war der 17. Februar 1966, ich war dreiunddreißig.

Von hier an war alles diesem Gedanken unterworfen, er hatte einen Plan. Seine Arbeit gegen eine solche einzutauschen, bei der sie Arbeiter für Ostdeutschland suchten. Sich von allen zu verabschieden, ohne dass die es mitbekamen. Zuerst der beste Freund, dann die Frau, mit der er zusammen war. Er verriet sich vor niemandem, nicht einmal zu Hause. Als er abreiste, sagte sein Vater nur, pass auf dich auf, und umarmte ihn länger als gewöhnlich. Und seine Mutter nahm eine Schüssel mit Wasser und schüttete sie auf die Treppenstufen aus, um ihm Glück zu wünschen, das hatte sie nie zuvor getan. Sie sahen sich nie wieder.

Aus dem Zug in die DDR stieg er am Bahnhof in Belgrad aus, um eine zu rauchen, und verschwand in der Menge. Sein Koffer blieb im Zug. Sein Vater war einmal Botschafter in Belgrad gewesen, hier hatte Herr S. die ersten Jahre seiner Kindheit verbracht. Und er konnte sich noch erinnern, wie der Krieg begonnen hatte – mit einem Telegramm in der Diplomatenpost am 1. September 1939. Ich dachte als Kind, dass Kriege so beginnen, mit einem Telegramm. Seit damals mag ich keine Telegramme, sagte Herr S.

Als er Monate später in der Schweiz ankam, nach vielen Transfers und Schwierigkeiten, empfing ihn ein Freund seines Vaters am heutigen Tag hier, und Herr S. trank seinen ersten Kaffee in Zürich mit ihm genau an diesem Ort. Es war dieselbe Sonne. Seit damals kam er jedes Jahr an diesem Datum hierher.

Und Zweifel, Sehnsucht, zumindest am Anfang?

Nein, sagte er schnell, als wäre es eine vorgefertigte Antwort. Nein, nie, nie. Ich war neugierig auf diese Welt, ich hatte als Kind in ihr gelebt, ich sprach ihre Sprache, und letztlich floh ich von einem Ort, wo ich 15 Monate im Gefängnis verbracht hatte, ich floh vor dem Gefängnis.

Anhand der Schnelligkeit, mit der er es sagt, vermute ich, dass er nicht aufgehört hat, daran zu denken.

Er erzählte von einem Mittagessen mit seinem Freund Georgi Markov in London, drei Tage bevor dieser umgebracht wurde. Offenbar schauderte er immer noch bei dieser Geschichte.

Ich fuhr mit dem Auto, und Jerry wollte mitfahren, er hatte irgendwas in Deutschland zu erledigen, konnte aber erst in drei Tagen, doch ich musste zurückfahren. Wir gingen zu seinem Chef in der Redaktion der BBC, um zu fragen, ob man ihn früher gehen lassen würde. Man sagte ihm, er müsse einen Ersatz für sich finden, er winkte ab und gab es auf. Ich fuhr allein, machte für einige Tage Halt in Deutschland, danach weiter Richtung Zürich, ich holte mir die Zeitung vom Bahnhof, schlug sie auf und was blickte mir entgegen – das Foto von Jerry, derselbe, den ich vor einer Woche noch umarmt hatte, tot.

Das Gespräch ging zu anderen Themen über, die Dunkelheit hatte sich bereits herabgesenkt, mein Gesprächspartner erschrak, er hätte seine Frau anrufen sollen. Und dann, als wir uns an der Tür verabschiedeten, sagte er plötzlich, wissen Sie, es gibt hier einen Landsmann von uns, mit dem ich mich angefreundet habe. Auch er hat wie Sie ein Ohr für vergangene Dinge. Ich unterstütze ihn, er hat da etwas angefangen, eine kleine Klinik für Vergangenheit, so nennt er sie …

Gaustín?, rief ich fast aus.

Sie kennen ihn?, entgegnete Herr S. ehrlich überrascht. Niemand kennt ihn, sagte ich.

So hatte Gaustín diesmal beschlossen, sich bei mir zu melden, durch eine zufällige Begegnung mit Herrn S., einem Emigranten aus Bulgarien, im Café »Römerhof«, Zürich, an einem späten Nachmittag.

Ich bewahre mein Notizbuch mit den Aufzeichnungen nach meinem Treffen mit Herrn S. auf, ich hatte schnell einen kleinen Teil der Geschichten, die ich an diesem Nachmittag gehört hatte, zu Papier gebracht. Ich dachte später daran, wie er so schnell die Sehnsucht nach seiner bulgarischen Vergangenheit verneint hatte. Ich habe mir aufgeschrieben, dass man offenbar, wenn man dort überleben will, an dem neuen Ort, die Vergangenheit abschneiden und den Hunden vorwerfen muss. (Ich konnte das nicht.) Man muss gnadenlos zur Vergangenheit sein. Weil auch die Vergangenheit gnadenlos ist.

Dieses verkümmerte Organ, irgendein Appendix, der sich sonst im Lauf der Zeit entzünden wird, ziehen und schmerzen wird. Wenn man ohne ihn kann, dann schneidet und verschwindet man, wenn nicht, zieht man besser den Schwanz ein. Ob ihm das im Kopf herumging, während er in jener Sofioter Nacht vor dem leeren Schaufenster stand, mit der herabhängenden nackten Glühbirne? Die Erleuchtung kommt auf verschiedene Arten und Weisen. Am Ende dieser unleserlichen Aufzeichnungen habe ich Folgendes skizziert …

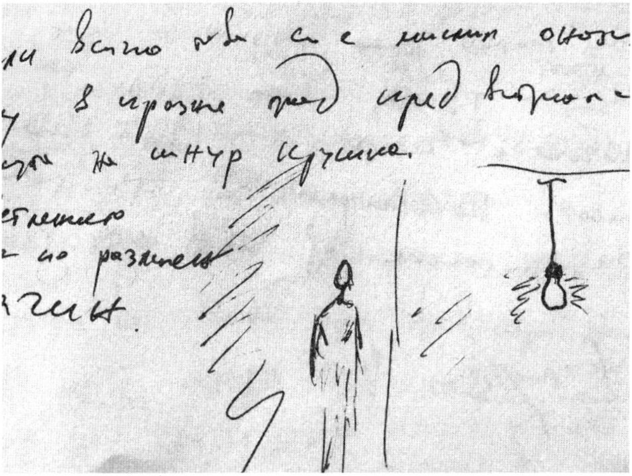

Der alte Herr S. lebte lang, und später würde er seine letzten Tage im Sanatorium für Vergangenheit verbringen, der Klinik Gaustíns, die er selbst unterstützt hatte. Er starb glücklich, scheint mir, in einer seiner liebsten Erinnerungen, die er bereits bei unserem ersten Treffen erzählt hatte. Gaustín und ich standen neben ihm, er wollte eine getoastete Scheibe Weißbrot, er hing seit Monaten an einer Infusion und konnte nicht essen, aber der Duft reichte aus. Er ist ein Kind, sein Vater kommt nach Hause, er hat ein Honorar für irgendeine Übersetzung bekommen, er hat mit dem ganzen Geld im Gemischtwarenladen Konfitüre und Butter gekauft. Nach Tagen mit nur Kartoffeln toastet er ihm eine große Scheibe Weißbrot, bestreicht sie schön fingerdick mit Butter und Konfitüre, sie lachen, und sein Vater, sonst ein strenger Mensch und nicht zimperlich, hebt ihn auf seine Schultern. So gehen sie durchs Zimmer, sie bleiben in der Mitte stehen, und der kleine S. betrachtet aus der Nähe die Glühwendel der Birne, mit der er auf Augenhöhe ist.

10.

Am nächsten Tag war ich schon morgens in der Heliosstrasse, Herr S. hatte mir die Adresse gegeben. Ich fand das pfirsichfarbene Gebäude am nördlichen Ufer des Sees, etwas abseits von den anderen Häusern auf dem Hügel. Es war massiv und hell zugleich, vier Stockwerke hoch mit einem fünften, dem Dachgeschoss, eine große Gemeinschaftsterrasse im zweiten Stock und kleinere Balkone auf den anderen Etagen. Alle Fenster blickten nach Südost, was die Nachmittage unendlich werden ließ, und die letzten bläulichen Reflexionen nisteten in ihnen. Die hellblauen Holzflügel der Dachfenster standen in weichem Kontrast zu den pfirsichfarbenen Wänden.

Die ganze Wiese davor war mit Vergissmeinnicht übersät, hier und da brachen Pfingstrosen und große rote Mohnblumen hervor. Aber die kleinen Vergissmeinnicht schimmerten blau inmitten des Schweizer Grüns des Grases, ich bin mir sicher, dass es ein Schweizer Grün gibt, und ich frage mich, wie es sein kann, dass es noch keiner patentiert hat. Ob es als Scherz gemeint war, Vergissmeinnicht vor einem gerontopsychiatrischen Zentrum zu pflanzen? Ich stieg bis in den letzten Stock hinauf, wo sich die Klinik von Gaustín befand, deren Miete für einige Jahre im Voraus von Herrn S. bezahlt worden war, ich drückte auf den Klingelknopf, und Gaustín selbst, im Rollkragenpulli und mit großer runder Brille, öffnete mir die Tür.

Warst du das letzte Mal nicht nach New York im Jahre 1939 aufgebrochen, warf ich scheinbar lässig ein. Wann bist du zurückgekommen?

Nach dem Krieg, entgegnete er unerschütterlich.

Und was machen wir jetzt?

Zimmer in verschiedenen Zeiten. Fürs Erste.

Zimmer für Vergangenheit? Das klingt wie ein Titel.

Ja, Zimmer für Vergangenheit. Oder Klinik für Vergangenheit. Oder eine Stadt … Bleibst du?

Ich war soeben geschieden geworden und wollte probieren, vom Ausdenken von Geschichten zu leben. Ich stand auf die 60er, ich tauchte leicht in jede Vergangenheit ein, natürlich hatte ich Lieblingsjahre. Nichts hinderte mich daran, ein wenig zu bleiben, einige Monate, nicht mehr. (Ich erinnerte mich an Hans Castorp und seine Absicht, nur drei Wochen auf dem Zauberberg zu bleiben …)

Gaustín bewohnte eine der drei Wohnungen auf der obersten Etage. Der kleinste Raum neben der Eingangstür, »das Dienstbotenzimmer«, wie er es nannte – und sehr wahrscheinlich war es früher genau als solches verwendet worden – war jetzt sein Büro. Die übrigen drei Zimmer der Wohnung wie auch der Korridor waren in einer anderen Zeit. Du öffnest die Tür und gerätst sofort ins 20. Jahrhundert, in die Mitte der 60er. Eine Diele mit Garderobenständer, dunkelgrün, Kunstleder mit Rautenmuster. Wir hatten so einen zu Hause. Ich muss sagen, dass ich mich, obwohl ich Ende der 60er geboren bin, deutlich an sie erinnere, von Anfang bis Ende, und sie sind Teil meiner bulgarischen Kindheit, nicht aus irgendwelchen mystischen Gründen (auch wenn ich weiterhin glaube, dass Erinnerungen in direkter Linie vererbt werden – die Erinnerungen deiner Eltern werden zu deinen eigenen). Der Grund, sie im Kopf zu haben, ist ganz trivial: Die 60er, wie auch alles andere bei uns, verspäteten sich und kamen erst zehn Jahre später nach Bulgarien. Höchstwahrscheinlich in den 70ern.

Am Garderobenständer hing ein kurzer, blassgrüner Mantel mit zweireihigen Holzknöpfen. Ich erinnere mich, wie ich, als ich das erste Mal an diesem Morgen eintrat, wie angewurzelt vor ihm stehen blieb. Das war der Mantel meiner Mutter. Als würde gleich die Tür zum Wohnzimmer aufgehen, das typische Reliefglas würde aufblitzen und sie stünde dort – jung, etwas über zwanzig, viel jünger als ich jetzt. Obwohl du dich, wenn dir deine Mutter mit zwanzig erscheint, automatisch in ein Kind verwandelst, und in diesem Moment der Verlegenheit und Freude fragst du dich, ob du sie umarmen sollst oder nur lässig rufen: Mama, ich bin zu Hause, ich gehe ins Kinderzimmer. All das dauerte nur eine Sekunde … oder Minute.

Willkommen in den 60ern, sagte Gaustín, der mein Erstarren im Vorraum des Jahrzehnts mit kaum verhohlenem Lächeln betrachtete. Ich wollte die Verwandlung noch nicht verlassen und bog sofort in Richtung Kinderzimmer ab. Zwei Eckbetten, bedeckt mit einer zottigen gelben Tagesdecke aus künstlichem Material (wir nannten es Ledeka, sicher irgendeine Abkürzung), dazwischen ein brauner Wandschrank, an dem die beiden Betten senkrecht aufeinandertrafen. Ich sah Gaustín an, er begriff, nickte gutheißend, und ich warf mich auf das Bett, so wie ich war, mit Sakko und Schuhen, mit meinem 50jährigen Körper, und ich landete in meinem Körper von 8 Jahren inmitten der kitzelnden Fasern der Tagesdecke …

Die Tapeten, wie konnte ich das vergessen, die Tapeten waren eine echte Offenbarung. Diese hier – mit einem Schloss und grünen Lianen, sehr ähnlich der in meinem Zimmer, blassgrüne Rauten, sich windende Pflanzen, nur statt des Schlosses gab es ein im Hintergrund verborgenes Waldhaus mit einem kleinen See davor. Hundertfach vervielfachte grüne Häuser mit grünen Seen. Während ich einschlief, versetzte ich mich in das Haus auf der Tapete, und morgens kickte es mich mit dem unangenehmen Klingeln des Weckers abrupt wieder in die Plattenbauwohnung hinaus. Ich schaute zum Schreibtisch, ja, der Wecker war da, nicht der gleiche, mehr … wie soll ich sagen, bunter und westlicher, mit einer Micky Maus auf dem Zifferblatt. Und hier begannen die Unterschiede. Der Junge, der nicht ich war, hatte eine ganze Sammlung von jenen kleinen funkelnden Spielzeugautos in »métallisé«, so nannten wir die Farbe, wie bei echten Autos. Mit sich öffnenden Türen, mit echten kleinen Gummirädern. Vom Ford Mustang über einen Porsche, Bugatti, Opel bis hin zum Mercedes, sogar ein kleiner Rolls-Royce aus Metall … Ich kannte all diese Modelle auswendig, ich wusste, wie viele Stundenkilometer ihre Höchstgeschwindigkeit betrug, das Wichtigste für uns, in wie vielen Sekunden sie von 0 auf 100 km/h beschleunigten usw. Ich hatte die gleiche Sammlung, nur auf Sammelbildchen aus Kaugummis. Ich stand aus dem Bett auf und nahm eines der Spielzeugautos in die Hand, ich öffnete und schloss die Türen mit meinem Zeigefinger, ließ es über den Schreibtisch gleiten. Ein Mitschüler von mir hatte ein solches Spielzeugauto, das ihm sein Vater mitgebracht hatte, ein Lastwagenfahrer (oh, wie wichtig es doch war, einen Vater oder Onkel zu haben, der Lastwagen fuhr, er ist in diesem unklaren Staat namens Ausland gewesen und bringt von dort echte Jeans von Levi's, harte und dreieckige Toblerone-Schokolade, die mir nie geschmeckt hat, singende und blinkende venezianische Gondeln, verwendet als Nachttischlampen, die Akropolis als Aschenbecher und so weiter mit). Plus eine alte Ausgabe jener Zeitschrift »Neckermann«, eigentlich ein deutscher Katalog für Waren, die du ohnehin nie besitzen wirst, so dass er automatisch seinen kommerziellen Charakter verlor und zu reiner Ästhetik wurde. Und Erotik, würde ich hinzufügen aus meiner damaligen Warte als Zehnjähriger, besonders in der Abteilung für Damenunterwäsche. Ich werde nie vergessen, wie diese Zeitschrift auf dem runden Marmortischchen im Wohnzimmer meines Mitschülers lag, neben dem Telefon, früher war das Telefon ein Möbelstück. Aber nicht das Telefon, sondern der »Neckermann« war der wahre Schatz. Du weißt, dass du nie all diese glänzenden Dinge aus dem Katalog besitzen wirst, aber sie existieren irgendwo und die Welt existiert, in der sie existieren.

Die Poster an den Wänden dieses Kinderzimmers waren auch ein wenig anders. Die Mannschaft von »Levski« in der Saison 1976/77, ausgeschnitten aus einer Zeitung, in meinem damaligen Kinderzimmer war hier ersetzt durch die Mannschaft von »Ajax« von 1967/68, ein riesiges und glänzendes Poster mit, oha, einem Autogramm von Johan Cruyff, dem Idol meines Vaters, woraus folgte, dass er auch meines war … Ich war Cruyff, mein Bruder Beckenbauer.

Ich hatte die »Beatles« an der Wand, mein kostbarster westlicher Besitz, durch Tausch von meinem Mitschüler bekommen, dem Sohn des Lastwagenfahrers, was mich fünfzehn Murmeln Typ Tränchen und drei Typ kleine Schnippskugeln kostete. Der Junge aus der westlichen Spiegelwelt hatte eine Wand mit chaotisch angeordneten Postern, die, wenn man sie aufmerksam verfolgte, den ganzen Bildungsroman seiner Pubertät erzählten. Von Batman und Superman, den abwesenden Helden meiner östlichen Kindheit (ersetzt durch die vorhandenen Krali Marko und Winnetou), über »Sergeant Pepper«, ein lolitahaftes Schwarzweißfoto der jungen Brigitte Bardot, die im Badeanzug und mit wehendem Haar in einem der Filme Roger Vadims den Strand entlanggeht, noch drei flotte Bienen, anonym, vermutlich Playmates der 60er, bis hin zu Bob Dylan mit Gitarre und Lederjacke. Bei mir war es Wyssozki.

Das Zimmer ist nur für Jungen, merkte ich an.

Wir haben auch eines für Mädchen, falls du dir Barbie und Ken anschauen willst. Lass uns weitergehen.

Das Wohnzimmer war geräumig und hell, der Philodendron in der Ecke am Fenster und das Schilf in der hohen Keramikvase vor der Fototapete versetzten mich erneut zurück in das Jahrzehnt. Ich kann mich erinnern, wie wir mit einem biergetränkten Lappen den Staub von den Blättern des Philodendrons (was für ein Name) und des Fikus wischten. Jemand hatte es empfohlen, und alle Wohnzimmer stanken nach Bier.

Aber die Fototapete war die wahre Offenbarung und der aufrichtige Kitsch. Dank eines anderen Lastwagenfahrers, einem Freund meines Vaters, hatten sogar wir eine Fototapete ergattert. Ein Herbstwald mit zwischen den Bäumen hervorblitzender Sonne. Mein Mitschüler hatte an der Wand einen Strand auf Hawaii mit einem jungen Mädchen im Vordergrund. Diese hier ähnelte eher seiner, ein unendlicher Strand und ein Sonnenuntergang über dem Ozean. Was sonst sollte man sich in der Schweiz als Fototapete an die Wand kleben – jedenfalls nicht das Matterhorn und die Alpen.

Und da ist ja auch die kleine quadratische Kiste des Fernsehers, der verlegen auf vier langen Beinen steht, es ist der gleiche.

»Opera?«, sah ich überrascht zu Gaustín hinüber.

Nein, »Philips«, antwortete er, rate mal, wer von wem geklaut hat.

Und tatsächlich, die Form und alles andere waren eins zu

eins, die Abteilung »Technikspionage« der Volksrepublik hatte nicht geschlafen. Aber da, diese Tulpen-Stühle, wer weiß warum, haben die Unsrigen nicht geklaut, ich habe sie nur in Filmen gesehen und in jenem Katalog von »Neckermann«. Glatte Linien, kosmisch, aerodynamisch, in sattem Rot, auf einem Stützfuß, eher Stängel. Natürlich hatte ich sofort Lust, mich hineinzusetzen. So wie ich Lust hatte, mir eine mit Stanniolpapier umwickelte Praline aus der Schüssel auf dem Tisch zu nehmen. Ich streckte die Hand aus, hielt jedoch inne:

Von wann sind die Pralinen eigentlich?

Sie sind frisch, aus den 60ern, lächelte Gaustín.

Hat die Vergangenheit ein Mindesthaltbarkeitsdatum?

Das Wohnzimmer war riesig, eine Schiebetür trennte den östlichen Teil in etwas wie ein Büro und eine Bibliothek ab. Auf einem hohen Tischchen stand eine kleine rote Schreibmaschine, eine Hermes Baby von Olivetti mit einem in die Walze eingezogenen Blatt Papier. Plötzlich hatte ich Lust, hatte durch meine Finger Lust, etwas zu tippen, den Widerstand der Tasten zu spüren, die kleine Glocke am Ende der Zeile zu hören und mit dem kleinen Metallhebel auf die nächste Zeile zu springen. Ein Wunsch aus der Zeit, als das Schreiben noch körperliche Anstrengung bedeutete.

Das Büro ist mein verrückter Einfall, gestand Gaustín, ich wollte schon immer ein eigenes Zimmer haben, ein kleines Büro mit Büchern und so einer Schreibmaschine. Es ist nicht ganz im Stil der 60er, damals bewahrten sie ihre Bücher überall auf, auf dem Boden, wo es ihnen gerade einfiel … Aber ich muss dir sagen, dass die Schreibmaschine großen Erfolg hat. Alle freuen sich über sie, spannen Blätter ein, hauen mit den Fingern auf die Tasten.

Was schreiben sie?

Am häufigsten ihren Namen, der Mensch sieht seinen Namen gern gedruckt. Natürlich die, die in einer früheren Phase der Erkrankung sind. Die anderen hauen einfach in die Tasten.

Ich erinnerte mich, dass ich als Kind genau das auf der Schreibmaschine meiner Mutter machte, es entstand ein sonderbarer Text.

Жгмцццрт №№№№кктррпх ггфпр 111 111 111…
внтгвтгвнтгггг777ррр…

Womöglich ein Code, den wir nie entziffern werden.

11.

Warum ausgerechnet in der Schweiz?, fragte ich Gaustín, während wir im Wohnzimmer der 60er saßen.

Nimm an, dass es aus Sentimentalität für den »Zauberberg« ist. Ich habe es auch anderswo versucht, aber hier fand sich jemand, der an mich glaubte und Geld investierte. Hier gibt es genügend Menschen, die bereit sind zu bezahlen, um glücklich zu sterben.

Es ist erstaunlich, wie zynisch Gaustín manchmal sein konnte.

Bleiben wir bei der Sentimentalität für den »Zauberberg«, sagte ich.

Die Wahrheit ist, dass die Schweiz das ideale Land ist, dachte ich mir, wegen des Nullpunkts der Zeit. Ein Land ohne Zeit kann am einfachsten mit allen möglichen Zeiten besiedelt werden. Es war ihr gelungen, sich, einschließlich des 20. Jahrhunderts, hindurchzuzwängen, ohne besondere

Narben, die dich sonst immer in bestimmten Jahren halten werden.

Es gibt viel Arbeit, sagte Gaustín, wobei er die Gläser seiner runden Brille putzte. Hier siehst du die Sechziger einer Mittelklasse, die Vergangenheit ist teuer, und vorerst können sie sich noch nicht alle leisten. Aber dir ist klar, dass nicht jede Vergangenheit und Jugend so gewesen sind. Wir brauchen die Sechziger der Arbeiter, die Studentenbuden … Auch die 60er derer, die in Osteuropa gelebt haben, unsere 60er. Eines Tages, wenn die Sache Fahrt aufgenommen hat, fuhr Gaustín fort, werden wir solche Kliniken in verschiedenen Ländern aufmachen. Die Vergangenheit ist auch eine lokale Angelegenheit. Überall wird es Häuser aus anderen Jahren geben, kleine Viertel, eines Tages werden wir auch Städtchen haben, vielleicht auch einen ganzen Staat der Vergangenheit. Für Patienten mit schwindendem Gedächtnis, Alzheimer, Formen von Demenz, was du willst. Für all jene, die bereits einzig in der Gegenwart ihrer eigenen Vergangenheit leben. Und für uns, sagte er am Ende nach einer kleinen Pause, wobei er einen langen Rauchfaden ausblies. Dieser Strom von Menschen ohne Gedächtnis heute ist alles andere als Zufall … Sie sind hier, um uns etwas zu sagen. Und glaub mir, eines Tages, in naher Zukunft, werden viele beginnen, allein in die Vergangenheit hinabzusteigen, aus freiem Willen ihr Gedächtnis zu »verlieren«. Es kommt eine Zeit, in der immer mehr von ihnen sich in ihrer Höhle verstecken werden wollen, zurückkehren werden wollen. Und nicht, weil es ihnen so gut geht, übrigens. Wir müssen bereit sein mit den Luftschutzräumen der Vergangenheit. Nenn sie, wenn du willst, Zeitschutzräume.

Damals verstand ich nicht, was er meinte. Wie ich auch nie sicher war, wann er scherzte und ob er überhaupt scherzte.

Gaustín zufolge ist die Vergangenheit vergangen, und selbst wenn wir uns dorthin begeben, wissen wir, dass die Tür in die andere Richtung offensteht, wir können problemlos zurückkehren. Für die vom Gedächtnis Verlassenen ist diese Tür für immer zugefallen. Für sie ist nicht die Vergangenheit, sondern die Gegenwart ein fremdes Land, die Vergangenheit ist ihre Heimat. Das einzige, was wir in so einem Fall tun können, ist, einen Raum synchron zu ihrer inneren Zeit zu erschaffen. Wenn es in mir drin 1965 ist, sagte Gaustín, als ich 20 war und zur Miete in einem Dachgeschoss in Paris, in Krakau oder hinter der Universität in Sofia wohnte, dann soll auch außerhalb von mir, zumindest innerhalb eines Zimmers, 1965 sein. Inwieweit das heilsam ist, ob es Neuronen wiederherstellt, wer weiß. Aber diese Menschen erhalten ein Recht auf Glück, auf die Erinnerung an Glück, wenn wir genau sein wollen. Wir nehmen an, dass die Erinnerung an Glück eine glückliche Erinnerung ist, aber wissen wir das auch? Du wirst sehen, fuhr Gaustín fort, wie sie beginnen zu erzählen, wie sie sich erinnern, und manche von ihnen haben seit Monaten kein Wort mehr gesprochen. »Oh, ich kann mich gut an diesen Lampenschirm erinnern, zu Hause hing er im Gästezimmer, dann machte ihn mein Bruder mit einem Ball kaputt, dann … Woher haben Sie unser Sofa … Müsste es nicht hier stehen, ein wenig näher an der Wand?«

Ich bat ihn um eine Zigarette, ich hatte vor fünf Jahren aufgehört, aber jetzt waren wir in einer anderen Zeit, zum Teufel, bevor ich aufgehört hatte. Und bevor ich damit angefangen hatte, wenn wir genau sein wollen, sei's drum. Wir schwiegen, wir sahen zu, wie der Zigarettenrauch der 60er unter dem runden Lampenschirm waberte. Auf dem Tischchen lagen nonchalant hingeworfen die Januarausgaben vom *Time* und *Newsweek* von 1968. Auf der letzten Seite war eine Anzeige für *Pall Mall*, Gold, mit langem Filter und der Aufschrift *Because it's extra long at both ends.*

Ich erinnerte mich, wie wir, als Gaustín und ich uns vor vielen Jahren das erste Mal begegneten, »Tomasjan« von 1937 rauchten, die er mir anbot. Immerhin hatten wir uns gut dreißig Jahre in der Zeit weiterbewegt. Fast hätte ich ihn daran erinnert, doch etwas hielt mich davon ab. Einen Augenblick lang dachte ich, dass er mich befremdet ansehen würde, als wäre so etwas nie passiert.

Schau mal, er zündete sich eine neue Zigarette an, wobei er den folgenden Satz ein wenig verzögerte (ich erinnere mich an diesen Trick aus den Filmen der 60er und 70er: tiefes Inhalieren, Pause, der Rauch wird in der Lunge gehalten und lange mit zusammengekniffenen Augen ausgeblasen), ich werde dich brauchen.

Es gibt Angebote, die man nicht ablehnen kann, wie es in einer meiner Lieblingsszenen heißt. Aber vorerst hielt ich mich zurück und tat auf verstimmt.

Na, in dem Fall hättest du von dir hören lassen können. Es war reiner Zufall, dass ich dich gefunden habe.

Es war unmöglich, mich nicht zu finden. Du hast mich doch angeblich erdacht, maulte er mit kaum verhohlener Schadenfreude. Ich lese das ein oder andere Büchlein von dir, stoße von Zeit zu Zeit auf Interviews. Außerdem bist du mein Namensgeber, sonst würde ich immer noch Augustin-Garibaldi heißen, du erinnerst dich.

Man weiß wirklich nie, wann Gaustín scherzt.

Was haben sie in den Sechzigern eigentlich getrunken?, fragte ich.

Alles, erinnerte er sich, holte aus der Minibar einen *Four Roses* Bourbon und schenkte uns in zwei Gläser aus schwerem Bleikristall ein. Dir ist doch klar, dass wir mit den Sofas, den Tischchen und dem Bourbon (Prost!), mit den Tischlampen und Lampenschirmen, mit der Musik und der ganzen Pop-Art der Sechziger keine Schwierigkeiten haben werden, aber die Vergangenheit ist mehr als nur Dekor. Wir werden Geschichten brauchen, viele Geschichten. Er drückte seine Zigarette aus und nahm sofort eine neue. (Ich hatte vergessen, wie viel in den 60ern geraucht wurde.) Wir werden Alltag brauchen, Tonnen von Alltag, Gerüche, Geräusche, Schweigen, Gesichter von Menschen, eben Dinge, die das Gedächtnis entsperren, *mixing memory and desire*, wie du weißt schon wer sagte. Du hast doch Erfahrung mit jenen Zeitkapseln, die sie früher einmal eingruben. Na, irgend so etwas. Reise, sammle Gerüche und Geschichten, wir brauchen Geschichten aus verschiedenen Jahren mit der »Vorahnung eines Wunders«, wie ich in einer Erzählung von Dir gesagt haben soll, lachte er. Alle möglichen Geschichten, kleine, große, helle, mögen sie diesmal heller sein. Immerhin werden sie für manche derer, die hierher kommen, die letzten Geschichten sein.

Draußen wurde es dunkel. Die Wolken über dem See zogen sich schnell zusammen, und der Regen fiel in langen Strahlen herab. Gaustín stand auf, um das Fenster zu schließen.

Sieh da, der heutige Tag fiel 1968 auch auf einen Donnerstag, sagte er, als er zum Wandkalender von *Pan Am* mit Fotomodellen von verschiedenen Kontinenten schaute. Und auch damals regnete es, wenn ich mich recht erinnere.

Ich stand auf, um zu gehen. Bevor ich die Stufen hinunterging, sagte er wie beiläufig: Dass niemand zweimal in ein und dieselbe Geschichte steigen kann, stimmt nicht. Es geht. Das werden wir machen.

12.

Und so machten Gaustín und ich die erste Klink für Vergangenheit auf. Eigentlich machte er sie auf, ich war nur der Helfer, der Sammler von Vergangenheit. Es war nicht leicht. Du kannst nicht einfach zu jemandem sagen, bitteschön, das ist deine Vergangenheit von 1965. Du musst seine Geschichten kennen, und wenn du ihrer nicht mehr habhaft werden kannst, musst du sie erfinden. Du musst alles über dieses Jahr wissen. Welche Frisuren in Mode waren, wie spitz die Kappen der Schuhe, wie die Seifen rochen, ein vollständiger Katalog der Gerüche. War der Frühling regnerisch, wie war die Temperatur im August. Was war das meistgehörte Lied in den Hitparaden. Die wichtigsten Geschichten des Jahres, nicht einfach die Nachrichten, sondern die Gerüchte, die modernen Mythen. Die Dinge wurden in Abhängigkeit davon komplizierter, was für eine Vergangenheit du geliefert bekommen willst. Ob es deine Ostvergangenheit ist, wenn du von der östlichen Seite der Mauer kommst. Oder ob du ganz im Gegenteil, wenn du von dort bist, ausgerechnet jene Vergangenheit erleben möchtest, die dir versagt war. Dich an fremder Vergangenheit überfressen wie an Bananen, von denen du ein Leben lang geträumt hast.

Die Vergangenheit ist nicht nur das, was dir passiert ist. Manchmal ist sie jenes, das du nur erfunden hast.

13.

Es gab einen solchen Fall mit Mircea aus Turnu Măgurele. Er erinnerte sich nur an das, was ihm nicht passiert war. Nichts vom Sozialismus und der Plackerei in der Fabrik, von den endlosen Versammlungen, Banketts, Kundgebungen und kühlen Hallen, er hatte es gelöscht, solange sein Kopf noch funktionierte. Als sich sein Gedächtnis zu leeren begann, blieben nur die Dinge, von denen er im Wachzustand geträumt hatte (das ist das Wort, es geht nicht anders), als er noch jung war. Schon damals wusste er alles über Amerika, es brannte ihm auf der Seele. Er sagte, dass er sich immer als Amerikaner gefühlt hätte. Er hatte einen Freund, der seinerzeit nach New York geflohen war, und von Zeit zu Zeit gelang es ihnen, einen Brief auszutauschen. Der Freund beklagte sich nur, hier ist es dies, hier ist es jenes … Am Ende hielt es Mircea nicht mehr aus und schrieb ihm: Hör mal, du Dummkopf, warum bleibst du dort, du vergeudest nur die Zeit … Komm zurück, damit wir tauschen. Das Schicksal hat nur ein Stückchen Glück für ganz Turnu Măgurele vorgesehen, und ausgerechnet dir ist es zugefallen, du Nörgler.

Sein Sohn hatte ihn eines Nachmittags in die Klinik gebracht. Und dieser Mircea fühlte sich hier wie zu Hause inmitten der Platten, Sofas, Stühle, Poster dieser Vergangenheit, die real gar nicht seine war. Er erinnerte sich detailliert an sie auf Kosten der Vergangenheit, die ihm vom Schicksal in Turnu Măgurele zugeteilt worden war. Jenes, was ihm nicht passiert war, das Erfundene, blieb länger in seinem Gedächtnis als das, was ihm passiert war. Er ging weiterhin durch Straßen, die er nur aus Büchern und Filmen kannte, hing bis spät in der Nacht in den Clubs von Greenwich Village herum, erzählte von jenem Open Air Konzert von Simon & Garfunkel im Central Park 1981, in den er nie einen Fuß gesetzt hatte, oder er erinnerte sich an Frauen, mit denen er gar nicht zusammen gewesen war.

Er war auch hier, in der Klinik, eine weiße Krähe, wie er es seinerzeit in seinem rumänischen Städtchen gewesen war.

Alle Geschichten, die stattgefunden haben, ähneln einander, jede Geschichte, die nicht stattgefunden hat, hat auf ihre eigene Art und Weise nicht stattgefunden.

14.

Es war die ideale Arbeit für mich. Im Endeffekt hatte ich das schon immer getan – ich flanierte durch die Passagen der Vergangenheit. (Ohne dass Gaustín es mitbekommt, könnte ich sagen, dass ich ihn mir ausgedacht habe, damit er sich gerade diese Beschäftigung für mich ausdenkt.) Ich konnte reisen, scheinbar ziellos spazieren gehen, auch die kleinsten Dinge aufschreiben, was will man mehr. Die Patronenhülsen von 1942 sammeln oder sehen, was vom ausgeweideten, jedoch immer noch für alle wichtigen 1968 übrig geblieben ist. Die vergangenen Zeiten sind flüchtig, sie verdunsten leicht wie eine offene Parfümflasche, aber wenn du einen Riecher dafür hast, kannst du immer ein wenig von ihrem Geruch erhaschen. Du hast einen Riecher für die Vergangenheit, sagte Gaustín einmal, einen Riecher für andere Zeiten, ich werde ihn brauchen. So wurde ich offiziell so etwas wie ein Trapper der Vergangenheit.

Mit den Jahren begriff ich, dass sie sich hauptsächlich an zwei Orten versteckt – in den Nachmittagen (in der Art, auf die das Licht am Nachmittag fällt) und in den Gerüchen. Dort legte ich meine Fallen aus.

Das, was ich vorhabe, ist keine Show, sagte Gaustín, in jedem Fall ist es nicht »Die Truman Show«, auch nicht »Good Bye, Lenin!« oder »Zurück in die Zukunft« … (Irgendwo hatten seine Kritiker auch diese Versionen durchzubringen versucht.) Es gibt keine Kameras rundherum, es wird nicht ausgestrahlt, tatsächlich gibt es keine Show, es interessiert mich auch nicht, die Illusion von jemandem aufrechtzuerhalten, dass der Sozialismus weitergeht, es gibt auch keine Zeitmaschine. Es gibt ohnehin keine andere Zeitmaschine als den Menschen.

Einmal, während ich durch Brooklyn streifte, spürte ich zum ersten Mal mit solcher Klarheit, dass das Licht aus einer anderen Zeit kommt. Ich konnte sie mit Genauigkeit bestimmen, Licht aus den 80ern, irgendwo vom Beginn des Jahrzehnts, ich denke von 1982, Spätsommer. Licht wie auf einem Polaroid, ohne Schärfe, weich, leicht verblassend.

Die Vergangenheit verbirgt sich in den Nachmittagen, dort verlangsamt sich die Zeit sichtbar, verschläft sich in den Ecken, blinzelt wie eine Katze gegen das Licht, das durch die dünnen Jalousien kommt. Es ist immer Nachmittag, wenn wir uns an etwas erinnern, oder zumindest ist es bei mir so. Alles hängt vom Licht ab. Ich weiß von Fotografen, dass das nachmittägliche Licht das geeignetste für die Belichtung ist. Das morgendliche ist noch jung, scharf. Das nachmittägliche ist altes Licht, müde und langsam. Das wahre Leben der Welt und des Menschen kann durch einige Nachmittage beschrieben werden, durch das Licht einiger Nachmittage, die die Nachmittage der Welt sind.

Mir war auch bewusst, dass ich dieses Licht von 1982 nicht erkannt hätte, wäre da nicht sein synchrones Auftreten mit einem speziellen Geruch gewesen, der aus demselben Jahrzehnt kam und aus meiner Kindheit. Ich denke, dass unser ganzes Gedächtnis für Gerüche aus der Kindheit kommt, dort ist es gespeichert, in diesem Abschnitt des Gehirns, der für die frühesten Erinnerungen zuständig ist. Es war der scharfe Geruch von Asphalt, von in der Sonne geschmolzenem Harz, der fettige, ja, fettige, Geruch von Dieselöl. Brooklyn bot ihn mir an, vielleicht wegen der Hitze, vielleicht reparierte man irgendwo in der Nähe den Straßenbelag, vielleicht wegen der nahegelegenen Baustelle oder den großen Lastwagen, die kreuz und quer durchs Viertel fuhren. Oder wegen all dem zusammengenommen. (Ich werde hier auch den Geruch nach von Öl durchdrungenem Packpapier rund um das Fahrrad Typ »Balkanče« hinzufügen, das meine Eltern mir eines Abends mitbrachten. Ein Geruch von Ungeduld, von Neu, von Lager und Geschäft, ein freudiger Geruch.)

Man kann den kläglichen Versuch unternehmen, das Licht festzuhalten, es zu fotografieren. Oder wie Monet – eine Kathedrale zu verschiedenen Stunden des Tages zu malen. Er wusste, was er tat, die Kathedrale ist nur ein Trick, eine Falle, um die Strahlen einzufangen. Aber bei den Gerüchen fehlt selbst dieser trügerische Versuch, es gibt keinen Film, keine Aufnahmevorrichtung, im Laufe von Jahrtausenden wurde kein solches Gerät erfunden, warum hat die Menschheit hier geschlafen!

Ist es nicht wirklich erstaunlich, dass es keinen Speicher für Gerüche gibt? Tatsächlich gibt es einen, einen einzigen, aus der Zeit vor den Technologien, einen analogen, den ältesten. Die Sprache natürlich. Wir haben zur Zeit keinen anderen, deshalb bin ich gezwungen, Gerüche mit Worten einzufangen und sie einem weiteren Notizbuch hinzuzufügen. Wir erinnern uns nur an den Geruch, den wir beschrieben oder verglichen haben. Es ist bemerkenswert, dass wir nicht einmal Namen für Gerüche haben. Gott oder Adam haben ihre Arbeit nicht zu Ende geführt. Es ist nicht wie bei den Farben beispielsweise, wo du die Bezeichnungen Rot, Blau, Gelb, Violett hast … Es ist uns nicht gegeben, den Geruch direkt zu benennen. Immer durch einen Vergleich, immer deskriptiv. Es riecht nach Veilchen, nach getoastetem Brot, nach Seetang, nach Regen, nach toter Katze … Aber Veilchen, Brot, Seetang, Regen und tote Katze sind keine Namen von Gerüchen. Was für eine Ungerechtigkeit. Oder es verbirgt sich hinter dieser Unmöglichkeit ein anderes Vorzeichen, das wir nicht verstehen …

Und so reiste ich, sammelte Gerüche und Nachmittage, katalogisierte, es bedurfte einer genauen und dichten Beschreibung, welcher Geruch was zurückbringt, welches Alter des Menschen er am stärksten hervorruft, welches Jahrzehnt wir mit ihm erstehen lassen können, ich beschrieb sie in Einzelheiten, schickte sie Gaustín, in der Klinik konnten sie bei Bedarf immer zubereitet werden. Sie unternahmen sogar Versuche, die Moleküle des entsprechenden Geruchs zu konservieren. Obwohl Gaustín das für eine überflüssige Anstrengung hielt, viel einfacher und authentischer war es, eine Scheibe Brot zu toasten oder ein wenig Asphalt zu schmelzen.

15.

Als ich Gaustín in der Klinik fand, war ich am Anfang eines Romans rund um das diskrete Ungeheuer der Vergangenheit, seine trügerische Unschuld und was passieren würde, wenn wir die Vergangenheit zu therapeutischen Zwecken zurückbrächten. Die Beschäftigungen mit der Klinik und das parallele Schreiben des Buches waren wie kommunizierende Gefäße. Bisweilen verlor ich die Vorstellung davon, was real ist und was nicht. Teile des einen gingen in das andere über.

Die grundlegende Frage bei beidem war ohnehin, wie man Vergangenheit erzeugt.

Ob jemand kommen würde wie Jener, der … sich seiner erstarrten Glieder erbarmen wird, des bleichen Gesichts und des stehengebliebenen Herzens, der sagen wird »Lazarus, komm heraus!«, und die Vergangenheit wird allmählich ihren Atem wiedererlangen, das Blut wird unter der wachsbleichen Haut zu fließen beginnen, ihre Glieder werden sich rühren, die Ohren werden frei, und die Augen werden sich öffnen.

Oder allerlei falsche Propheten, Verführer und verrückte Doktoren werden, solange wir darauf warten, mit dem Leichnam der Vergangenheit experimentieren, und jedes Mal werden sie Frankensteins Monster erhalten. Kann die Vergangenheit erneut zum Leben erweckt oder zusammengesetzt werden? Und soll sie es?

Wie viel Vergangenheit kann ein Mensch eigentlich ertragen?

16.
Herr N.

Ein Mann, ich werde ihn Herr N. nennen, sitzt am Ende seiner Tage am Fenster im Zimmer und versucht, jenes wiederauferstehen zu lassen, was fortgegangen ist. Das Gedächtnis verlässt ihn, so wie ihn seine Freunde verlassen haben, während er in Ungnade war. Er hat keine Freunde, er hat keine lebenden Verwandten. Niemanden, den er anrufen könnte. Wenn wir nicht in jemandes Gedächtnis sind, gibt es uns dann überhaupt?

Manchmal erzählen ihm zufällige Menschen irgendwelche Geschichten, in denen auch er auftaucht, aber er kann sich an nichts von dem Erzählten erinnern, es kommt ihm ausgedacht vor, so als wäre es einem anderen passiert. Er stößt auf Texte, unter denen sein Name steht. Wahrscheinlich ist er vergleichsweise berühmt gewesen, später haben sie ihn ausradiert. Man rät ihm, hinzugehen und sein Dossier bei der Staatssicherheit einzusehen. Es erweist sich ebenfalls als ausradiert, es ist fast nichts übrig geblieben. Aber es gelingt ihm (man flüstert es ihm zu) herauszufinden, wer ihn hauptsächlich verfolgt hat.

Und dann zwingt er sich dazu, eben jenen Spitzel von damals anzurufen. Der ziert sich erst und verweigert jegliche Treffen. Herr N. hat überhaupt nicht die Absicht, sich an ihm zu rächen, er entschuldigt sich sogar bei ihm, dass er ihn behelligt, er will ihn wegen etwas ganz anderem treffen. Er verliert das Gedächtnis und muss, bevor er stirbt, die Teile seiner selbst zusammensuchen. Und der einzige, der am nächsten zu seiner Vergangenheit verblieben ist, ist der Agent.

Sie kennen jedes Detail aus meiner Vergangenheit besser als jeder andere und auch als ich selbst, lassen Sie uns ein Treffen vereinbaren. Und die Treffen zwischen ihnen beginnen. Sie unterhalten sich jeden Nachmittag lang und bedächtig. Beide bereits außerhalb der Welt, oder zumindest außerhalb des Systems, in dem sie jung gewesen sind und Feinde, die nächsten Feinde.

Ein Teil der Geschichten sagt Herrn N. nichts, so als handelten sie nicht von ihm. Andere öffnen längst vergessene Türen in seinem Gedächtnis. Eine Frau kam oft zu Ihnen. Es war eine sehr schöne Frau. Jeden Donnerstag um drei Uhr nachmittags. Um die Zeit waren Sie allein in der Wohnung, Ihre Frau war nicht da, erinnert der Agent ohne Taktgefühl.

Herr N. versucht, sich zu erinnern, doch es gelingt ihm nicht. Ja, es gab solche Nachmittage. Er kann bis zu einem gewissen Punkt das leichte Gefühl von Schuld und Erregung von damals wieder spüren. Aber wer war diese Frau, und warum verschwand sie später? Offensichtlich war sie ziemlich mutig, wenn sie eine Beziehung mit ihm einging. Sicherlich wusste sie, dass er verfolgt wird. Für jemanden mit seiner Vergangenheit war das unausweichlich. Wie sah diese Frau aus? Der Agent beschreibt sie detailliert. Wie sie sich auf dem Gehsteig bewegt, wie die Alten im Viertel sich nach ihr umdrehen (das ist schon fast homerisch), wie sie sich frei bewegt, nicht beunruhigt oder eilig mit einem Einkaufsnetz wie die hiesigen Frauen. Wie ihr Haar dem Rhythmus der Schritte folgt.

Zum ersten Mal vergisst sich der Agent und spricht so lang und verzückt, während sie unter den bunten Schatten der städtischen Kastanienbäume gehen, in der von der Hitze leergefegten und ausgebleichten Stadt. Der Verfolger und sein Opfer, endlich vereint.

Etwas mehr als ein Jahr nach meiner Begegnung mit Gaustín in Zürich haben wir bereits einen bulgarischen Ableger der Klinik. Eine geräumige Villa, erbaut während der 30er Jahre, unweit von Sofia, im Villenviertel von Kostenec. Ich komme gern hierher, habe mich selbst als Beobachter eingestellt, aber eigentlich tun die Ärzte und das Personal ihre Arbeit, und ehrlich gesagt brauchen sie mich nicht sonderlich. Ich stehe da und beobachte meine bulgarische Vergangenheit, die mit diesen Menschen dahingeht, die am Ende ihres Lebens hierhergekommen sind. Alte Menschen haben mich immer interessiert, ich lebte als Kind mit ihnen. Wir wuchsen bei unseren Omas und Opas auf, mit ihnen konnten wir uns unterhalten, wir gingen an einer ganzen Generation vorbei – der unserer Eltern. Jetzt, wo ich selbst in ihr Regiment eintrete, verfolgt mein Interesse auch eine andere

Spur. Wie altert man im Angesicht des Todes, immer weiter entfernt vom Leben, und wie rettet man jenes, das nicht zu retten ist? Selbst als Erinnerung nicht. Wohin geht später all diese persönliche Vergangenheit?

Das Liebgewinnen der anderen hier ist ein schmerzhaftes Gefühl, weil dir bewusst wird, dass du dich an jemanden bindest, der dich bald verlassen wird. Herr N. (wahrscheinlich handelt es sich um eine retrograde Amnesie) ist mir besonders nah. Unlängst ist er in die Klinik gekommen, und der Agent folgt ihm wie ein Schatten, er kommt zweimal wöchentlich. Offenbar gefällt es auch ihm, oder er verspürt irgendein Bedürfnis, weil er sich jedes Mal aus der Stadt aufmacht und den ganzen Nachmittag hier verbringt. Am Anfang besorgten wir ihm einen Fahrdienst, nachher verzichtete er und begann, mit seinem eigenen Auto zu kommen. Die Leute haben ein Bedürfnis zu erzählen. Sogar solche wie er. Vorher konnte er nicht, später, wo er es bereits kann, interessiert sich niemand mehr dafür. Plötzlich findet sich einer, der auf jedes Wort von ihm wartet. Einer, der zu einem Ohr für alle Geschichten von damals geworden ist. Einer, der bereit ist, sich alles anzuhören. Der von ihm verfolgte Mensch, der sein Gedächtnis verliert, hat sich als doppelt ausradiert herausgestellt.

Erzähl mir, wer ich bin.

Der Agent fühlt sich wie jemand, der manipulieren kann, kraft seiner Beschäftigung hat er diese Macht immer besessen, aber sie war nie so groß wie jetzt. Die Macht, das Leben des anderen zu erfinden, der sich an nicht mehr viel daraus erinnert. Er kann ihm frei erfundene Erinnerungen unterjubeln, na ja, trotzdem muss er irgendwelche Angelpunkte des Gedächtnisses berücksichtigen, die Herrn N. geblieben sind. Und man weiß auch nie, wann ein verlorenes Detail an die Oberfläche kommt und ein paar Gesichter oder Phrasen die plötzlich entstandene zarte Brücke der Neuronen überschreiten. Aber zumindest scheint der Agent, nennen wir ihn Hr. A., keine solchen Absichten zu hegen. Er möchte ebenfalls in diese warme Höhle der Vergangenheit zurückkehren.

Einmal, erzählt er Herrn N., kamen Sie und setzten sich an meinen Tisch. Im Café »Zum Efeu«, das nicht weit von Ihrem Hauseingang entfernt ist, in derselben Straße. Dort saß ich für gewöhnlich, um zu beobachten, wer bei Ihnen ein und aus geht. Und eines Nachmittags gingen Sie aus, machten sich auf zum Café, sahen sich um und setzten sich an meinen Tisch. Es gab auch andere freie Tische, das Café war fast leer, aber Sie setzten sich zu mir, Sie fragten nicht einmal, ob frei ist. Ich erschrak, dachte, ich sei aufgeflogen. Ich wartete darauf, was Sie sagen würden, und bereitete alle möglichen Varianten vor. Sie bestellten sich einen Wodka, zu jener Zeit tranken wir alle Wodka. Sogar einen Wodka mit Coca-Cola. In jenen hübschen Glasflaschen, sehen Sie, es gab damals Coca-Cola. Wie dem auch sei. Ich trinke meinen Wodka und warte, dass Sie die Karten auf den Tisch legen. Sie sagten nichts. Die qualvollste halbe Stunde. Sie sahen mich von Zeit zu Zeit an. Ich fühlte mich völlig enttarnt. Und bis heute frage ich mich, wussten Sie, dass ich Sie verfolge? Für gewöhnlich spüren es die Menschen. Wussten Sie es?

Ich kann mich nicht erinnern, zuckt Herr N. hilflos mit den Achseln.

Herr N. erwartet diese Treffen mit großer Aufregung. Mir scheint, dass er nur noch am Leben bleibt, um die ganze Geschichte über sich selbst zu hören. Ich setze mich gern zu ihm, manchmal tauschen wir ein paar Worte aus, danach schweigen wir. Ich weiß nicht, was in seinem Kopf vorgeht, aber mir scheint, dass er sich an mehr erinnert, als er zeigt. Vielleicht spielt er auch ein Spiel, das des Vergessenden, des Opfers, das sich scheinbar vom Erzähler führen lässt, und indem er völliges Vergessen demonstriert, lullt er dessen Wachsamkeit ein, zwingt ihn, mit allen Einzelheiten zu erzählen, die jener nicht aufzudecken vorgehabt hat.

Erzählen Sie mir, sagt Herr N., was für Hemden ich trug, was für Schuhe, lachte ich breit oder presste ich finster die Zähne aufeinander, schaute ich auf den Boden, wenn ich ging, bekam ich einen Buckel … War ich glücklich?, fragt er am Ende unvermittelt. Das erschreckt den Agenten, er kann alles über die Hemden, das Sakko, den Trenchcoat, die Zigaretten, das Bier und den Wodka sagen, den das Objekt bestellt hat, aber …

Es gibt keinen anderen, der sich an diese Details erinnert, selbst die Geliebten und Frauen vergessen nach einer gewissen Zeit. Nur der Geheimagent kennt die Details. Lasst uns versuchen, uns in seine Lage zu versetzen. Er muss ausharren und beobachten, das Sichtbare beschreiben. Und das ist verschwindend wenig. Was kann denn so viel im Tag eines Mannes von 50 Jahren zu jener Zeit passieren. Er geht aus dem Haus. Er geht auf dem Gehsteig. Er bleibt stehen. Er holt ein Streichholz hervor, macht sich einen Windschutz mit den Händen, zündet sich eine Zigarette an. Was für Zigaretten raucht er? »Stewardess«, was sonst. Wie ist er gekleidet? Ein graues Hemd mit hochgekrempelten Ärmeln, die Hose, die Schuhe, oho, die Schuhe sind italienisch, teuer, mit einer spitzen Kappe, das wird sofort notiert. Außerdem trägt er einen Borsalino. Es gibt nicht viele, die einen

Borsalino tragen. Das wird notiert. Wenn sich jemand die Mühe macht, all diese Tausende von Seiten als Literatur zu lesen, die während der 50/60/70/80er von allerlei lauschenden und notierenden Agenten vollgeschrieben wurden, wird sicher der große, nicht geschriebene bulgarische Roman jener Zeit herauskommen. Genauso einfältig und talentlos wie die Zeit selbst.

17.

Randbemerkung zu einem unmöglichen Epos

In allen antiken Epen gibt es einen starken Feind, mit dem du kämpfst – der Himmelsstier und Gilgamesch, das Ungeheuer Grendel, seine Mutter und am Ende der Drache, der den alten Beowulf bereits tödlich verwundet hat, alle Ungeheuer, Stiere usw. in den »Metamorphosen« von Ovid, der Kyklop in der »Odyssee« usw. Aus den heutigen Romanen sind diese Ungeheuer verschwunden, sie sind mit den Helden gestorben. Wenn es keine Ungeheuer gibt, gibt es auch keine Helden.

Ein Ungeheuer gibt es jedoch, es gibt ein Ungeheuer, das jeden erwartet. Der Tod, werdet ihr sagen, ja, ja, der Tod ist sein Bruder, aber das Alter ist das Ungeheuer. Das ist eine echte (und vorbestimmte) Schlacht, ohne Glanz, ohne Feuerwerk, ohne Schwerter mit eingebautem Zahn des Heiligen Petrus, ohne Zauberrüstungen und unerwartete Helfer, ohne Hoffnung, dass Sänger Lieder über dich singen werden, ohne Rituale …

Eine epische Schlacht ohne Epos.

Lange einsame Manöver, Abwarten, eher ein Grabenkrieg, Hinlegen, Deckung, Attacke, ein Belauern auf dem Schlachtfeld »zwischen der Uhr und dem Bett«, wie eines der Selbstporträts des alten Munch kurz vor seinem Tod heißt. Zwischen der Uhr und dem Bett. Wer wird einen solchen Tod und ein solches Alter besingen.

18.
Herr N. (Fortsetzung)

Hr. A. erinnert sich, wie schwer es ihm gefallen ist, sich allerlei Unfug einfallen zu lassen, den er in die Spitzelberichte schreiben konnte. Bis zu einem gewissen Grad ist das Leiden des Schriftstellers nicht an ihm vorübergegangen. Er hatte mehr von seinem Beruf erwartet, wie in den Filmen und Romanen, Verfolgungsjagden mit dem Auto, heimliche Besucher, die verfolgte Person springt mitten in der Nacht aus dem Fenster. Er braucht eine Fabel, ohne das Wort zu kennen. Doch Fabel gibt es keine. Und darin liegt das zutiefst nicht Kinematographische des Lebens. Nichts außer aus dem Haus gehen, nach Hause kommen. Selbst die engsten Freunde des Objekts haben aufgehört, ihn zu besuchen, um keine Unannehmlichkeiten zu bekommen. Ja, die Geliebte am Donnerstag ist eine vielversprechende Ausnahme. Sie ist natürlich dokumentiert. Aber das ist auch nicht Gott weiß was für ein Abenteuer. Auch das ist Teil des Alltäglichen, wer hat keine Geliebte (oder keinen Liebhaber).

Manchmal fragte ich mich, was ich schreiben soll, gesteht Hr. A., nichts Interessantes passierte. Herr N. fühlt Verlegenheit, dass er Kopfschmerzen bereitet hat, es ist ihm unangenehm, dass er so ein langweiliges Leben führte, über das man nichts schreiben kann. Er hätte etwas Ausgefalleneres tun sollen, sich vor dem Agenten erschießen, das hätte mit Leichtigkeit zwei Seiten gefüllt. Andererseits interessiert sich Herr N. (oder ich schreibe es ihm zu, weil ich mich dafür interessiere) gerade für das Nichts des Alltags, für das Leben in all seinen Einzelheiten. Genau daran will er sich erinnern. Er hat systematisch jede Außergewöhnlichkeit, falls das das richtige Wort ist, ausradiert, mit der der Arrest beschrieben werden kann, die Prügel im Keller in der »Moskovska« 5, das Elend und der Uringestank in der Gemeinschaftszelle im Gefängnis von Pazardžik, das Nachlassen der Besuche, das Aufhören der Briefe. All das ist abgeschabt worden. Aber dabei, so sieht es aus, ist auch alles andere fortgegangen, das Normale, jenes, woraus wir gemacht sind. Sein ganzer dokumentierter Alltag vor dem Gefängnis ist bei den Durchsuchungen beschlagnahmt worden, danach zurückgegeben, aber seither hat er es nicht angerührt. Zwei Schwarzweißfotos als Kind, eines aus der Kaserne, ein kleines Album mit Fotos von der Hochzeit (nach der Scheidung blieb es bei ihm), alles schwarzweiß, ein Foto, wie er über den Boulevard geht, er ist in Bewegung abgelichtet, der Trenchcoat flattert, er lacht und macht eine Handbewegung zu dem hin, der ihn fotografiert. Und das war's. Ein Foto von der Frau, die jeden Donnerstag gekommen ist, hat er natürlich nicht.

Eines Tages kommt Hr. A. mit einigen Briefen, es sind die Briefe von Herrn N. an jene Frau. Woher haben Sie sie?, fragt er. Der Agent zieht nur die Augenbrauen hoch, überrascht von der naiven Frage. Herr N. öffnet die Briefe, sie sind kurz, er liest, und ihm wird bewusst, dass er sich an nichts davon erinnert. Er liest sie mit echter Neugier, als hätte nicht er sie geschrieben. Und er muss gestehen, dass sie ihm gefallen. Sie sind schön geschrieben, er hat die richtigen Worte gefunden, er war romantisch, ohne zu übertreiben. Ziemlich beharrlich und mutig bei manchen Vorschlägen. Das ist neu, er würde sich selbst eher als scheu und schüchtern bezeichnen. Der letzte Brief endet mit einer Warnung, dass es für sie besser sein wird, nicht mehr zu kommen, weil man ihn mit Sicherheit verfolgt, und ein kleiner Heimlichtuer mit Schirmmütze hängt den ganzen Tag im Café gegenüber herum. An dieser Stelle hebt Herr N. entschuldigend den Blick vom Brief. Macht nichts, ich habe es hingenommen, sagt Hr. A.

Herr N. legt die Briefe in die Mitte des Tischs. Er weiß nicht, ob er sie behalten kann, oder muss er sie zurückgeben. Hr. A. nickt aufmunternd, die sind für Sie. Sie siezen sich auch weiterhin, obwohl die beiden im Augenblick keinen Menschen haben, der ihnen näher stünde als ihr Gegenüber.

Mit der Zeit beginnt die Frau von den Donnerstagen immer mehr die Gedanken von Herrn N. einzunehmen. Doch das erschreckt ihn, wer weiß warum, mehr als es ihn erfreut. Ihr Gesicht beginnt aus dem Nichts aufzutauchen, wie beim Herausnehmen von Fotos aus dem Entwicklerbad. Sie trägt ihr Haar im Pferdeschwanz und hat eine ergraute Strähne im Pony. Obwohl er zu Beginn genau das wollte, kommt ihm jetzt ihr Auftauchen bedrohlich vor. Der Grund ist simpel – er hat den Verdacht, dass diese Frau den Staudamm, den er vorsichtig über Jahre hinweg gemauert hat, sprengen könnte und damit alles freisetzen würde, von dem er nicht will, dass es zurückkehrt. Er ist nicht sicher, dass er es aushalten würde. Andererseits, wenn jemand existiert, der ihn geliebt hat, dann hat es also immerhin auch ihn selbst gegeben, auch wenn er sich nicht an viel von sich selbst erinnert.

Wenn ein Mensch existiert, der ihn geliebt hat, dann kann das ebenfalls als Beweis für sein eigenes Vorhandensein durchgehen. Was ist wohl danach passiert?

Beim nächsten Kommen hat Hr. A. noch eine Überraschung für ihn. Er holt aus seiner kleinen Ledertasche ein sorgsam eingewickeltes Foto hervor. Er reicht es Herrn N. Das Foto ist schwarzweiß, der Hell-Dunkel-Kontrast ist stark, man sieht eine leere Straße, auf dem Gehsteig unter dem Schatten eines Baums stehen Herr N. und eine Frau, die sich zu ihm hinübergebeugt hat, vielleicht will sie ihm etwas ins Ohr sagen oder ihn küssen, das wird nicht klar. Die Schatten der Blätter fallen auf ihr Kleid.

Die schönste Frau in Sofia, sagt Hr. A. am Ende. Sie war nicht für hier geschaffen, weder für die Zeit noch für den Ort. Ich weiß, dass viele Leute verrückt nach ihr waren. Ein Teil Ihrer Probleme rührt auch daher. Natürlich zuerst wegen jenem, was Sie schrieben und in den Cafés sagten, besonders 1968, rund um die Ereignisse. Aber auch ihretwegen. Sie war übrigens die Tochter eines alten Schriftstellers. Gott hab ihn selig, er konnte Sie nicht riechen. Ein schwacher Schriftsteller, schwere Nomenklatura, man witzelte, sie sei sein einzig gutes Werk. Sie wusste, dass es überhaupt keine Zukunft mit Ihnen gab. Weil Sie selbst keine Zukunft hatten. Ich denke, genau deshalb liebte sie Sie.

Erneut Zukunft. Hätte er es gekonnt, hätte sich Herr N. erinnert, dass er nie eine Beziehung zur Zukunft gehabt hatte. Die Geschichten von der Zukunft im Kommunismus ließen ihn ironische Einwürfe in Gesellschaften machen, die kosmische Zukunft war ihm ebenfalls unklar und verdächtig, die neue Ordnung, die neue Welt, die neuen Menschen – all das klang so weit entfernt und hohl. Ich bekomme Sodbrennen von der hellen Zukunft, sagte er einmal in Gesellschaft. (Das wurde natürlich sofort notiert.) Ein wenig später sollte Brodsky es schöner formulieren: »Meine Ablehnung jenes

Systems war nicht so sehr politischer, als vielmehr ästhetischer Natur«. Ich ziehe trotzdem das von Herrn N. Gesagte vor. Seine Ablehnung des Systems war physiologisch.

19.

Es gibt auch eine tote, einbalsamierte Vergangenheit.

Meiner Generation ist die erste Erinnerung an einen toten Körper gemeinsam. Als hätte es eine Weisung des Bildungsministeriums gegeben (und so war es sicher auch), dass alle noch in den unteren Klassen das Mausoleum von Georgi Dimitrov besuchen sollten. Sie sollten sich vor dem Anführer und Lehrer verneigen, der die Kinder so sehr liebte und sich mit ihnen fotografieren ließ, trotz seines anstrengenden Arbeitspensums. Sie sollten dem Helden von Leipzig die Ehre erweisen, der mutig den Deutschen Reichstag anzündete, wie ein Mitschüler von mir fälschlicherweise sagte und dadurch großes Unglück auf sich zog, brüllende Eltern, einen Tadel usw. Göring ist es nicht gelungen, ihn zu verurteilen, und du kommst daher und nennst ihn einen Brandstifter, schrie die Klassenlehrerin meinem armen Mitschüler hinterher.

Egal, die erste Begegnung mit dem Tod reichte für das ganze Leben. Das Mausoleum versorgte dich live damit, sozusagen. Alle folgenden Tode und Körper von Verstorbenen würden mit diesem Körper verglichen werden, sie wären eine Kopie des ersten toten Musterkörpers. Wir wussten, dass wir Glückspilze sind, weil es auf der Welt nicht gerade von Mausoleen und ausgestopften Menschen wimmelte. So flüsterten wir uns zu, bevor wir hineingingen, und gut, dass niemand dieses »ausgestopfter Mensch« hörte, denn sonst hätten wir Schwierigkeiten bekommen.

Sie haben uns ganz vom anderen Ende Bulgariens hergebracht. Die ganze Nacht Schaukeln mit dem langsamsten Reisezug, um uns eine Übernachtung in der Hauptstadt zu sparen. Am Morgen, noch verschlafen, ungewaschen, direkt vom Bahnhof aus, warten wir, in den Novembernebel vor dem Mausoleum hineingewatet. Die Angst kommt, als wir an der Reihe sind hineinzugehen. Wir gehen an den Gardesoldaten am Eingang vorbei, die sich nicht rühren. Haben sie die vielleicht auch ausgestopft? Drinnen werden die Korridore halbdunkel, erleuchtet mit elektrischen Fackeln und kalt wie in einem Kühlschrank. Das Mausoleum ist natürlich ein Kühlschrank. Etwas wie die Kammer des Kühlschranks, in den unsere Mütter die Schweinshaxen und Hühner stecken, damit sie nicht verderben.

Wir nähern uns dem Saal mit dem Körper, man sieht bereits den Glasdeckel. Dembi, mein Freund, mit dem ich mir eine Schulbank teile, hat mir draußen zugeflüstert, dass man, wenn man auf seine Augenlider achtet, sehen kann, wie sie leicht zittern. Das habe ihm sein Bruder gesagt, der schon einmal hier gewesen ist.

Der Verstorbene sah aus wie aus Plastik, sein Sakko und die Hose waren lebendiger als er, am Revers hingen die Orden, die Borsten seines Schnurrbarts glichen einer Kleiderbürste. Genau da, als ich langsam an seinem Kopf vorbeiging, sah ich ganz deutlich, für eine Hundertstelsekunde, wie sein Augenlid leicht erzitterte. Tack-tack, zweimal, mit dem linken Augenlid. Ich konnte mich gerade noch zurückhalten, um nicht laut aufzuschreien. Als würde er mir ein Zeichen geben, zwinkerte er mir unter seinem gläsernen Deckel zu. Gebt Acht, denn der Genosse Dimitrov sieht alles, sagte die Klassenlehrerin in der Schule drohend und deutete mit dem Zeigestab auf das Porträt an der Wand. Aber klar doch, einen feuchten Dreck sieht er, sagte ich mir, und jetzt bewegte er sein Auge, um mich für meine eigenen Zweifel zu bestrafen. Es würde sich wirklich herausstellen, dass er *ewig lebte*, wie man uns immer wieder sagte.

Gut, dass Dembi da war, um mich vor dieser frühen metaphysischen Angst zu retten. Ich bin nicht sicher, ob er das Zwinkern bemerkt hatte (oder das Zeichen war nur für mich gedacht), aber als Hobbybiologe, der die Lehrbücher seines großen Bruders verschlungen hatte, erklärte er mir alles anschaulich durch die Versuche mit dem toten Frosch, die dort beschrieben waren. Der Frosch beginnt, selbst wenn er tot ist und mit ausgestreckten Beinen dahängt, zu strampeln wie ein lebendiger, wenn du ein wenig elektrischen Strom durch ihn schickst. Wir würden das in der 6. Klasse machen, sagte er. Sonst ist er tot wie ein Frosch und wird nie aufstehen, aber er hat Muskeln, die sich rühren.

Ich verwende diese Erklärung immer noch, wenn meine Ängste zu metaphysisch werden.

20.

Herr N. (Ende)

Und trotzdem, wie kam sie zu mir?, fragt Herr N. Sie war die Frau Ihres Freundes. Dann wurde er einer von uns, er hatte seine Sünden, wir übten ein wenig Druck auf ihn aus. Im Interesse der Wahrheit, er zierte sich nicht sonderlich. Er war unsere Hauptquelle, aber Sie hatten immer andere Leute in Verdacht, zumindest sagten Sie das am Telefon. Sie haben mein Telefon abgehört? Hr. A. antwortet nicht einmal. Am Tag, an dem Ihr Freund Parteichef wurde, kam sie zum ersten Mal allein zu Ihnen. Es war Donnerstagnachmittag, der erste aller folgenden Donnerstage. Herr N. hört zu und beginnt, sich diese Frau allmählich vorzustellen, mit dem langen Haar, mit der weißen Strähne im Pony und dem lässigen Gang. Wenn sie durch die Straßen ging, drehten sich alle nach ihr um. Ein bekannter Regisseur verlor den Verstand ihretwegen, er inszenierte eine ganze Vorstellung, die Schauspielerin war so hergerichtet – das Haar zum Pferdeschwanz gebunden, mit einer weißen Strähne ... Alle wussten, wen sie spielte. Der Regisseur wurde sofort an ein anderes Theater versetzt, das Stück abgesetzt, seine Ehe beendet. Nur Unglück brachte diese Frau, sagt Hr. A.

Warum eigentlich kommt der Geheimagent Hr. A. immer noch hierher? Am Anfang wahrscheinlich aus Neugier und Angst, man könnte ihn erpressen. Schnell begreift er, dass keine solche Gefahr besteht. Es ist aber noch etwas anderes. Wenn Herr N. sich an nichts erinnert oder an fast nichts von alledem, dann ist Hr. A. quasi von Schuld befreit. Ohne es klar formulieren zu können, spürt er, dass alles erlaubt ist, wenn sich niemand erinnert. *Wenn sich niemand erinnert* wird gleichbedeutend mit *Wenn es keinen Gott gibt.* Wenn es keinen Gott gibt, sagt Dostojewski, ist alles erlaubt. Gott wird sich als nichts anderes erweisen als ein großes, eingelagertes Gedächtnis. Ein Gedächtnis für Sünden. Eine Cloud mit unendlichen Megabytes. Ein vergessender Gott, Gott mit Alzheimer, würde uns von allen Verpflichtungen befreien. Gibt es kein Gedächtnis – gibt es kein Verbrechen.

Warum kommt dann Hr. A. und erzählt? Wahrscheinlich, weil der Mensch nicht dafür vorgesehen ist, lange mit einem Geheimnis zu leben. Das Geheimnis, wie es aussieht, hat sich erst später im Laufe der Evolution herausgebildet. Kein Tier bewahrt Geheimnisse. Nur der Mensch. Wollten wir seine Struktur bestimmen, wäre sie höchstwahrscheinlich ein ungleichmäßiges, körniges Klümpchen. Im Fall von

Hr. A. ist das keine Metapher. Das Klümpchen ist real, er versucht seit einigen Monaten, es nicht zu bemerken, aber nach seinem Gang zum Arzt vor drei Wochen ist ihm bereits alles klar. Dass er sterbenskrank ist, befreit ihn von vielen Dingen, aber spornt ihn auch zu weiteren an. Der Verfolger bittet das Opfer bereits, ihn zu Ende anzuhören. Das Alter gleicht an. Sie sind zu Waffenbrüdern geworden, sind auf die Verliererseite gewechselt in einer Schlacht mit vorbestimmtem Ende. Hr. A. kann endlich alles erzählen. Und Herr N. kann endlich die ganze Erzählung über sich selbst erhalten.

Was ist aus ihr geworden?, fragt Herr N. erneut, immer weniger sicher, dass er es hören möchte.

Hr. A. könnte sich auf tausend Arten aus der Affäre ziehen. »Das Objekt stellte kein operatives Interesse dar« ist die nächstliegende Phrase vom Dienst. Oder ein anderer operativer Mitarbeiter hat die Bearbeitung übernommen usw. Hr. A. schweigt, dreht sich eine Zigarette, seine Finger zittern. Es ist, als würde Herr N. erst jetzt bemerken, dass sein Gesprächspartner in den letzten Monaten sichtbar gealtert ist, seine Haut ist gelblich geworden, sein Gesicht ist plötzlich eingefallen. Zwei, drei Wochen zuvor hat er angerufen, dass er nicht kommen könne, weil er bei irgendwelchen Untersuchungen sei.

Und dann gesteht Hr. A. alles. Wie sie nach dem Arrest von Herrn N. zu ihrem Mann gesagt habe, dass sie ihn augenblicklich verlassen würde, wenn er nichts für seinen Freund tut. Wie sie ihre Sachen gepackt habe und am nächsten Tag ausgezogen sei, wie sie allein in die Direktionen gegangen sei. Wie sie eine Besuchserlaubnis verlangt habe, doch man ihr antwortete, dass der Gefangene jedes Treffen mit ihr verweigere. Wie sie am Ende auch zu Hr. A. gelangt sei. Sie kam eines Abends in sein Haus und wollte mit ihm über Herrn N. sprechen. Danach bat sie ihn, ihr zu sagen, wo er war, einen Besuch zu arrangieren. Sie war zu allem bereit …

Plötzlich stellt sich Herr N. die ganze Szene zwischen den beiden deutlich vor. Mit einer Abweichung. Der Körper der Frau, nackt inmitten des Zimmers, ist jung und schön, ihr gegenüber steht Hr. A., nur in seinem jetzigen Alter, ein gebrochener Greis, ein Sack Knochen. Plötzlich kehrt jenes heftige Sodbrennen zurück, dieser ganze Ekel, der überhaupt nicht metaphysisch war, im Gegenteil, er hatte eine physische und sogar physiologische Dimension. Sein Magen brennt, als würde jemand Essig hineinleeren. Es tut mir leid, sagt Hr. A., steht wie versteinert da und wartet darauf, was Herr N. sagen wird. Was es auch ist, es wird das Ende dieser Geschichte sein.

Herr N. sagt nichts. Ihm ist nur speiübel. Das Sodbrennen ist wieder da, der Körper hat sich erinnert und ist angewidert. Er steckt das Foto ein, steht auf und geht. Wenn das ein Film wäre, würde man vor dem Hintergrund des leeren Bildschirms, während der Abspann läuft, einen Schuss hören.

Es ist der Nachmittag der Welt. Ein Mann geht auf der schattigen Seite der Straße den Gehsteig entlang. Obendrein ist es August – der Nachmittag des Jahres. Die Sonne scheint durch die Blätter der Bäume und wirft bunte Schatten aufs Pflaster. Es gibt nichts anderes, die Häuser ruhen sich mit erhitzten Wänden aus, irgendwo hört man durch ein offenes Fenster ein vergessenes Radio spielen. Die Szene ist clean, fast wie im Film. Aus der anderen Richtung erscheint eine Frau, sie bleibt neben dem Mann stehen, die beiden sind im Schatten. (Etwas in der Art ist die absolute Vergangenheit – der Nachmittag der Welt, ein Versteck im Schatten eines Baumes.) Ein wenig weiter, unsichtbar für sie, steht ein Mann und fotografiert sie. Das Foto ist fast künstlerisch, es hat die Schatten der Blätter auf dem Gehsteig und den Körpern der beiden klar eingefangen, die hinübergebeugte Figur der Frau und die Leere der nachmittäglichen Straße. Alles, was nach diesem Foto passieren wird, ist noch nicht passiert.

Der Mann auf dem Foto hält jetzt sich selbst und die Frau in der Hand. Von dem Paar unter dem Baum ist nur er übrig geblieben. Und der Fotograf. Er ist der einzige, der die Szene bis zum letzten Augenblick nicht vergessen wird. Denn diese Geschichte, er hat sich erinnert, solange er erzählte, ist die einzige in seinem platten Leben. Diese ebenfalls einzige Frau (verschwunden unter ungeklärten Umständen) verfolgt ihn seit damals, zusammen mit diesem Mann, der hier ohne Erinnerungsvermögen vor ihm steht. Dieses Verfolgen nennen manche Schuld. Aber wie die meisten anderen wird Hr. A. bis zum Schluss nicht das richtige Wort dafür finden.

21.
Etagen der Vergangenheit

Ein Jahr nach der Geschichte mit Herrn N. liefen die Dinge mit der Klinik in Zürich ziemlich gut, selbst für unsere Erwartungen. Gaustín mietete bereits die ganze obere Etage des Gebäudes, wo man alle möglichen Varianten der 60er entwickeln konnte. Nicht lange danach lud uns die Gerontopsychiatrie, die Eigentümerin des Hauses war, selbst ein, die Therapie auch in ihren Abteilungen zu entwickeln, so dass wir praktisch die Freiheit hatten, über das ganze Gebäude zu verfügen. Wir begannen, Zimmer für Vergangenheit und kleine Kliniken in einigen anderen Staaten zu eröffnen, einschließlich Bulgarien.

Alzheimer und überhaupt der Verlust des Gedächtnisses wurde zur sich am schnellsten ausbreitenden Krankheit. Den Statistiken zufolge entwickelt alle drei Sekunden jemand auf der Welt eine Demenz. Allein die registrierten Fälle überstiegen bereits 50 Millionen, innerhalb von 30 Jahren würden sie sich verdreifachen. Mit der wachsenden Lebenserwartung war das unausweichlich. Alle wurden alt, alte Männer führten ihre Frauen am Arm hierher, oder umgekehrt, alte Frauen mit diskreten Diamanten brachten ihren Lebensgefährten her, der verlegen lächelte und fragte, in welcher Stadt sie sich gerade befänden. Es kam vor, dass die Söhne oder Töchter ihre beiden Elternteile herbrachten, die sich an der Hand hielten und bereits nicht mehr an die Gesichter ihrer Kinder erinnerten. Sie kamen für einige Stunden, für einen Nachmittag in die Wohnung ihrer Jugend. Sie traten ein, als kämen sie nach Hause. *Hier müsste das Teeservice sein, ich bewahre es immer hier auf* … Sie setzten sich in die Sessel, sahen die Alben mit den Schwarzweißfotos durch, auf einigen von ihnen »erkannten sie sich plötzlich wieder«. Manchmal brachten die Begleiter ihre eigenen alten Alben mit, die wir vorher auf das Tischchen legten. Es gab auch Menschen, die nur einen Schritt in irgendeine Richtung machten und dann in die Mitte zurückkehrten, genau unter den Lüster.

Ein Alter, den sie häufig herbrachten, versteckte sich gern hinter dem Vorhang. Er stand dort wie ein gealterter Junge, der Verstecken spielt, aber das Spiel hatte sich in die Länge gezogen, die anderen Kinder hatten aufgegeben, waren nach Hause gegangen, waren alt geworden. Und keiner kam ihn suchen. Und dort stand er hinter dem Vorhang und spähte scheu hervor, um zu sehen, warum sie auf sich warten ließen. Das Schrecklichste bei diesem Versteckspiel war zu begreifen, dass keiner mehr nach dir sucht. Gott sei Dank, so schien es mir, würde er es nicht begreifen.

Eigentlich erweist sich unser Körper von Natur aus als gnädig – am Ende ein wenig Amnesie statt Anästhesie. Das Gedächtnis, das uns verlässt, lässt uns ein letztes Mal in den endlosen Feldern der Kindheit spielen. Einige bettelten, bitte nur noch fünf Minuten, wie damals, bevor man nach Hause muss. Bevor man uns zum letzten Mal ruft.

Und so übernahmen die Vergangenheit und Gaustín allmählich die übrigen Stockwerke der Klinik. Es war notwendig, die 40er und 50er abzusondern. Wir hatten bei den 60ern begonnen, so als hätten wir unbewusst die Zimmer für uns selbst vorbereitet. Aber auch die Patienten mit neunzig wollten ihre Kindheit und ihre Jugend. So zog der Zweite Weltkrieg ins Parterre ein. Was sich als gute Lösung erwies, erstens, weil es das Treppensteigen ersparte. Und zweitens konnte man den Keller darunter als Luftschutzkeller verwenden, und das machte das Reenactment des Jahrzehnts vollkommen authentisch. Die meisten der Leute hatten gerade aus den Schutzräumen zu Zeiten der Bombardierungen Erinnerungen.

Muss man die Angst erwecken, das Gedächtnis für Angst? Die klassische Reminiszenz-Therapie beharrte auf positive Erinnerungen. Aber Gaustín zufolge ist jedes erweckte Erinnerungsvermögen wichtig. Die Angst kann einer der stärksten Auslöser für das Gedächtnis sein, und das musste man sich zunutze machen. Natürlich ging man nur selten hinunter, aber es zeitigte immer ein Resultat. Schaudernd und aufgeregt, so kamen die Leute aus dem Luftschutzkeller zurück, erschrocken und lebendig.

Über ihnen breiteten sich die 50er aus. Hier war das Königreich von Elvis Presley, Fats Domino, Dizzie Gillespie, Miles Davis, hier konnte man die ganze wunderbare Mischung aus Jazz, Rock'n'Roll, Pop und dem bereits altmodisch symphonischen Frank Sinatra hören. Hier waren »Der unsichtbare Dritte«, Hitchcock, Cary Grant, »Die Nächte von Cabiria«, Fellini, Mastroianni, Brigitte Bardot, »Dior« … Die Welt erholte sich vom Krieg und wollte leben. Dem einen Teil der Welt fiel das leichter. Für den anderen Teil gab es eine gesonderte Zone am Ende des Korridors, einige Wohnungen für die Länder des Ostens. Eine für die Fünfziger von Osteuropa, eine andere – speziell für die sowjetischen 50er (gut finanziert übrigens). Auf ähnliche Weise sonderten sich auch die 50er in China ab. Die Vergangenheit ist auch ein finanzielles Projekt. Die kubanische Revolution und Castro bekamen keine eigene Hacienda, dafür trug die Hälfte derer, die in diesem Teil spazieren gingen, T-Shirts mit Che Guevara und blieb vor dem Porträt von El Comandante stehen. Der Korridor zwischen dem Westen und dem Osten wurde in der Mitte vom »Eisernen Vorhang« geteilt, einem massiven hölzernen Portal, das immer abgeschlossen wurde, und nur das Personal konnte dort hindurchgehen. Du weißt nie, was denen auf der einen Seite einfallen wird.

Es reichte der Fluchtversuch von einem aus dem östlichen Korridor, der probierte, die Wand von oberhalb zu überwinden (es war ein halber Meter Platz zwischen ihr und der Decke), doch er fiel hinunter und brach sich das Bein. Nach diesem Opfer patrouillierte stets einer der Pfleger in einer alten Soldatenuniform auf der östlichen Seite.

Der Gedächtnisverlust erreichte immer jüngere Menschen, so dass die Notwendigkeit einer Etage für die 70er entstand, dafür war die vierte vorgesehen. Und die Sechziger stiegen von dort in die dritte hinunter. Für die 80er und 90er, wenn es eines Tages notwendig wäre, blieb das Dachgeschoss.

22.
Das Gedächtnis des Zahnarztes

Er erinnert sich nicht an Gesichter, noch verbindet er sie mit Namen. Machen Sie den Mund auf, damit ich Sie untersuchen kann, aha, jetzt habe ich Sie erkannt, Sie sind der mit der Pulpitis am Sechser unten links, Kirčo, nicht wahr?

Wahrscheinlich könnte man eine Archäologie der Zähne entwickeln und jedes Jahrzehnt genau nach den verschiedenen Arten von Plomben und Schichten von Materialien, mit denen man gearbeitet hat, wiederherstellen. Oh, sagt mein Zahnarzt, Ihre Zähne sind eine kurze Geschichte der 90er, das Chaos damals, die Krise, erste Begeisterung für Metallkeramik, massenhaftes Abtöten von Zähnen, schief eingesetzte Stifte, ein Alptraum. Wenn die Zahnärzte Archäologen wären …

In der Zahnpoliklinik der Stadt, in der ich Kind war, standen im Korridor über den Behandlungsräumen, wer weiß warum, die Fotos des ganzen Politbüros aufgereiht … Bereits als Kinder kannten wir das Wort »Politbüro«, welches schon allein für sich abstoßend ist. Ich erkannte manche der Gesichter, ihre Porträts hingen an vielen Orten, man zeigte sie im Fernsehen. Da stehst du und bibberst im Marmorkorridor mit den identischen weißen Türen, lauschst auf das kratzende Geräusch des Bohrers. Plötzlich schreit jemand dort drinnen auf. Und in diesem sterilen, halbdunklen Korridor schauten die Gesichter jener von oben herab. Unpersönliche, gealterte Gesichter, kaltherzige Gesichter, keinerlei Zuversicht.

So waren bis zu einem gewissen Grad die 70er, Marmor und alte Männer.

Diese Gesichter bohrten sich für immer in meinen Kopf, und es ist wie beim Pawlowschen Hund, höre ich den Bohrer des Zahnarztes, erscheinen sie als gleichgültige Heilige des Schmerzes. Auch umgekehrt, erblicke ich sie in einer alten Zeitung, durchzuckt augenblicklich ein Stechen meinen Zahn.

23.

Jeden Morgen sehe ich die neu angekommenen Zeitungen und Zeitschriften durch. Das »Time Magazine« aus der zweiten Januarwoche 1968. Am Broadway spielen sie Stoppards »Rosenkranz und Güldenstern«. Im Kino läuft die Premiere von Viscontis »Der Fremde«. Und fast in jeder Spalte – *The War.* Man könnte meinen, der Zweite Weltkrieg hätte noch nicht geendet oder wäre erneut ausgebrochen. Natürlich ist vom Vietnamkrieg die Rede. Oben, in einem kleinen Kasten, die Zählung der gefallenen amerikanischen Soldaten in Vietnam für 1967–9353. Es folgen zwei Spalten über die Ereignisse in der Tschechoslowakei, die Ereignisse stehen eigentlich erst bevor, und die Überschrift »Anlass zur Hoffnung«, im Zusammenhang mit der Wahl Dubčeks, wird ebenfalls bald widerlegt werden. Aber jetzt haben wir Anfang 1968, noch ist nichts klar. Die Geschichte ist noch eine Nachricht.

Plötzlich taucht Bulgarien mit dem Satz auf, dass beinahe 20 Prozent der Autos auf den Straßen mit einem Chauffeur unterwegs sind (*chauffeur-driven*), d. h. sie befördern Bürokraten und Vorgesetzte jedes Kalibers. Ohne einen besonderen Zusammenhang zu diesem Artikel, doch wer weiß, erstrahlt auf der ganzen gegenüberliegenden Seite ein roter Pontiac, so breit wie die Straße, ein Pontiac Bonneville von 1968. Zur gleichen Zeit, der zweiten Woche im Januar 1968, holpert ein grüner Dorfjeep (ein Dienstwagen, das »Time Magazine« hat recht), einer von jenen mit Zeltleinwand statt einer Kabine, über den schwarzen Weg zur Entbindungsanstalt in der Nachbarstadt. Im Jeep ist meine Mutter, in meiner Mutter bin ich, der Fahrer ist mein Vater. Wir fahren mich zur Welt bringen.

Und so betrifft mich die Statistik aus dem »Time Magazine« ganz persönlich: Im Dorf gibt es keine anderen Automobile. Vielleicht hebt mein Vater gerade im Zusammenhang mit der ganzen Mühe, ein Auto aufzutreiben, um meine Mutter in die Entbindungsanstalt zu fahren, alle Ersparnisse der Familie ab, nimmt einen Kredit auf und kauft einen gebrauchten »Warszawa«, womit sich der Prozentsatz der privaten Automobile im Dorf drastisch erhöht. Der »Warszawa« ist stark, dick und knurrig, nicht wie jener rote Pontiac, und einem Nachbarn zufolge gehört er zum Inventar der Armee, so dass er bei einer Mobilisierung enteignet wird, sie packen ein leichtes Geschütz obendrauf, was ihn automatisch in einen kleinen Panzer verwandelt, und den Fahrer in einen Panzerfahrer. Das beunruhigt meinen Vater sehr, denn es ist bereits Mai 1968, in Prag kommt der Frühling, und derselbe Nachbar (ob Spitzel oder Spaßvogel, wir haben es nicht herausgefunden) sagt, dass wir gezwungen sein werden, zu gehen und die tschechischen Brüder zu befreien. Aber von wem, fragt mein Vater naiv. Wie von wem, von sich selbst, erwidert der Nachbar, und mein Vater sieht sich bereits mit dem mobilisierten »Warszawa« in Prag.

Hat das »Time Magazine« von den Sorgen meines Vaters und meiner Geburt etwas geahnt (die unterwegs im Dorfjeep der LPG stattfand), als es über die Hoffnung in Prag schrieb und über das Defizit von privaten Automobilen in

Bulgarien? Und hat mein Vater etwas vom »Time Magazine« geahnt? Wohl kaum. Aber trotzdem ist alles miteinander verbunden. Der Jeep, der Pontiac und Dubček.

Zeitschriften und Zeitungen von vor 40–50 Jahren lesen. Jenes, was damals beunruhigend war, sorgt nicht mehr für Beunruhigung. Die Nachrichten sind zu Geschichte geworden.

Die außergewöhnlichen Nachrichten haben jede Außergewöhnlichkeit verloren. Das Papier ist vergilbt, ein leichter Geruch nach Feuchtigkeit aus den Hochglanzseiten. Aber was passiert mit den Reklamen? Diese, die wir damals gelangweilt überblättert haben, erhalten jetzt neuen Wert. Plötzlich sind die Reklamen die echten Nachrichten über jene Zeit geworden. Der Eingang zu ihr. Ein Gedächtnis für den Alltag, der am schnellsten verdirbt und eine Schimmelkruste ansetzt. Natürlich gibt es die Objekte, für die sie Reklame machen, nicht mehr. Und das hebt ihren Wert eigentlich. Das Gefühl von einer verschwundenen Welt, die sich amüsiert hat, Pontiac gefahren ist, gekleidet in weißen Hosen und mit breitkrempigem Hut, die Cinzano trank, durch Saint Tropez spazierte. Dieselbe Welt, die 30 Jahre vorher in der Schlange gestanden hatte für den Spezialrabatt auf Radioapparate im Jahr 1939, *damit Sie den bevorstehenden Krieg live mithören können*, als handle es sich um ein Baseballspiel …

Übrigens stieg die Verwendung von Radioapparaten im Jahr 1939 sprunghaft an. Das wird das Medium des Krieges sein. Sie werden im Radio über ihn berichten, es werden Grußkonzerte für die Soldaten an der Front übertragen werden, die ganze Propaganda wird über Kurz- und Langwelle gehen, sie werden lautstark über die Siege berichten, sie werden die Niederlagen und Verluste verschweigen, auf denselben Wellenlängen, alle werden um die Holzkiste versammelt herumstehen.

Wohin ist all das verschwunden … Was ist mit den Radioapparaten passiert und den Menschen um sie herum, mit all den farbigen Angeboten in den Zeitschriften. Das blonde Mädchen von der Reklame für die Kindersendung im Radio ist jetzt eine Greisin in irgendeinem Hospiz und kann sich vermutlich nicht mehr an ihren eigenen Namen erinnern.

24.

Es war eine echte Offenbarung, aus dem anderen Zimmer durch die halb angelehnte Tür zuzusehen, wie die alte Dame, die mit absolut ausdruckslosem Gesicht kam, frei von jeglicher Emotion, mit leerem Blick, plötzlich lebhaft wurde, als sie den großen hölzernen Radioapparat sah, auf dessen Skala die Städte geschrieben standen, und sie laut vorzulesen begann:

London, Budapest, Warschau, Prag
Toulouse, Mailand, Moskau, Paris
Sofia, Bukarest …

Aaah, Sofia, sagte sie, Sofia. In solchen Situationen musste ich mich taktvoll nähern, ein Gespräch mit ihr beginnen, bereit sein, die Geschichte zu hören, sie ermutigen, sich zu erinnern. Es stellte sich heraus, dass sie aus Bulgarien emigriert war, ihr Vater war ein deutscher Ingenieur gewesen, er heiratete eine Bulgarin, sie lebten in einem schönen Haus mit Garten in einem Dorf bei Sofia, nahe am Gebirge … sie konnte sich nicht mehr an den Namen erinnern. Ihr Neffe, der sie hergebracht hatte, stand neben uns und konnte nicht glauben, dass seine Tante etwas sagte und so emotional war. Das, nehme ich an, ist ihre Sprache, das Bulgarische, sagte er.

Für jemanden, der so viele Jahre lang in einer Sprache geschwiegen hatte, sprach sie sehr gut. Natürlich wurde die Geschichte von irgendwelchen Leerstellen im Gedächtnis und in der Sprache unterbrochen, dann fuhr sie an einer anderen Stelle fort. Sie erinnerte sich, wie sie sich abends rund um das Radio versammelten in der Stunde für Musik. Die Nachrichten hörten ihr Vater und ihre Mutter allein. Aber die Grußkonzerte für die Soldaten an der Front und die klassischen Konzerte hörten sie immer zusammen. Sie sprach von der flackernden Lampe des Radios, wie sie die Namen der Städte auf der Skala las wie einen Rosenkranz und darüber phantasierte, was sich wohl hinter jedem Namen verbarg.

Ich erinnerte mich, wie ich dasselbe tat, als ich klein war, wie diese Skala mein erstes Europa war und ich mir dachte, dass jede Stadt einen unterschiedlichen Klang hätte, und wenn du den sich drehenden Knopf verstellst, den Kondensator, wirst du hören, wie die Straßen in Paris lärmen oder wie sich irgendwelche Leute auf einem Platz in London streiten. Wer weiß warum, ich dachte immer, dass sich in London irgendwelche Leute streiten … Die Welt war verschlossen, und diese Namen von Städten waren der einzige Beweis dafür, dass dort irgendwo jenseits des Fadings, der Tonausfälle, der absichtlichen Störungen, diese Städte existieren und in ihnen andere Menschen und Kinder ebenfalls vor dem Radio sitzen, und wenn ich die Ohren spitze, kann ich hören, was sie abends reden.

Und die Frau erzählte und erzählte … Und dann … das Radio sapoved, schnell, schnell, wir müssen fliehen, ruska armia, ich kleines Mädchen, erst 9, blaue Strickjacke, rote Knöpfe … Mama … Häschen, hier, sie zeigt auf ihre Strickjacke oben rechts, Mama näht ein saitsche … wir werden flüchten, Papi – nemets, Deutscher, sie werden ihn umbringen … und Baba ruft … hier ist es schlecht, schlecht, flieht … letzter Zug und hopp, schnell, es kommen aeroplani, sie schießen, krrrrr, Zug bleibt stehen, runter, wir legen uns hin … Gras, Gras …

Gras …

Lange Pause, als ob sich der Gedanke verliert …

Gras …

Wieder eine Pause, dann kehrt plötzlich die Erinnerung zurück, setzt zum Sturzflug an wie ein Flugzeug über ihrem Kopf … Ihr Gesicht ist verzerrt vor Angst, sie hebt die Hände …

(Ist es möglich, ich glaube, ich kenne diese Frau irgendwoher …)

Ihr Neffe umarmt sie … ich bin nicht sicher, ob sie ihn überhaupt wahrnimmt, er fehlt in dieser Erinnerung, sie ist jetzt im Jahr 1944 … ihre Sprache wird komplett bruchstückhaft, es dringen noch weitere bulgarische Wörter ein … Vnimanie … Der Zug befördert die letzten deutschen Beamten, Flüchtlinge, Familien außer Landes … die Flugzeuge bombardieren den Zug, er bleibt stehen, sie sind gezwungen zu springen, sich auf die Erde zu werfen. Der Geruch von Erde, die Kugeln um sie herum, der Körper ihrer Mutter, sie erwähnt ihren Vater gar nicht … aber es taucht eine Kuh auf, die auf sie zugeht, mit kleinen Schritten, sich umsieht, weitergeht, erschrocken von den Bomben und dem Schießen … geh weg, kleine Kuh, ruft die Frau, das Mädchen ruft, geh weg, Kuh, sie töten dich … doch die Kuh hört offenbar nicht, muuuuh, genau auf das Mädchen zu … und dann trifft ein Schrapnell (ich fülle die unklaren Stellen der Erzählung) die hintere Flanke der Kuh, sie blutet und hinkt muuuh, muuuh, muuuh, muht die Frau, Kuh, Kuh … sie steht auf und will auf die Kuh zurennen, ihre Mutter zieht heftig an ihr und sie fällt hin … wo, wo … muuuh, muuuh … Kuh, Kuh, stirb nicht, ich rette dich … die Kuh liegt ihr gegenüber und schüttelt den Kopf … und Augen … Augen hat sie und weint, die Kuh, sagt das greise Mädchen, sie weint, weint, und auch sie selbst weint …

Tante, Tante, ruft ihr Neffe auf Deutsch, mit der Verlegenheit von jemandem, der einer verbotenen Szene beiwohnt, beruhige dich. Tun Sie doch etwas, wendet er sich erschrocken an mich, sie weint …

Sie erinnert sich, sage ich, deshalb weint sie …

Hilde! Plötzlich kommt mir der Name. Hilde, sage ich laut und ergreife die Hand der Frau. Der Neffe ist wie vom Donner gerührt, woher kenne ich ihren Namen, sie kommen zum ersten Mal hierher, ich habe sie nicht als Patientin aufgenommen. Sie hebt den Kopf und sieht mich an. Sie wird mich nicht erkennen. Vor rund zwanzig Jahren saß ich in ihrem Wohnzimmer in Frankfurt, ich übernachtete zwei Nächte mit meiner Frau bei ihr, eine Freundin hatte den Kontakt hergestellt. Damals schrieb ich etwas: Hilde, die Deutschland rettete.

Sie erkennt mich nicht. Ich halte ihre Hand, rede weiterhin auf Bulgarisch mit ihr, sage ihr, dass ich diese Kuh sehen kann, jetzt grast sie zur Rechten Gottes, zumindest war sie nicht allein, als sie starb, sie sah ein Mädchen, das mit ihr sprach … das ist ein glücklicher Tod. Die anderen Kühe sterben unglücklich, doch diese war umarmt, jetzt ist alles gut, es geht ihr gut. Ich ertappe mich dabei, dass ich nicht zu einer alten Frau spreche, sondern zu jenem 9-jährigen kleinen Mädchen, und sie verstummt, auf dem Sofa sitzend lässt sie den Kopf sinken und schläft ein.

25.
Hilde, die …

Ich werde euch am Lufthafen erwarten, sagt Hilde am Telefon. Ihre Stimme ist hell, ihr Bulgarisch aus den 40ern. Es gibt Wörter, die plötzlich unerwartete Türen zu anderen Zeiten öffnen. Einen Augenblick lang zögere ich, ob es, wenn wir uns am Frankfurter Flughafen sehen, der wirklich ein Lufthafen ist, 1945 sein wird oder 2001 (zu dem Zeitpunkt fand das Gespräch statt). Egal, von diesem Augenblick an wird der »Lufthafen« jene »Madeleine« für mein Gedächtnis sein, die mich mit Hilde verbindet. Und noch zwei Dinge, von denen in dieser Geschichte die Rede sein wird – ein Topf und ein ganz gewöhnliches Fabrikbrot.

Natürlich erwartet uns Hilde genau zur verabredeten Stunde am Lufthafen, herrlich in ihren späten Sechzigern. Im Ausland altern die Menschen schöner und langsamer, das Alter ist dort gnädiger.

Hier ist der Punkt zu sagen, dass Hilde in Bulgarien geboren wurde und es ihr gelang, den letzten Zug zu erreichen, bevor die Rote Armee einmarschierte. Sie wollten bleiben, der Vater, ein deutscher Geologe, hatte keine Verbindungen zum Militär, aber man warnte sie, dass sie hier nichts Gutes zu erwarten hätten. Sie floh gemeinsam mit ihrer Mutter, einer Bulgarin, und ihrem kleinen Bruder. Der Vater blieb, um irgendwelche Dinge am Haus fertigzustellen, und sollte dann den Zug eine Woche später nehmen. Man erschoss ihn in der Nacht darauf … Hilde war 9. Sie fuhren fast eine Woche, der Zug wurde ununterbrochen bombardiert. Sie erinnert sich deutlich an den Geruch von Gras und Erde, wenn sie sich neben den Gleisen auf den Boden warfen. Sie erzählt mir das, während wir im Wohnzimmer stehen, das seinerseits für immer in den 60ern geblieben ist, mit der Stehlampe, mit den leicht verschlissenen Sesseln mit hölzernen Armlehnen.

Dann fällt mir ein, das Fabrikbrot auszupacken, um das sie mich am Telefon gebeten hat. Ich gestehe, dass diese Bitte mich verblüfft hat. Ich musste in zwei, drei Geschäfte gehen, bis ich gewöhnliches Fabrikbrot in Bulgarien fand. Wer kauft es überhaupt noch. Hilde nahm das Brot vorsichtig entgegen, sie war aufgeregt und ging hinaus in den Korridor, damit ich es nicht sah. Sie kam bald darauf zurück und sagte, dass sie sich aus ihrer Kindheit an den Geschmack dieses Brotes erinnert. Sie schnitt zwei Scheiben ab, bestreute sie mit ein wenig Salz und reichte mir die eine. Ich habe nie einen Menschen gesehen, der so genussvoll eine Scheibe einfaches Fabrikbrot mit Salz isst. Danach führte sie uns in die Küche, um uns etwas sehr Spezielles zu zeigen. Sie öffnete den untersten Teil des Küchenschranks und holte von ganz unten den Topf hervor. Es war ein riesiger und schwerer Topf, gefertigt aus grobem, festem Metall. Als hätte man Panzer eingeschmolzen, um ihn zu gießen, dachte ich mir damals und sagte es sogar laut. Hilde lächelte und sagte, dass ich ja keine Ahnung hätte, wie recht ich habe. Dieser Topf war der erste und kostbarste Gegenstand, den der darniederliegende deutsche Staat an die Familien verteilte. Einen großen Topf aus eingeschmolzenen Waffen und Munitionshülsen. Mithilfe dieses Topfes überlebten wir, sagte Hilde, selbst Steine kann man darin kochen.

Und ich stellte mir die junge Hilde in den Ruinen der 40er und 50er in Deutschland vor, wie sie mit anderen Frauen die Trümmer wegräumt, nach intakten Ziegelsteinen sucht, wiederaufbaut, Kleidung für ihren Bruder näht, auf ein paar Kartoffeln wartet, im Dunkeln sitzt, um Strom zu sparen. Ohne zu jammern, wie jemand, dem es zugefallen ist, einen Staat erneut aufzubauen, der bis auf die Grundmauern zerstört ist.

Wir standen in ihrer bescheidenen Wohnung, und ich dachte mir, dass ich irgendwann einmal Hildes Geschichte erzählen muss, die, ohne etwas davon zu ahnen, Deutschland neu erbaute. Mit einem verbeulten schweren Topf aus Gusseisen und der Erinnerung an eine Scheibe Fabrikbrot mit Salz.

26.

Allmählich fand Gaustíns Klinik für Vergangenheit Nachahmer. Innerhalb weniger Jahre entstanden an verschiedenen Orten Räume oder Häuser für Vergangenheit. In Aarhus zum Beispiel nutzten sie das früher erbaute Museumsstädtchen, wo sich Häuser aus verschiedenen Jahrhunderten versammelten, die sie dorthin umgesiedelt hatten, um Schülern und Touristen zu zeigen, wie ihre Vorfahren hier gelebt haben, wie sie Gänse gezüchtet haben, Schafe, Ziegen und Pferde. Die Gänse, Schafe, Ziegen und Pferde waren nicht aus dem 19. Jahrhundert.

Ich wurde neugierig, nutzte ein Literaturfestival in Dänemark als Vorwand, fuhr einige Tage früher hin und nahm den Zug nach Aarhus. Ich hatte eine dänische Freundin gebeten, vorher dort anzurufen, dass ich mich als Schriftsteller beziehungsweise Journalist für dieses Sozialprojekt interessierte usw. Offensichtlich hatte sie ganze Arbeit geleistet, denn als ich ankam, erwartete mich bereits eine nette junge Frau, die mich begleiten sollte.

Eigentlich hatte der Ort nichts mit Gaustíns Klinik gemein, das Museum war einfach ein Museum, aber zweimal monatlich schlossen sie etwas früher für die Besucher und machten in den verbleibenden Stunden Führungen für Gruppen aus Seniorenheimen, hauptsächlich mit Demenzkranken. Ein Teil der Männer und Frauen ging, abhängig von ihrer Kraft und ihren Erinnerungen, in die Wirtschaft, fütterte die Enten und Ziegen, goss die Beete oder stand im Hof und sonnte sich. Es gab auch solche, denen solche Beschäftigungen nichts sagten, sie hatten keine Erinnerung ans Dorf und die Hauswirtschaft. Sie brachte man direkt in eine Wohnung, so bewahrt, wie sie 1974 gewesen war. Mir gefiel diese Sache mit dem konkreten Jahr, obwohl nicht klar war, ob diese Wohnung nicht auch 1973 ebenso wie im folgenden 1975 gleich ausgesehen hätte. Der Küchentisch, der Kühlschrank und die Couch im Wohnzimmer welken wohl kaum innerhalb eines Jahres dahin wie gepflückte Tulpen. Ich war natürlich am Motzen.

Die junge Frau war sympathisch, ertrug meine Zweifel, Fragen und direkten, kühnen Scherze ruhig und auf nordische Art. In der Wohnung begeben sich die Frauen direkt in die Küche, sagte sie. Als würde ein versteckter Kompass eingeschaltet. Die, die sich schwer in ihren eigenen Wohnungen orientierten, kämen hier instinktiv zurecht – ein konditionierter Reflex, der zu einem Instinkt geworden ist. Der Duft der Gewürze ziehe sie an, sie öffneten die Gläser mit Basilikum, Nelke, Minze, Rosmarin, steckten ihre Nasen hinein, sie erinnerten sich nicht mehr an die Namen, verwechselten sie, aber sie wüssten, wovon die Rede ist.

Sie folgen dem bereits verlorenen Duft von frisch gemahlenem Kaffee, fuhr das Mädchen fort, wir haben Vorräte von genau jenen Sorten, die in den 50ern und 60ern populär waren. Sie mahlen ihn gern selbst. Oft betätigen sie die Mühle noch lang, nachdem der Kaffee gemahlen ist.

Ich stellte mir vor, wie die Erinnerung an Gerüche als letzte die geleerte Höhle des Gedächtnisses verlässt. Vielleicht weil es der früheste Sinn ist, deshalb geht er ganz am Schluss, wie ein kleines Tier, das sich entfernt, mit gesenktem Kopf schnuppernd. Ich stellte mir diese Frauen deutlich vor, die bis in alle Unendlichkeit die alten viereckigen Kaffeemühlen aus Holz drehen oder die hohen zylindrischen aus angelaufenem Silber mit Kupfergriffen. Das sollte ein Bild aus dem 17. Jahrhundert sein, würdig des Pinsels der alten Holländer Vermeer, Hals und Rembrandt, detailgetreuer Realismus und erhabener Alltag in einem. Das endlose Drehen der Kaffeemühle, der Duft, den du mit deiner Nase aufsaugst, manche Dinge verändern sich nicht durch die Jahrhunderte. Ich stellte sie mir vor, wie sie die Jahre, die Jahreszeiten, die Tage und Stunden wie Kaffeebohnen zermahlen. Während sie diese Kaffeemühlen drehen, sagte das Mädchen mit dem Perlenohrgehänge (so nannte ich sie), reisen sie gleichsam wirklich in eine andere Zeit. Wir haben auch eine kleine Bibliothek mit Büchern aus den 60ern und 70ern, aber die Buchstaben bedeuten nichts mehr für die meisten von ihnen. Manchmal schauen sie sich die Kinderbücher an, freuen sich über die Bildchen, und das war's.

Tatsächlich stellt sich heraus, dass es gerade zu Beginn des 17. Jahrhunderts einem Holländer, Pieter van den Broecke, gelungen war, einige Kaffeebohnen über die Meere zu schmuggeln, aus denen er den ersten Steckling zog. Sein Nachfolger wiederum war nicht irgendwer, sondern Carl von Linné höchstpersönlich, dem diese Sträucher sehr gefielen und der die weitere Pflege übernahm. Auch Linné selbst begann im hohen Alter, progressiv sein Gedächtnis zu verlieren. Dem, der der Welt Namen gegeben hatte, der das Unordenbare geordnet und klassifiziert hatte, begannen plötzlich, diese selben Namen zu entgleiten. Ich stelle ihn mir vor, wie er über einem Vergissmeinnicht sitzt und versucht, sich an den lateinischen Namen zu erinnern, den er ihm selbst gegeben hat.

Wir gingen an den Häusern aus anderen Zeiten vorbei, machten einen Abstecher ins Postamt aus den 20ern, um das Ende einer ganzen Industrie der Erwartungen zu würdigen, der aufgeschobenen Freude über die Mitteilung, die tagelang unterwegs ist. Wir gingen an Edelleuten vergangener Jahrhunderte vorbei, an Milchmännern, an Schafhirten ohne Schafe, wir nickten den Schuhmachern zu, die vor ihren Schuhmacherwerkstätten saßen, an einer Stelle spielten Kinder mit kurzen Hosen, Hosenträgern und kleinen Schirmmützen Bockspringen, und an einer kleinen Kreuzung hatte ein Pennbruder still seinen zerrissenen Hut vor sich hingelegt. Die meisten sind Freiwillige, merkte meine Führerin an, Studenten der Geschichte oder Rentner. Sie werden nicht bezahlt, doch es werden von Jahr zu Jahr mehr. Manchmal kommen auch Obdachlose. Und als was verkleiden sie sich, wurde ich lebhaft. Wir geben ihnen warme und saubere Kleidung aus irgendeiner Epoche. Aber die meisten von ihnen wollen ihre Kleidung nicht wechseln. Sie wollen einfach bleiben, wie sie sind. Und sie selbst sagen, es hat doch immer Obdachlose gegeben, aus welchem Jahrhundert brauchen Sie uns?

Sie haben natürlich recht, denke ich mir später. Die Obdachlosen haben keine Geschichte, sie sind ... wie soll ich sagen, jenseits der Geschichte, nicht zugehörig. Bis zu einem gewissen Grad war auch Gaustín einer von ihnen.

Zum Schluss setzten wir uns in die berühmteste Konditoreikette der 70er, wo man die Kuchen, Baisers und Croissants vor Ort machte, mit dem Mehl, der Vanille, den Zitronenschalen, dem Zimt und allen übrigen Zutaten aus jener Zeit, gebacken in Öfen und Backröhren von damals, mit den damaligen Backformen und Glasuren, wie Lotte unterstrich. Wir tranken eine für die damalige Zeit populäre Marke von Trinkschokolade, aus Porzellantässchen mit

Goldkante. Um uns scharwenzelten die Bedienungen der 70er herum, es lag etwas sehr Bekanntes in ihnen, das mich zurückschickte, eine meiner ersten fast erotischen Erinnerungen war verbunden mit diesen hohen weißen Schuhen bis über den Knöchel.

Lotte, fragte ich ohne Vorrede, welches Jahrzehnt würden Sie sich aussuchen – die Sechziger, Siebziger oder Achtziger?

Sie schwieg ein wenig und gab die präziseste Antwort, die man auf eine solche Frage geben kann: Ich wäre gern 12 in einem jeden von ihnen.

Das wäre auch meine Antwort.

27.

Ja, das Experiment in Aarhus funktionierte, aber es blieb das Gefühl von Museum, von einem Besuch in »Disneyland« am Sonntag. Der Versuch Gaustíns zielte auf etwas anderes ab.

Gehen wir hinunter ins Jahr 1968, schlug er vor, als ich zurückkam. Das war schön, dieses »gehen wir hinunter ins Jahr 1968«, etwas wie das Hinabsteigen des Orpheus in die Unterwelt. Die 60er waren einfach im unteren Stockwerk. Wir setzten uns in die beiden zitronengelben Sessel. Er hatte sie bei einer Auktion gefunden, mir kommt es so vor für wahnsinniges Geld, man räumte die Wohnung eines reichen örtlichen Warhol-Imitators.

Er holte Zigaretten hervor, diesmal »Gitanes«, zündete eine an, der scharfe Rauch schwebte langsam durchs Zimmer. Er öffnete eine Flasche *Seagram's Extra Dry – the Perfect Martini Gin*, wie sie ihn auf der letzten Seite von »Newsweek« anpriesen, *von Ihnen die Olive, von uns der Rest.*

Jetzt erzähl, begann er … Ist Dänemark immer noch ein Gefängnis?

Ich antwortete, dass es eher ein Museum ist, und erzählte ausführlich über die Häuser aus verschiedenen Zeiten, über die Wohnung aus 1974, über noch ein paar weitere Zimmer, die Lotte mir zeigte, so bewahrt und konserviert, wie sie von gewöhnlichen Familien bewohnt worden waren, mit ihren Geschichten, Fotoalben, Koffern, Hemden auf Kleiderbügeln, einem Brotkasten, einer Vase mit künstlichen Blumen auf dem Kühlschrank. Eine der Wohnungen war von türkischen Einwanderern, einem Mann von 50 Jahren und seinen Mädchen im Alter von 20, Gastarbeiter, die Aschenbecher waren voll mit Zigarettenkippen, und der Geruch hing noch in der Luft, ich fragte mich, ob sie sie ab und an wechselten.

Das Problem liegt darin, begann Gaustín … er sprach die Wörter langsam aus, als versuchte er in diesem Moment, jenes zu formen, was er nachts gedacht hatte. Habe ich schon gesagt, dass Gaustín unter Schlaflosigkeit litt, ich hörte ihn, wenn ich in der Klinik übernachtete, wie er umherwandert, stehenbleibt, sich Tee macht oder hinausgeht, um zu rauchen. Er glich Funes aus »Das unerbittliche Gedächtnis«. Einmal warf ich ein, wenn es uns gelänge, die Form der Wolken beispielsweise vom Morgen des 30. April 1882 zu wiederholen, hätten wir den idealen Punkt erreicht. Und ebenso, wie der Hund um 15.14 Uhr am Nachmittag im Profil ausgesehen hat, spielte Gaustín mit.

Das Problem lag seiner Meinung nach darin, dass das zeitweilige Eintreten in ein Regime der Reminiszenz, der Besuch einer Vergangenheit von zwei bis fünf am Nachmittag und das darauffolgende Zurückkehren in eine andere, bereits unbekannte Gegenwart, zu abrupt und schmerzhaft war. Als würdest du die Tür zwischen zwei Jahreszeiten öffnen und vom Sommer direkt in den Winter übergehen. Oder dauernd vom Dunkeln ins Helle kommen oder von deiner Jugend in dein Alter, ohne Übergang. Das Verweilen für nur einige Stunden öffnete dieses Fenster in die Vergangenheit viel zu kurz. Er schenkte erneut vom Gin von 68 ein und sagte, dass seiner Meinung nach der Moment gekommen sei, einen Schritt weiter zu gehen, etwas Radikaleres auszuprobieren.

Kurz gesagt, die Idee war es, eine ganze Stadt in der Zeit zu erbauen. Aber eine echte Stadt, nicht eine von diesen Attrappen mit einem Sträßchen und einigen Häusern aus Fiberglas. Zuerst wird sie, sagen wir mal, in 1985 liegen. Dort wird es beginnen. Ich entgegnete, dass ich mich nicht erinnern konnte, dass es in dem Jahr etwas Bemerkenswertes gegeben hätte, wenn man davon absieht, sagte ich für mich, dass wir damals Abitur machten und man uns in die Kaserne steckte. Ein Jahr im Schatten des darauffolgenden, als es Tschernobyl gab, Schweigen, radioaktive Niederschläge, ein Defizit an Jod, das wir uns heimlich besorgten …

Es ist nicht notwendig, dass es etwas Außergewöhnliches gibt, entgegnete Gaustín. Die Zeit nistet nicht im Außergewöhnlichen, sie sucht sich einen stillen und ruhigen Ort. Wenn du Spuren einer anderen Zeit entdeckst, wird es an einem unmerklichen Nachmittag sein. Einem Nachmittag, an dem nichts Besonderes geschehen ist, nichts als das Leben selbst … Wer hatte das noch gleich gesagt, lachte Gaustín.

Du, antwortete ich.

Du schreibst mir für dein Leben gern alles zu, was dir so einfällt. Aber das gerade hast du mir vielleicht wirklich geklaut. Und so wird die Stadt im Jahr 1985 beginnen, begeisterte sich Gaustín, wir müssen dieses Jahr auf links drehen, es durchstöbern, wie man 1985 sagte. Mit Gorbatschow, Reagan, Kohl werden wir irgendwie fertig werden, dort gibt es deutliche Spuren. Aber lass uns sehen, wie sie zu etwas gesagt haben, das cool ist, wie der Jargon war, nach welchen Schauspielern sich alle verzehrten, wessen Poster an den Wänden hingen, Illustrierte für Hausfrauen, das Fernsehprogramm, die Wettervorhersage, der aktuelle Jahrgang von »Ogonjok«. Wie viel Brokkoli und Kartoffeln gekostet haben, der Lada im Osten und der Peugeot im Westen. Woran die Leute starben und worüber sie sich abends im Schlafzimmer stritten. Wir werden Tag für Tag alle Ausgaben von Zeitungen aus diesem Jahr nachdrucken. Dann das gleiche für das Jahr 1984 …

Folgt nicht 1986, fragte ich.

Ich weiß nicht, vielleicht wird man erst zurückgehen müssen, entgegnete er. Einerseits werden unsere Patienten, während sie ihr Gedächtnis verlieren, immer weiter zurücksteigen, werden sich an immer länger vergangene Dinge erinnern. Nach 1985 wird für sie 1984 kommen, danach 1983 und so … Ich weiß, dass du die 80er nicht magst, aber du wirst sie aushalten. Du wirst sie restaurieren, wirst sie mit Geschichten füllen. Wonach haben sich die Leute in den 80ern gesehnt? Wir können natürlich auch ein und dasselbe Jahr länger festhalten, es wiederholen. Danach machen wir die 70er, das wird ein anderes Stadtviertel.

Aber es werden neue Vergessende kommen, für die auch die 90er Vergangenheit sein werden, warf ich ein. Wir werden wohl alle Jahrzehnte vorrätig halten müssen. Die Vergangenheit wuchert wie Unkraut.

Egal, wir sind bei den 70ern angekommen, fuhr Gaustín fort, dort wird es bunter, psychedelischer, du hast Erfahrung aus der Klinik. Natürlich wird dir die Klinik im Vergleich mit diesen Städten der Vergangenheit wie ein Spielzeug vorkommen. Hier werden die Menschen 24 Stunden rund um die Uhr sein, 7 Tage die Woche, 365 Tage im Jahr. Zwischen ihnen werden Dinge vorfallen. Ich weiß nicht, wie es laufen wird. Danach kommt das Viertel der 60er, dort wirst du dich austoben. Wir können 1968 um zwei oder drei Jahre verlängern, wenn du darauf bestehst, lachte er. Manche Jahre dauern länger. Wir werden auch zu den 50ern gelangen. Hier wird es besonders wichtig sein, auf welcher Seite der Geschichte du stehst, obwohl es asketische Jahre für beide Seiten waren.

Und was machen wir mit den 40ern, fragte ich, mit dem Krieg?

Gaustín stand auf, ging zum Fenster, und nach einer ganzen Minute antwortete er:

Ich weiß nicht, ich weiß es wirklich nicht.

Von ihm die Phrase »Ich weiß nicht« zu hören, das kam einmal in hundert Jahren vor. Gaustín wusste alles, oder zumindest gab er nie das Gegenteil zu.

Damals, am Nachmittag des Jahres 1968 oder 2020, im Endeffekt ein und derselbe Nachmittag, skizzierte Gaustín jenes, was bis zu einem gewissen Grad später passieren würde. Es erschien logisch und gleichzeitig jenseits aller Logik, zugleich unschuldig und gefährlich – eine Gefahr von, sozusagen, historischer Größenordnung. Er hatte ein altes Notizheft mit Spiralbindung hervorgeholt und zeichnete Pläne, Jahre, Chronotopoi, Namen von Städten und Staaten. Die Gitanes qualmten, manchmal vergaß er die nicht zu Ende gerauchte Zigarette und zündete sich eine neue an, meine Augen tränten vom Rauch, ja, vom Rauch, scheint mir. Graue Wolken schwebten bedrohlich über der Zukunft oder der Vergangenheit, wie wir es auch nennen wollen, die Gaustín vor mir umriss. Natürlich ist das nur eine Metapher, dachte ich mir damals, im Versuch, die Vorahnung zu vertreiben.

Wozu brauchte er dieses Experiment, warum brauchte er eine Erweiterung des Feldes der Vergangenheit? Er hatte das erreicht, wovon andere nicht einmal zu träumen gewagt hätten. Er gehörte zu den Ersten, die Kliniken für Vergangenheit eingeführt hatten. In verschiedenen Ländern wurden Zentren eröffnet, die seine Erfahrungen nutzten. Die Geriatrien wetteiferten jetzt darin, ihn zu kontaktieren, mit ihm zu arbeiten, ihn als Berater einzuladen. Nie erschien er persönlich, zu den meisten Orten schickte er mich, um seine Absagen zu überbringen, immer freundlich, aber bestimmt. Und obwohl er alle Interviews und jegliche Öffentlichkeit ablehnte, wurde sein Name mit Respekt und Ehrfurcht genannt, so wie man über ein Genie und einen Exzentriker spricht, den nur wenige gesehen haben, doch das verstärkte die Legende nur noch.

28.
Der Entlaufene

Ich taufte ihn den Einsamen Langstreckenläufer, es gab seinerzeit so ein zorniges britisches Buch, das ich, ich gebe es zu, nie gelesen habe, doch sein Titel blieb mir im Gedächtnis.

Na ja, er war (sagte man zumindest) früher wirklich Langstreckenläufer gewesen – körperlich gesund, stark, ein ehemaliger Sportler, und es war, als wollte der Körper das nicht vergessen. Sehr lebendig, sehr neugierig, die Krankheit hatte die letzten dreißig, vierzig Jahre seines Gedächtnisses gefressen, obwohl es uns manchmal damit überraschte, dass es plötzlich zurückkehrte. Mit Medikamenten versuchte man, den Prozess zu verlangsamen, wir versuchten, ihm eine Zeit zurückzugeben, an die er sich erinnerte. (Es ist klar, dass es keine Heilung gibt, aber der Mensch hat auch in der Krankheit ein Recht auf Glück, wie Gaustín sagte.) Es war eine Schlacht um Vergangenheit, eine Schlacht um jede Erinnerung.

Wahrscheinlich würden den Läufer in zwei oder drei Jahren die Kräfte verlassen, das Gedächtnis der Muskeln schwächer werden, der Spalt von Zeit, an die er sich erinnerte, sich ganz verengen oder vollständig verschwinden. Aber jetzt war er noch in Form, sogar in verdächtig guter Form. Er lebte glücklich bei uns in der Alzheimersiedlung im Viertel der 70er, wir hatten ihn dem Regiment von 79 zugeteilt, wie Gaustín und ich scherzten.

Er ging in die kleine Bibliothek, um jeden Tag die neue Ausgabe einer Zeitung von 1979 zu lesen. Wir hatten den ganzen Jahrgang gesammelt und legten sie Tag für Tag auf. Nur die Wettervorhersage stimmte nicht immer ganz überein. Aber von den Meteorologen erwartete sowieso niemand etwas, so dass das keinen größeren Eindruck hinterließ. Der Läufer las viel, nahm an allem Anteil, was passierte. Er war ein Musikbesessener und war noch immer nicht über die Trennung der »Beatles« hinweggekommen, er stand auf Lennons Seite. Der Fall des Regimes von Pol Pot, der erste Besuch Papst Johannes Pauls II. in Mexiko – er verfolgte alles mit, das Jahr ging diesen Januar gut los. Danach trübte sich für einige Zeit seine Stimmung, als er über den chinesischen Angriff an der Grenze zu Vietnam las. Er freute sich wie ein Kind, als er das erste Foto des Jupiterrings sah, das die »Voyager« geschickt hatte. Er wollte sich lang darüber unterhalten, was es auf diesem Ring gab, woher die Farben kamen. Ob man nicht vielleicht Lebensformen dort entdecken würde … Ich versuchte, seine Erwartungen und seine Vorahnung eines Wunders zu teilen, wie Gaustín sagen würde, und dieselbe Aufregung zu verspüren.

Aber am meisten regte ihn Lennon auf. Zu jener Zeit bog die Welt scharf in Richtung ABBA und Disco ab, zweifellos ein Zeichen des Niedergangs, er jedoch verfolgte in den Zeitschriften und Zeitungen jeden Schritt von John mit. Sie schrieben, dass er bereits ein Stubenhocker geworden sei, er backe zu Hause Brötchen und wiege den dreijährigen Sean. Der Läufer sah darin nichts Schlechtes, und als in einer anderen Zeitung gehässige Andeutungen von Cynthia erschienen, der Ex von John, dass er eigentlich den ganzen Tag vor dem Fernseher rumhänge, wurde der Läufer wirklich wütend. Einmal kam er mit der neuen Ausgabe von »Life« zu mir, wenn ich mich nicht täusche, und las mir vor, wie Lennon sich in letzter Zeit seiner Autobiographie gewidmet habe und schon seine ersten Kindheitserinnerungen aus dem Haus in der »Penny Lane« mit einem Kassettenrekorder aufzeichnete. Ich kann kaum erwarten, das zu lesen, sagte der Läufer immer wieder begeistert.

Er kam eines Nachts zur Unzeit zu mir, schloss die Tür, wollte sich nicht setzen. Man wird John Lennon umbringen, sagte er schnell. Und das in nächster Zukunft. Er war wirklich besorgt, aber er konnte nicht erklären, ob er das nur geträumt hatte. Irgendein Verrückter wird ihn erschießen, ich habe sogar sein Gesicht gesehen. Während er nach Hause geht, am Eingang vor dem Dakota Building. Das muss sofort der Polizei gemeldet werden. Er muss von dort verschwinden.

Ich wusste nicht, wie ich reagieren sollte. Ob es ein plötzliches Aufblitzen des Gedächtnisses war (also funktionierte die Therapie!), oder waren Informationen von außen eingedrungen? Ich versprach, dass ich gleich am nächsten Morgen bei der Polizei anrufen würde. Wir redeten ein wenig, und ich begleitete ihn zurück zu seinem Zimmer.

Am nächsten Morgen war der Läufer verschwunden.

Die Siedlung wurde diskret, aber ernsthaft bewacht. Aus dem einfachen Grund, dass die, die ihr Gedächtnis verlieren, auch ihren Orientierungssinn einbüßen, so werden sie leicht zu Opfern von Zwischenfällen außerhalb der geschützten Zone. Der Läufer war noch gut in Form, die von der Wache sagten, dass sie nur im letzten Moment gesehen hätten, wie er sich über den Zaun schwang und verschwand.

Die Flucht eines Patienten ist ein außergewöhnliches und für alle unangenehmes Ereignis. Besonders wegen der Gefahr für sein Leben. Im konkreten Fall springst du nicht nur über einen Zaun, sondern du überspringst auch 30–40 Jahre. Man weiß nicht, wie sich dieser Zusammenstoß mit einer anderen Realität auswirken wird. Außerdem konnte ein eventueller Vorfall zu einer Untersuchung und zur Schließung der Siedlung führen, zu den üblichen Streitereien unter Fachleuten über die Zweckmäßigkeit dieser Therapieform, haben wir ein Recht auf diese »Synchronisierung« zwischen innerer und realer Zeit usw.

Alle Polizisten in der Gegend waren über das Vorgefallene informiert und wurden gebeten, sehr vorsichtig zu sein, wie bei einem Patienten, der eine andere Zeit »bewohnt«. Ich spielte alle möglichen Szenarien in meinem Kopf durch, während auch ich die nahegelegene Stadt durchstreifte, um nach ihm zu suchen. Ich stellte mir vor, wie er den erstbesten Polizisten aufhält und ihm mit seiner ganzen Besorgnis mitteilt, dass sofort das FBI und die Polizei in New York verständigt werden müssen. Warum, fragt der Polizist. Ich habe eine geheime Mitteilung, man wird John Lennon umbringen, vielleicht hat sich der Mörder schon auf den Weg gemacht. Wirklich, wird der Polizist mit seinem polizeilichen Sinn für Humor unbekümmert sagen, bist du nicht ein bisschen spät dran, Bruder. Aber … was soll das heißen, hat man ihn schon umgebracht, das werde ich mir nie verzeihen, wird der Läufer stöhnen.

Ich würde nicht wollen, dass man ihm das antut.

Gott sei Dank endete alles schnell und auf die bestmögliche Weise. Der Läufer, den wir von dem Moment an den Entlaufenen nennen sollten, streifte einige Stunden durch die nahegelegene Stadt (ich hatte schon befürchtet, er würde direkt einen Flughafen ansteuern und in einen Flieger nach New York steigen), dann entdeckte er die Polizeidienststelle, wo man bereits über den Vorfall informiert war, verlangte, mit dem Chef zu sprechen, jener hörte ihn aufmerksam an, machte sich Notizen, sagte, dass er das System sofort in Gang setzen würde, und vor seinen Augen hob er den Hörer ab, um direkt mit der Zentrale des FBI zu sprechen. Danach bot er ihm an, ihn mit dem schönsten (zivilen) Auto der Dienststelle zurück in die Siedlung zu geleiten.

Ich wusste nicht, welchen Zugang ich beim Entlaufenen wählen sollte, er war aus der »anderen« Welt zurückgekehrt, er hatte die Zeiten vermischt. In einem solchen Fall musste die Therapie wahrscheinlich abgebrochen werden und er die Siedlung verlassen. Oder vielleicht würde er es auch selbst wollen. Ich stellte mir vor, wie er allen erzählt, dass draußen die echte Zeit fließt, während man ihnen hier irgendeine gebrauchte Vergangenheit unterjubelt. Bei ihrem Eintreten in die Siedlung wussten die Patienten (zumindest die in einem früheren Stadium der Erkrankung) und ihre nächsten Angehörigen, dass dies das Wesen der Therapie ausmachte. Und trotzdem war es für die Reinheit des Experiments besser, wenn keine Partikel einer anderen Realität eindrangen. Das Milieu musste aseptisch bleiben hinsichtlich der Beimengung anderer Zeiten.

Das, was der Entlaufene nach seiner Rückkehr tat, war völlig unerwartet. Ich hörte ihm zu, wie er nach dem Abendessen erzählte, dass draußen in der Stadt alle einem Experiment unterzogen werden. Man spielt ihnen irgendeine Zukunft vor, Leute ... Da laufen welche mit Schnüren in den Ohren und kleinen Fernsehern in der Hand herum und schauen nicht nach links und rechts, weil sie nur auf den Bildschirm starren. Entweder filmen sie einen sauteuren Fantasyfilm oder sie testen aus, wie es in 50 Jahren sein wird. Das war die Schlussfolgerung des Entlaufenen, die öffentlich bekannt gegeben wurde. Er hatte kürzlich im »Time Magazine« irgendwelche Prognosen gelesen, und jetzt experimentierte man sicher damit. Aber alles ist so künstlich, dass keiner darauf reinfallen wird. Gut, dass sie sie von uns abgezäunt haben, schloss er.

Machen Sie sich keine Sorgen, sagte er später zu mir, ich habe keinem da draußen gesagt, welches Jahr wir haben, um ihnen das Experiment nicht zu verderben.

Danach entschuldigte er sich dafür, dass er uns Kopfschmerzen bereitet hatte, fragte mich, ob ich glaubte, dass sie ernsthaft etwas wegen John unternehmen und ihn beschützen würden.

Ich dachte kurz nach und sagte – ja. Es sollte noch ein ganzes Jahr dauern, bis mich die Zeitungen widerlegten.

29.
Zahlen

Du siehst, wohin die Welt sich bewegt, sagte Gaustín eines Morgens ... Totales Scheitern, alles, was wir noch vor einiger Zeit für die nächsten zwanzig, dreißig Jahre erwarteten, ist nicht eingetreten. Und du weißt selbst, dass ein Teil des

Scheiterns der Zukunft auch ein Scheitern der Medizin ist. Die Welt altert, und alle drei Sekunden verliert jemand sein Gedächtnis.

Statistiken waren seine neue Obsession, er verglich und analysierte die wachsende Kurve für die verschiedenen Erkrankungen des Gedächtnisses, die Daten der Weltgesundheitsorganisation, des Europäischen und einiger größerer nationaler Zentren. Die Zahlen aus den USA waren zum Beispiel wirklich furchtbar – um die fünf Millionen mit Demenz, noch einmal fünfeinhalb Millionen Alzheimerkranke. Auf der Welt sind es jetzt über 50 Millionen, sagte Gaustín, nur die registrierten Fälle, das ist ein Staat größer als Spanien, in sieben, acht Jahren werden es 75 Millionen sein, und das sind nur die diagnostizierten. In Indien beispielsweise werden 90 Prozent der an Demenz Erkrankten nie diagnostiziert, und auch in Europa beinahe die Hälfte nicht. Beinahe die Hälfte in Europa, kannst du dir das vorstellen, also verdopple die Zahlen, die wir kennen. Um uns herum sind überall Menschen, die tickende Zeitbomben sind, und sie wissen es gar nicht. Und du und ich könnten Teil von ihnen sein … Hast du dich mal untersuchen lassen?

Nein.

Ich auch nicht. Es ist eine globale Demenz im Anmarsch.

Gaustín verstand es, in all meine versteckten Ängste einzudringen. In letzter Zeit hatte ich das Gefühl, dass mich jeden Tag Namen und Geschichten verließen, sie schlichen sich leise davon wie Wiesel.

Da ist auch noch etwas anderes, das ist eine der drei teuersten Krankheiten im Moment, fuhr er fort. Die Amerikaner haben es ausgerechnet, 215 Millionen im Jahr, und das war vor fünf Jahren. Die Rede ist von Medikamenten, Sozialarbeitern, Ärzten, Begleitpersonen, kannst du dir vorstellen, wie viele Begleitpersonen es braucht. Dort werden manche Politiker schon sehr bald lernen, die Welle zu reiten, es werden Unruhen losgehen, niemand wird riesige Summen für Menschen *mit mentalen Schädigungen* bezahlen wollen, die nur noch *der Gesellschaft zur Last fallen, unheilbar Kranke, die einen Gnadentod brauchen*, man wird eine radikale Gesundheitspolitik fordern, irgendeine *Realpolitik* in der Medizin … du kennst das, die Rhetorik wurde bereits in den 30ern ausgearbeitet und angewendet.

Gut, dass wir nicht auch die Dreißiger wiederauferstehen lassen mussten, dachte ich, doch trotzdem hatte ich einen Blick hineingeworfen. Ich erinnerte mich an die Titelseite von »Neues Volk« aus dem Jahr 1938, eine Zeitschrift der Nationalsozialisten mit dem Foto eines »unheilbar Kranken« und der Überschrift *60 000 RM kostet dieser Erbkranke die Volksgemeinschaft auf Lebenszeit. Volksgenosse, das ist auch Dein Geld.*

Unsere Patienten wären die Ersten auf den schwarzen Listen. Mit ihnen hatte es begonnen – mit den psychiatrischen Kliniken und Geriatrien.

30.

Einmal brachten sie eine alte Frau in die Klinik. Frau Sch., die sich weigerte, ins Bad zu gehen, und schon beim Anblick der Dusche in leise Hysterie verfiel. Das kommt manchmal vor, im schweren Stadium der Erkrankung werden die Menschen aggressiv, eigenwillig, wie Kinder, die sich bei zuvor gewöhnlichen Dingen auf einmal stur stellen. In solchen Fällen suchen wir Seifen und Shampoos aus einer früheren Zeit, die noch ihren Geruch bewahrt haben, Toilettenartikel, Badehauben von damals, die einstigen dicken Handtücher mit Monogramm, Spiegel mit einem Griff aus Bein,

Kämme aus Holz … Alles, was ein Bad bekannt und vertraut machen würde. Aber in diesem Fall half nichts. Sie zierte sich immer noch genauso, weinte und bat die Schwestern, verschont zu werden. Und dann wühlten Gaustín und ich uns durch die Archive, trieben noch lebende Verwandte dieser Frau auf, Dokumente, und wir begriffen, ich muss gestehen, dass Gaustín als erster darauf kam, Frau Sch. hatte Auschwitz überlebt. Sie selbst hatte offenbar versucht, zu vergessen und nicht darüber zu sprechen. Aber jetzt, im späten Stadium der Erkrankung, kam jenes, was sie ein Leben lang auslöschen wollte, zurück wie ein entgegenkommender Zug, und es gab keine Möglichkeit, sich in andere Erinnerungen und eine andere Zeit zu retten. Irgendwo schrieb Primo Levi, dass das Lager diese unausweichliche Realität ist, in der du weißt, dass du früher oder später mitten im Traum des Lebens aufwachen wirst. Und dieses Gefühl wird mit den Jahren nicht schwächer.

Auf einmal fanden die ewigen morgendlichen Fragen von Frau Sch., ob man ihre Mutter gefunden hätte und ob ihre Brüder noch am Leben wären, eine Erklärung. Wir begriffen, warum sie sich mit Brotrinden und Resten aus der Kantine eindeckte, die sie dann in ihrem Schrank versteckte. Alles, was dieses Gedächtnis aufschloss, musste vermieden werden – die Duschen, die klappernden Absätze der Schwestern in den Korridoren (wir tauschten sie gegen weiche Schlappen aus). Die Beleuchtung wurde gedämpft. Ein Teil der Kantine wurde in kleinere, gemütliche Separees unterteilt, um die großen Gemeinschaftsräume zu meiden, das Klappern von Besteck, die Menschenansammlungen. Unwillkürlich wird dir bewusst, wie viele Dinge in einer Klinik potentiell mit versteckter Gewalt aufgeladen sind, wie Foucault sagen würde. Nichts mehr wird unschuldig sein – die Bäder, die Kantine, der Gasherd, der Arzt mit Kittel, der dir eine Spritze geben will, die Beleuchtung, das Bellen der Hunde draußen, die schrille Stimme, manche deutschen Wörter …

Das war einer der seltenen Fälle, in denen Gaustín bereit war, auf das Wecken von Erinnerung zu verzichten.

31.

Neue und bevorstehende Diagnosen

Family collapse disorder

Irgendwo in einem Schweizer Dorf kommt ein Vater nach Hause und trifft drinnen unbekannte Personen an, eine Frau und zwei junge Männer, die sich in aller Seelenruhe in seinem Haus breitmachen. Er schließt sie ein, ruft die Polizei, die Polizisten kommen und umstellen das Haus.

Papa, was ist los mit dir, rufen seine Söhne von drinnen.

Man sagt, dass der kommende massenhafte Gedächtnisverlust etwas wie ein Virus sein könnte, das bis zum Hippocampus vordringt und die Gehirnzellen zerstört, woraufhin die Neurotransmitter blockieren. Das Gehirn, diese höchste Schöpfung der Natur, verwandelt sich innerhalb von etwas mehr als einem Jahr in ein Stück sülzeartige Masse. Einige Wissenschaftler von Weltrang führten das Beispiel mit den Bienen an und schlugen Alarm, dass das, was bei ihrem mysteriösen Verschwinden passiert, der sogenannten *colony collapse disorder*, eigentlich der gleiche Alzheimermechanismus sei, nur angewendet auf die Familie der Menschen.

Syndrom der springenden Schallplatte

Eines Morgens erwachen sie aus unruhigen Träumen und finden in ihrem Bett, dass eine Verwandlung mit ihnen geschehen ist …

Die Zeit ist gesprungen, wie seinerzeit die Schallplatten sprangen.

Ein junger Mann und eine junge Frau, Studenten, legen sich gemeinsam am Abend ins Bett und wachen 20 Jahre später wieder auf. Sie spüren, dass etwas mit ihren Körpern nicht so recht stimmt, steif, schmerzend, sie sind zwar keine Gliederfüßer, aber das ist auch nicht besser. Irgendwelche unbekannten Kinder stürmen ins Zimmer und schreien.

Mama, Papa, steht auf, ihr verschlaft den ganzen Tag …

Wer seid ihr, wie heißt ihr, fragen die beiden im Schlafzimmer … Wartet ein wenig draußen.

Wo ist mein Haar, zum Teufel. Was haben wir gestern getrunken, wir waren auf einer Party … Kannst du dich erinnern, was du geträumt hast?

Nein, nichts.

Ich auch nicht.

Hm. Warte mal, da waren irgendwelche Leute, sie gratulierten mir zu irgendwas, dann … nein, alles verschwimmt. Versuch du, dich zu erinnern.

Ich sollte zu meinen Eltern nach Hause fahren, gerade hatte ich meine Prüfungen nach dem dritten Semester bestanden.

Wir waren in einer Gruppe, nicht wahr?

Ich hätte sie anrufen sollen, dass ich nicht nach Hause kommen werde. Er sieht auf seine Uhr. Ob ich jetzt anrufen soll? Welches Jahr haben wir?

Wo ist mein Haar, zum Teufel, er betastet wieder seinen kahlen Scheitel.

Wir gingen seit einigen Monaten miteinander. Am Abend, als wir betrunken waren, sagtest du, du willst heiraten.

Was für einen Unsinn man doch redet, wenn man betrunken ist. Offenbar haben wir es getan …

Ich kann mich an nichts erinnern. Das ist nicht jene Wohnung.

Bestimmt haben wir geheiratet. Wir haben irgendwas gearbeitet. Sicher hatten wir Freunde. Ich kann mich an nichts erinnern, an gar nichts. Vielleicht sind wir ans Meer gefahren, bestimmt sind wir ans Meer gefahren. Weißt du, wie die Kinder heißen?

Nein, um Gottes Willen, ich weiß nichts von Kindern.

Wir müssen zum Arzt gehen.

Zum Arzt, und was werden wir sagen?

Na, wir sind heute aufgewacht, und es hat sich herausgestellt, dass zwanzig Jahre vergangen sind.

Hast du den Kalender gesehen?

Ja, habe ich gesehen, es ist 2020. Zweitausendzwanzig. Das ist ja geradezu das nächste Jahrhundert.

Warte, wann waren wir im dritten Semester, wann war jener Abend?

Das muss 1998 gewesen sein.

Ganz genau, wir betranken uns nach der Prüfung in, was war es noch gleich … und du bliebst bei mir. Wir taten, was wir taten, und schliefen ein. Aber damals war ich 23 und hatte Haare, zum Teufel.

Und du hattest nicht so viel … du warst schlanker, will ich sagen.

Du sahst auch anders aus.

Und was sagen wir dem Arzt? Wir sind an diesem Morgen aufgewacht, nachdem das letzte, woran wir uns erinnern, ist, dass wir im Juni 1998 ins Bett gegangen sind. Wir haben zwanzig Jahre lang geschlafen. Na, hätten Sie halt nicht so lange geschlafen, wird der Arzt sagen. Was sind Ihre Beschwerden? Na ja, ich bin kahl geworden, wirst du sagen, und ich bin alt geworden. Und wir erinnern uns an gar nichts. Rein gar nichts.

Sie ziehen sich die Decke über den Kopf und schlafen erneut ein, in der Hoffnung, dass sie diesmal in die andere Richtung schlafen und wieder in jener Wohnung aufwachen werden.

32.
Geschützte Zeit

Der Moment, in dem Gaustín beschloss, die Klinik für Vergangenheit nicht nur für die Patienten zu öffnen, sondern auch für Menschen, die ihnen nahestehen, war der nächste Schritt. Später tauchten Leute auf, die gern in konkreten Jahren zu leben wünschten, und ohne Begleitpersonen zu sein. Leute, die sich in der Jetztzeit nicht zu Hause fühlten. Manche, die meisten, nehme ich an, taten es aus einer Nostalgie nach ihren glücklichen Jahren heraus, andere – aus Angst, dass die Welt unaufhaltsam zugrunde geht und die Zukunft annulliert ist. Eine besondere Beunruhigung lag in der Luft, man konnte ihren feinen Geruch beim Einatmen wahrnehmen.

Ich war mir selbst nicht klar darüber, ob es in Ordnung war, dass praktisch gesunde Menschen in die Kliniken kamen, war so eine Vermischung rechtens? Oder ist das Recht auf Vergangenheit heilig und sollte für alle gelten, wie Gaustín sagte. Die Leute suchten danach, und wenn sie es nicht hier fanden, dann eben irgendwo anders. Es schossen tatsächlich schon allerlei andere, auf die Schnelle zurechtgemachte Hotels für Vergangenheit aus dem Boden.

Gaustín waren meine Zweifel fremd, und er begann allmählich, die Krankenhausordnung immer weiter zu lockern. Einem Menschen, dessen Obsession die Vergangenheit ist, war jede Ausweitung des Feldes willkommen. Er tat es trotzdem vorsichtig. Ich bin nicht sicher, ob er eine Strategie hatte, auch nicht, dass er den Gewinn suchte. (Eine Nische existierte definitiv.) Meiner Meinung nach sah er sehr viel mehr als den gedeckten fetten Scheck der Vergangenheit. Er wollte in das Uhrwerk der Zeit selbst vordringen, ein Rädchen anstoßen, ein anderes bremsen, versuchen, den Zeiger zurückzudrehen.

Gaustíns Idee ging noch weiter. Man sollte nicht einfach nur für einige Stunden während des Tages herkommen wie im Fitnesscenter, sondern bleiben ... Er sagte, nicht für immer, vielleicht eine Woche, einen Monat, ein Jahr. Man sollte an diesem Ort leben. Ich sage *Ort* und sehe, wie wenig am Platz dieses Wort ist. Gaustín wollte eigentlich, dass allen *Zeit* eröffnet würde. Denn genau darum ging es. Dort, wo die anderen in Raum dachten, in Quadratmetern oder Hektar, maß er in Jahren.

Das Experiment bestand darin, eine geschützte Vergangenheit zu schaffen oder eine »geschützte Zeit«. Eine Zeitzuflucht. Er wollte, dass wir ein Fenster in der Zeit öffnen, und dort sollten die Kranken leben, aber auch die Menschen, die ihnen am nächsten stehen. Den alten Paaren, die ein Leben lang zusammen gewesen sind, sollte die Chance gegeben werden, zusammen zu bleiben. Töchter und Söhne, öfter Töchter, die noch einen Monat oder sogar ein Jahr mit ihrer Mutter oder ihrem Vater verbringen wollen, bevor alles völlig einstürzt. Aber nicht einfach nur an ihrem Bett stehen, in einem aseptischen weißen Zimmer. Die Idee war, in ein und demselben Jahr zusammen zu bleiben, sich am einzig möglichen »Ort« zu treffen – in dem Jahr, das noch im verlöschenden Gedächtnis des Elternteils aufflackert.

33.
Das letzte Spiel

Ich ging durch einen warmen Juniabend des Jahres 1978. Irgendwo von der Straße her erklang *Such a lovely place, such a lovely place, such a lovely face …* »Hotel California« von den Eagles strömte in diesem Jahr von überall auf einen ein. Düster und berauschend, irgendwo verlor es den Sinn, danach kehrte er wieder zurück, der Gitarrenschlussteil war wirklich hypnotisch. Die Jungs hatten was drauf. Die Musikzeitschriften sagten ihnen eine strahlende Zukunft voraus. Rund dreißig Jahre später würde von all ihren Alben nur dieses Stück übrig geblieben sein.

… some dance to remember, some dance to forget …

Auf der zentralen Straße waren die Tische des Restaurants draußen gut gefüllt. In einem bauchigen Fernseher mit Gehäuse aus Bakelit lief das Endspiel der Fußballweltmeisterschaft. Sie übertrugen direkt aus Buenos Aires. Ich blieb stehen und schaute zu. Holland gegen Argentinien. Europa gegen Lateinamerika. Ich wusste genau, wie dieses Spiel ausgehen würde, es war das erste, das ich mir vor 40 Jahren zusammen mit meinem Vater angeschaut hatte. Wegen der dauernden Tricks der Argentinier sind wir für die Holländer, aber die werden offenbar verlieren. In der neunzigsten Minute wird Rob Rensenbrink den Ball nach einem langen Pass bekommen, wird schießen und … Pfosten. Wir haben auf die Verlierermannschaft gesetzt. Wir sollten es gewohnt sein, weil Bulgarien immer verloren hat, und in diesem Fall spielen ja auch andere. Aber man gewöhnt sich nie daran. Und Holland spielt mitreißend. Das ist nicht fair, die Guten gewinnen doch immer, ich haue mit meiner kleinen Faust auf den Tisch. Ich versuche, mich mehr zu ärgern als mein Vater. Mein Vater dreht sich zu mir um und sagt: *Schau, Alterchen* (so sagte er zu mir), *das Leben ist mehr als eine Niederlage.*

Es gibt Dinge, die man sich fürs ganze Leben merkt. Vielleicht, weil die Väter zu jener Zeit, auch meiner war keine Ausnahme, nie mit uns sprachen wie mit Erwachsenen. Deshalb war diese Replik eine aus der Reihe der außergewöhnlichen Ereignisse. Das muss das väterliche Vermächtnis gewesen sein. Ich habe nie ganz verstanden, ob er meinte, dass das Leben voller Niederlagen sein würde und dies nur die erste von ihnen war oder dass das Leben immer größer ist als jede Niederlage. Und vielleicht auch beides.

Im Restaurant ist was los, alle sind aufgeregt wegen des Spiels. Dort, am letzten Tisch, steht ein Mann um die achtzig mit absolut weißem Haar, hellen Augen, großgewachsen und schlank. Er wendet den Blick nicht vom Fernseher ab, aber es ist, als würde er nicht an der Aufregung teilhaben, zumindest nicht sichtbar. Er blinzelt, und er rührt sich nicht. Ich bahne mir einen Weg und setze mich neben diesen Mann. Ist hier noch frei, frage ich. Er sieht mich an, ohne den Kopf zu drehen, und kaum merklich erzittert seine Unterlippe.

Das Spiel neigt sich schon dem Ende der zweiten Halbzeit zu, es steht unentschieden. Das Stadion kocht. Der Pfostentreffer steht bevor. Die Verlängerung steht bevor. Alle skandieren den Namen von Kempes. Und da ist die 90. Minute. Ein schöner parabolischer Schuss, alle an den Tischen schaudern, die Anhänger von Holland erheben sich aus ihren Stühlen, bereit zu schreien, der Ball fliegt bedrohlich auf das Tor der Argentinier zu, fällt auf den Fuß von Rensenbrink, Schuss … Ah! Aaaah … Pfosten. Der Schrei, der für das Tor vorbereitet war, stürzt im Endeffekt zu einem langgezogenen Seufzer zusammen …

Ich sehe den Mann neben mir an. Eigentlich versuche ich die ganze Zeit über, das Spiel durch seine Augen zu sehen. Beim Schuss von Rensenbrink ballt er nur seine rechte Hand auf dem Tisch zur Faust. Also regt er sich doch auf. Es bleibt beim Unentschieden, die Anspannung wächst, die Stimme des Kommentators überschlägt sich. Es folgen einige Minuten Pause, in denen neue Biere bestellt werden. Ich betrachte die Gesichter der Menschen. Ob sie alle dieses Spiel sehen, als wäre es das erste Mal. Oder weiß immerhin ein Teil von ihnen Bescheid, erinnert sich, die Begleitpersonen mit Sicherheit. Aber was für eine Bedeutung hat es eigentlich, es macht keinen Unterschied, die Gesichter aller sind angespannt und leuchten. Man weiß nicht, wie das Spiel ausgehen wird, das vor 40 Jahren ausgegangen ist. Ich versuche auch, es wie zum ersten Mal zu sehen. Vielleicht wird diesmal das Wunder eintreten. Alles ist möglich, alles steht erneut bevor.

Die Zeitungen von morgen werden sofort ausverkauft sein, es wird erste Analysen geben, Fotos vom Spiel. Dieselben wie vor 40 Jahren, einfach auf neuem Papier nachgedruckt, noch nach Druckerschwärze riechend. Man wird einen ganzen Monat über dieses Spiel sprechen, über das Tor von Kempes in der Verlängerung. Über die Weigerung der Holländer, zur Siegerehrung zu kommen, über die Weigerung von Cruyff, für Oranje zu spielen, was den Ausgang der Weltmeisterschaft vorherbestimmt hat, über das schmutzige Spiel der Argentinier mit der Spielverzögerung wegen des eingegipsten Handgelenks eines holländischen

Spielers … Über all jene Einzelheiten, aus denen die Geschichte gemacht ist.

Aber jetzt interessiert mich nicht die Geschichte, mich interessiert nur die Biographie. Die Leute haben es nicht eilig, auseinanderzugehen, sie trinken noch ihr Bier aus, kommentieren, ärgern sich. Sogar die, die aufseiten der Argentinier sind, wagen es nicht, sich zu freuen. Ich stehe am Tisch neben dem Mann. Es ist dunkel, die Leute stehen auf und gehen. Es kommt ein kalter Wind auf.

Ich nehme ihn an der Hand und sage leise, aber deutlich: *Schau, Alterchen, das Leben ist mehr als eine Niederlage.* Er dreht sich ganz langsam zu mir um. Sieht mich an, ich bin mir nicht sicher, was er sieht, was durch sein entleertes Gedächtnis galoppiert. Es sind 40 Jahre vergangen, seit wir dieses Spiel zusammen angeschaut haben.

Wenn es mich in seinem Gedächtnis nicht gibt, gibt es mich dann überhaupt?

Es vergeht eine Minute. Er bewegt die Lippen und wiederholt ohne Stimme, nur mit den Lippen, aber ich verstehe, das ist die Parole, drei Silben – *Al-ter-chen* …

Es ist unser letztes Gespräch. Er erkennt mich nicht wieder, alles entwickelt sich schrecklich schnell. Das Gehirn hat kapituliert, die Provinzen des Körpers rebellieren. Ich habe ihn zu mir in die Siedlung geholt, die Gaustín soeben aufgemacht hat.

Natürlich habe ich vorher die Möglichkeiten in dem Land überprüft, aus dem ich komme. Die Klinik, die ich betrat, um angeblich einen Verwandten zu besuchen, damit sie mich hineinließen, war zum Verzweifeln. Die meisten waren fixiert, um nicht zu toben, sie rollten wahnsinnig die Augen und heulten leise wie Vieh, das seine Stimme vor lauter Brüllen verloren hatte. Ich glaube, es war das Entsetzlichste, was ich in meinem Leben gesehen habe, und ich habe wirklich entsetzliche Dinge gesehen. Worüber wundern Sie sich, ich bin hier einer für 30 Personen, ich kann sie nicht bändigen, aber sie quälen sich nicht lang … sagte ein Krankenpfleger, der im Korridor an mir vorbeiging. Ich stürmte hinaus, und während ich die Eingangstür schloss, sah ich eine Anzeige eines Bestattungsunternehmens mit einigen Telefonnummern. Ich merkte mir seinen Namen: »Memento mori«.

Ich schnappte mir meinen Vater, und gegen seinen Willen brachte ich ihn in Gaustíns Klinik. Der Mensch hat ein Recht darauf, als Mensch zu sterben. In den letzten drei Jahren will er immer, wenn er bei Bewusstsein ist, nach Hause gehen. »Nach Hause gehen« bedeutet in seiner Sprache, dass wir ihm helfen, zu sterben. Er hat es auf alle möglichen Zettel geschrieben, sogar auf die Tapeten in seinem Zimmer. Solange er noch schreiben konnte.

Zehn Monate später kapituliere ich und beschließe, mir die Möglichkeiten für Sterbehilfe anzusehen. Mich einfach zu informieren.

34.

Reiseführer für das Ende

Nie zuvor hätten wir vermutet, dass der Verlust des Gedächtnisses tödlich sein kann. Oder zumindest habe ich nichts vermutet. Ich habe es immer eher als Metapher aufgefasst. Plötzlich wird einem bewusst, wie viel Gedächtnis man in seinem Körper mit sich herumträgt, freiwillig und unfreiwillig, auf allen Ebenen. Die Art und Weise, auf die sich die Zellen reproduzieren, ist ebenfalls ein Gedächtnis. Ein körperliches, zelluläres, gewebliches Gedächtnis.

Was passiert, wenn das Gedächtnis beginnt, sich zurückzuziehen? Zuerst vergisst du einzelne Wörter, dann Gesichter, Zimmer, du suchst in deinem eigenen Haus nach der Toilette. Du vergisst das in diesem Leben Erlernte, es ist nicht viel und hat sich bald erschöpft. Und dann, in der dunklen Phase, wie Gaustín sie nennt, wird das Vergessen all dessen eintreten, was sich schon vor dir akkumuliert hat, jenes, was der Körper von Natur aus gewusst hat, ohne etwas davon zu ahnen. Genau das wird sich als tödlich herausstellen.

Am Ende wird der Verstand vergessen, wie man spricht, der Mund wird vergessen, wie man kaut, der Rachen wird vergessen, wie man schluckt.

Die Beine vergessen zu gehen, wie war das noch gleich, zum Teufel … Jemand hat sich statt uns daran erinnert, wie man den einen Fuß anhebt, das Bein im Knie abwinkelt, einen Halbkreis beschreibt und ihn vor den anderen Fuß setzt, dann wird der angehoben, der hinten geblieben ist, ein neuer Halbkreis, du setzt ihn vor den anderen. Zuerst die Ferse, danach die ganze Sohle und am Ende die Zehen. Und wieder hebst du den anderen Fuß an, der jetzt zurückgeblieben ist, winkelst das Beim im Knie ab …

Jemand schaltet das Licht in den Zimmern deines eigenen Körpers aus.

Die letzte Phase der Krankheit fiel nicht ganz in den Zuständigkeitsbereich unserer Kliniken, doch Menschen starben auch hier. Die meisten kamen in Hospize, verbrachten noch ein wenig Zeit an lebensverlängernde Systeme angeschlossen, trotz der vorhandenen Anzeichen, dass der Körper sich bereits weigerte, ein Leben aufrechtzuerhalten. Er bringt sich stückweise selbst um, Organ für Organ, Zelle für Zelle. Auch Körper haben die Nase voll, werden müde, wollen Ruhe.

Nur an wenigen Orten der Welt kann dieser Wunsch des Körpers erhört werden. Die Schweiz ist nicht nur das Paradies für die Lebenden, sondern auch für die Sterbenden. Mehrere Jahre in Folge wurde Zürich zur zweitlebenswertesten Stadt der Welt gewählt. Und wahrscheinlich ist es die beste zum Sterben, und es ist wirklich ein Wunder, dass man keine solche Rangliste erstellt, zumindest nicht offiziell. Die besten Städte zum Sterben. Natürlich sind die am besten, die es sich leisten können. Sterben ist ganz schön teuer geworden. War der Tod überhaupt einmal umsonst? Vielleicht sind Tabletten ein bisschen teurer, sich eine Pistole zu besorgen, ist schwierig, aber es gibt auch wesentlich einfachere und vollständig kostenlose Methoden – Ertrinken, sich in den Tod stürzen, der Strick. Eine Bekannte sagte immer, ich hätte manchmal Lust, mich vom Dach zu stürzen, aber wenn ich mir vorstelle, wie der Wind mein Haar zerzaust, während ich falle, und wie zerknittert danach mein Rock sein wird, voller Flecken und all das, beginne ich, mich zu schämen, und lasse es. Immerhin wird man in solchen Fällen fotografiert, nicht wahr, die Leute schauen …

Das sind die Anzeichen eines gesunden Körpers, er schämt sich, schaut voraus, denkt an die Zukunft, auch die nach seinem Tod, ist eitel. Ein Körper, der sich wirklich den Tod wünscht, empfindet keine Eitelkeit mehr.

Kurzum, in Selbstbedienung bekommst du es gratis. Aber was ist, wenn du keine Kraft mehr hast, um dich selbst umzubringen, und nicht nur keine Kraft, sondern wenn du dich auch nicht mehr erinnern kannst, wie man es macht. Wie verlässt man dieses Leben, zum Teufel, wo habt ihr die

Tür versteckt? Du hast keine Erfahrungen aus erster Hand oder höchstens ein, zwei, aber immer ohne Erfolg. (Eigentlich ist der erfolglose Selbstmordversuch die wahre Tragödie, der erfolgreiche ist nur eine Prozedur.) Wie, zum Teufel, brachte man sich doch gleich noch einmal um, fragt sich das verlöschende Gehirn, wie war es in den Büchern. Da war etwas mit dem Hals, irgendetwas passierte mit dem Hals, die Luft, die Luft bleibt weg, oder das Wasser dringt ein und füllt dich wie eine Flasche … oder die Klinge schneidet, es gab wohl auch ein Seil, aber was soll ich mit diesem Seil anfangen …

Dann kommt der assistierte Suizid ins Spiel. Was für ein Begriff. Deine Verfassung ist so schlecht, dass du ohne Assistenten nichts tun kannst, nicht mal sterben.

Und in dieser hoffnungslosen Situation tritt die Dienstleistung auf den Plan. Wenn du in der Lage bist, sie selbst anzufordern und zu finanzieren, bist du ein Glückspilz. Wenn nicht, ziehst du diejenigen, die dir am nächsten stehen, in Ausgaben und Erwägungen mit hinein. Die Frage ist nur, wie sie, wenn sie für deine Ermordung bezahlen, sich nicht als Mörder fühlen sollen. Oh, die menschliche Zivilisation ist schon sehr weit fortgeschritten, wenn ein Mord gerechtfertigt werden muss. Unterschätzt sie in dieser Beziehung nie. Sie wird immer ein schönes Wort dafür erfinden. Eu-tha-na-sie. Klingt wie eine antike griechische Göttin. Die Göttin des guten, schönen Todes, ich stelle sie mir mit einer dünnen Spritze statt einem Stab in der Hand vor. »Euthanasie ist ein Tod, der dem Wohle des Menschen dient, der ihn stirbt.« Da hast du die Ungeschicklichkeit der Sprache, die den Akt rechtfertigen muss und sich krümmt, windet, am Ende in den eigenen Schwanz beißt. Ich bringe dich zu deinem Besten um, du wirst sehen (unausweichlich), dass es dir besser gehen und die Schmerzen verschwunden sein werden.

Ich vermute, hierzulande hat diese Praxis seit dem Zweiten Weltkrieg Bestand. Sterbehilfe passt zur Schweiz. Anfangs illegal, später halblegal. Alle haben die Augen davor verschlossen, wie so viele Male zuvor, und haben den Privatkliniken die Chance gegeben, die in Richtung Tod aufgebrochenen Menschen aus Europa aufzunehmen. Aus dem einen Teil Europas, wir wollen ja exakt sein. Den Menschen aus dem anderen Teil, aus meinem Teil, blieb es verwehrt. Es gab nicht mal Narkosen, geschweige denn Sterbehilfe. Der Tod im Kommunismus war nicht einfach Zimperlichkeit in Seidenlaken. Außerdem hätte dir niemand einen Pass mit Visum ausgehändigt, damit du das Land mit einem One-Way-Ticket verlässt, ohne Garantie, dass du zurückkommst. Du gehst fort, stirbst und wirst automatisch zum Flüchtigen, weshalb man dich zum Tode verurteilt. In Abwesenheit und posthum.

Die Schweiz als Land der Sterbehilfe. Suchen Sie eine gute Destination zum Sterben? Wir können Ihnen helfen. Seltsam, dass dieses Business mit dem Tod nicht offiziell Aufnahme in die Reiseführer gefunden hat, in die Tourismusbroschüren. Allen Reiseführern liegt die Illusion zugrunde, der Mensch sei am Leben und auf der Reise. Das ist der gemeinsame Faktor. Der Tod kommt in den Reiseführern der Welt nicht vor. Was für ein Versäumnis!

Und wenn man schon kurz vor der Abreise steht? Wenn man bereits seine letzte Reise angetreten hat? Warum lässt die Veröffentlichung von Reiseführern für solche Reisende noch auf sich warten? Oder vielleicht gibt es sie ja auch schon, wer weiß.

Sterbetourismus. Ich bin mir fast sicher, das Wort wurde

ursprünglich für die Schweiz erfunden. Die Statistiken weisen rund 1000 solche Touristen pro Jahr aus, hauptsächlich Deutsche, aber auch ziemlich viele Engländer. Und nicht nur die unheilbar Kranken. Alte Paare, die sich entschlossen haben, diesen letzten Weg vorzeitig und gemeinsam anzutreten, wenn einer von ihnen todkrank ist. Ich stelle mir vor, wie sie kommen, gutmütig und verlegen, wie sie sich an den Händen halten. So, Händchen haltend, wollen sie die ganze Prozedur hinter sich bringen. Sie wollen sich nicht in den unermesslichen Elysischen Gefilden verlieren. Sie können keine Stunde und keinen Ort für das Treffen verabreden.

Der Preis. Wie hoch ist denn nun der Preis? Ich arbeite mich durch die Webseiten. Ungefähr 7000 Franken für die Vorbereitung. Mit Beerdigung und allen Formalitäten 10 000 Franken. Heuert man einen Killer an, kommt es einen mit Sicherheit teurer, und das ohne den ganzen Komfort.

Vielleicht gibt es einen Rabatt für Paare. Aber auch 7000 Franken sind nicht so viel für ein Land wie dieses. Also kommen die Gewinne durch den Umsatz. Wenn man sich vor Augen führt, wie teuer alles geworden ist … Der Preis des Lebens fällt offensichtlich, während alle anderen steigen. Auch wenn der Tod in der Geschichte der Menschheit nie hohe Preise erzielt hat, und im 20. Jahrhundert war er unverschämt billig. Ja, ja, sicher setzen sie auf den Umsatz.

Andererseits, was soll daran so teuer sein, 15 g Pentobarbital in Pulverform. In Mexiko bekommst du es von jedem Tierarzt, wenn du sagst, dass du deinen altersschwachen Hund einschläfern willst.

Ich studiere aufmerksam die Webseite einer dieser Organisationen. Die Organisation bezeichnet sich selbst als nonprofit, die Webseite ist ziemlich einfach gehalten, in Grün. Ich habe mir Grün nie als Farbe des Todes vorgestellt. Das Motto, das über der Seite steht, lautet *To live with dignity, to die with dignity* und lässt eher einen Samuraiorden vermuten, was ja nicht völlig abwegig ist. Ein schlichtes Bild vom ganzen Team, das ein leises Entsetzen hervorruft – alle lächeln breit, mit schönen weißen Zähnen und offenen Armen. Wie viele waren es noch gleich? Zwölf, wie die Aposteln, ob sie sich das absichtlich so ausgesucht haben, wohl kaum. Im Jahr 2005 erweist sich allerdings einer von ihnen als Judas und trägt Interna nach außen, an die Öffentlichkeit, er nennt die Organisation eine »gut bezahlte Todesmaschine«.

Es gibt keinerlei Feedback und in diesem Sinne auch keine Reklamationen.

This process is absolutely risk-free and painless, so steht es in der medizinischen Broschüre, die man mir gibt. Doch ist er nicht lebensgefährlich? Was wollen sie damit sagen, zum Teufel, dass man keine Magenprobleme bekommt, keine Verstopfung, keine Abhängigkeit, kein Absinken des Blutdrucks?

Es gibt auch einen Rabatt während der Sommermonate. Offenbar ziehen es die Menschen vor, vor allem im Winter zu sterben. Ob die Rabatte mehr Menschen dazu bringen, diesen Entschluss zu treffen? Wenn es das letzte Mal ist, gibt es schließlich keinen Grund, so geizig zu sein, man kann sich einen gewissen Luxus erlauben. Ich nehme an, dass die Vermittler und die diskreten Manager des Todes (sicher gibt es solche, getarnt als Reisebüros) das ausnutzen. Eine schwarze Stretchlimo, damit Platz für die Bahre ist, falls Sie bettlägerig sind, die Sie auf den Straßen Europas geleitet. Wenn es der Patient wünscht und in der Lage ist, übernachten wir in Österreich, danach ein Nachmittag am Zürichsee. Auf dem Rückweg verwandelt sich die Limousine in einen Leichenwagen und bringt die Urne direkt und ohne Halt auf dem umgekehrten Weg zurück.

Sterbetourismus ist etwas für Menschen mit Möglichkeiten, die Armen nutzen keine Sterbehilfe.

Nach dem ganzen Gemetzel des Zweiten Weltkriegs und der Todesmaschinerie in den Lagern kann sich Europa sehr viel schwerer das Anbieten eines guten Todes erlauben. So verwandelt die Neutralität die Schweiz unausweichlich in einen taktvollen Monopolisten. Wie Gaustín sagen würde, was auch immer man in Europa heutzutage anpackt, es wird dich immer zum Zweiten Weltkrieg führen. Nach 1939 würde nichts mehr so sein wie vorher.

Ich ging, um mir das Gebäude anzusehen, in dem das Ritual oder die Prozedur durchgeführt wird, es war völlig unscheinbar. Es glich eher einer großen, zweigeschossigen Baracke mit einer Außenhaut aus Kunststoff. Die Einrichtung drinnen war ebenfalls bescheiden, wenn man nach den Fotos auf der Webseite geht. Ein Bett, ein kleiner Schrank, ein Bild an der Wand und zwei Stühle. Ein Teil der Fenster schaut zum See.

Ich versuchte, alles kühl und technisch zu lesen, um nicht an das andere zu denken. Seltsam, dass ich mir die ganze Zeit über mich selbst vorstellte und nicht meinen Vater. Die Technologie war klar, aber trotzdem, wie kommt man mit dem Gefühl von Schuld klar. Mein Vater, als hätte er es gespürt, half mir taktvoll. Das ganze Leben lang opfern sich die Eltern unaufdringlich für ihre Kinder auf. Er starb von selbst. Ich war die letzten Stunden bei ihm, hielt seine

Hand, fragte mich, was er gern erneut spüren würde, mit den letzten Zellen seines Gedächtnisses, wenn er es könnte. Ich zündete eine Zigarette der Marke »Stewardess« an, aus dem Lager der 70er, die östlichen Vorräte. Mein Vater war der am schönsten rauchende Mensch, den ich kannte. Ich versuchte damals, ihn nachzuahmen, als ich heimlich meine ersten Zigaretten anzündete. Ich zog jetzt statt ihm an der Stewardess, ich bemerkte, wie seine Nasenflügel leicht erzitterten und die Lider die Veränderung registrierten. Danach wurde er still.

Der letzte Mensch ist fortgegangen, der sich an mich als Kind erinnerte, sagte ich. Und erst dann begann ich zu weinen, wie ein Kind.

35.

Woher diese persönliche Obsession für die Vergangenheit? Warum zieht sie mich zurück wie ein Brunnen, über den ich mich gebeugt habe? Warum lockt sie mich mit Gesichtern, von denen ich weiß, dass sie nicht mehr existieren? Was ist dort übrig geblieben, was mir nicht mitzunehmen gelungen ist? Was wartet dort, in der Höhle dieser Vergangenheit? Kann ich eine Rückkehr erbitten, ohne die Gabe von Orpheus zu besitzen, sondern nur den Wunsch? Und ob jenes und jene, die ich von dort hinauszuführen vermag, nicht von mir noch auf dem Weg mit einem Sich-Umdrehen getötet werden?

Immer öfter kehre ich zur »Odyssee« zurück. Wir haben sie immer als Abenteuerbuch gelesen. Später begreifen wir, dass es auch ein Buch über die Suche nach dem Vater ist. Und natürlich ein Buch über die Rückkehr in die Vergangenheit. Ithaka ist Vergangenheit. Penelope ist Vergangenheit, das Zuhause, das du verlassen hast, ist Vergangenheit. Die Nostalgie ist der Wind, der Odysseus' Segel bauscht. Die Vergangenheit ist überhaupt nicht abstrakt, sie ist aus sehr konkreten, kleinen Dingen gemacht. Als ihm die Nymphe Kalypso nach sieben Jahren glücklichen Zusammenlebens Unsterblichkeit anbietet, wenn er für immer bei ihr bleibt, verzichtet Odysseus trotzdem. Ich habe mich gefragt, wie ich reagiert hätte, soll doch einmal jeder von uns ehrlich sein und sagen, ob er ein solches Angebot ablehnen würde. Du hast auf der einen Waagschale Unsterblichkeit, eine ewig junge Frau, alle Freuden der Welt, und auf der anderen – die Rückkehr dorthin, wo man sich wohl kaum mehr an dich erinnern wird, nahendes Alter, ein von Gaunern belagertes Zuhause und eine älter werdende Gemahlin. Welche Waagschale wirst du wählen? Odysseus wählte die zweite. Wegen Penelope und Telemachos, ja, aber auch wegen etwas Konkretem und Winzigem, das er benennt: Der Rauch aus dem Schornstein, wegen der Erinnerung an den Rauch, der aus dem Schornstein seines Geburtshauses aufsteigt. Diesen Rauch noch einmal sehen. (Oder zu Hause sterben, sich verflüchtigen wie Rauch aus dem Schornstein.) Die ganze Zugkraft dieser Rückkehr hat sich in diesem Detail konzentriert. Weder Kalypsos Körper noch die Unsterblichkeit wiegen mehr als der Rauch eines Schornsteins. Der Rauch, der kein Gewicht hat, lenkt die Waage aus. Odysseus macht sich auf den Rückweg.

Sofort nach 1989 kehrt ein politischer Emigrant, ein Flüchtling, in Abwesenheit zum Tode verurteilt, in seine Heimatstadt zurück. Er ist 40 Jahre lang nicht mehr hier gewesen. Das erste, was er sehen will, ist natürlich sein Geburtshaus, erbaut noch von seinem Großvater. Ein schönes, großes

Haus im Zentrum von Sofia, während der Jahre enteignet, es war die chinesische Botschaft, danach ausgeräumt … Man führt ihn durch die Stockwerke, er erinnert sich an Zimmer für Zimmer, aber nichts Besonderes spricht sein Herz an. Diese Zimmer sagten mir nichts, erzählte er am nächsten Tag. Ich verlangte, dass man mich in den Keller führt, dort war der »Gletscher«, so nannten wir ihn, der Ort, wo allerlei Lebensmittel im Kühlen standen. Ich holte tief Luft, und es war, als würden alle Gerüche aus jener Zeit auf mich einstürzen, erst da begann ich zu weinen und begriff, ich bin zu Hause, ich bin zurückgekehrt. Wegen des Gletschers, nichts anderes. Dieser Gletscher hat mein Herz aufgetaut.

Was würde ich nicht darum geben, um zu erfahren, wie die Geschichte von Odysseus später weitergeht, nach seiner Rückkehr, einen Monat, ein, zwei Jahre später, wenn die Euphorie der Ankunft verflogen ist. Und der geliebte Hund, das einzige lebende Wesen, das ihn sofort wiedererkennt, ohne Notwendigkeit von Beweisen (bedingungslose Liebe und Gedächtnis), gestorben ist. Beginnt es, ihm um die Brüste Kalypsos leid zu tun, um die Nächte auf jener Insel, um all jene Wunder und Abenteuer auf der langen Fahrt? Ich stelle ihn mir vor, wie er spät abends aus dem gemeinsamen Bett aufsteht, das er irgendwann selbst zusammengezimmert hat, heimlich hinausgeht, um Penelope nicht zu wecken, sich draußen auf die Schwelle setzt und an alles erinnert. Die ganze zwanzig Jahre dauernde Reise hat sich in Vergangenheit verwandelt, und der Mond dieser Vergangenheit zieht ihn immer stärker an, wie bei der Flut. Eine Flut von Vergangenheit.

Der kürzeste Roman über Odysseus, nach seiner Heimkehr
Eines Nachts, bereits gealtert und schlaff, beginnt er zu vergessen, er verlässt sein Haus heimlich, er hat alles satt und macht sich auf den Weg zurück, um ein letztes Mal die Orte zu sehen, die Frauen und Ungeheuer, die ihm begegnet sind. Erneut in sein entleertes Gedächtnis eine Erinnerung daran zurückbringen, wie es war und wer er war. Weil er aufgrund der schweren Ironie des Alters begonnen hat, sich in jenen Niemand zu verwandeln, mit dessen Namen er sich einst schlau dem Kyklopen vorstellte.

Telemachos findet ihn am Abend neben dem Boot, hundert Meter von zu Hause hingefallen, ohne Erinnerung daran, was er hier tut und wohin er sich aufgemacht hat.

Sie bringen ihn in ein Haus zu irgendeiner Frau, an die er sich nicht mehr erinnert.

36.

Was für ein Raub das Leben ist (und die Zeit), nicht wahr? Was für ein Räuber … Schlimmer als die schlimmsten Wegelagerer, die die friedliche Karawane aus dem Hinterhalt überfallen. Jene Räuber interessieren sich nur für deinen Beutel und das versteckte Gold, wenn du dich ruhig verhältst und sie widerstandslos aushändigst, lassen sie dir das andere – das Leben, das Gedächtnis, das Herz, die Männlichkeit. Aber dieser Dieb, das Leben oder die Zeit, kommt und nimmt alles – das Gedächtnis, das Herz, das Gehör, die Männlichkeit. Es wählt nicht einmal aus, alles, was ihm unterkommt. Und damit nicht genug, es macht sich auch noch lustig. Es sorgt dafür, dass deine Brüste zu hängen beginnen, der Hintern schlaff wird, der Rücken sich krümmt, das Haar ausdünnt, es weiß wird, er steckt dir Haare in die Ohren, verteilt Muttermale auf deinem Körper, Altersflecken auf deinen Händen und dem Gesicht, er bringt dich dazu, Unsinn zu stammeln oder verblödet und ohne Erinnerung zu schweigen, weil er dir alle Wörter geraubt hat. Dieser Schuft – das Leben, die Zeit oder das Alter, ganz gleich, ein und dasselbe Pack sind sie, ein und dieselbe Bande. Am Anfang bemüht er sich zumindest noch, liebenswürdig zu sein, stiehlt maßvoll, wie ein geschickter Taschendieb, ohne dass du es merkst, kleine Dinge – einen Knopf, einen Strumpf, ein leichtes Stechen oben links, zwei Dioptrien, drei Fotos aus dem Album, Gesichter, wie war nochmal ihr Name …

Du schließt die Tür ab, hörst auf, dich mit Leuten zu treffen, stopfst dich mit Vitaminen voll, entdeckst die absolut nachgewiesene magische Wirkung der Süßwasseralge aus dem See, wie war noch sein Name, die deine Jugend zurückbringt, das Kalzium der kleinen Krebse aus den sauberen Nordmeeren, die phantastischen Eigenschaften des bulgarischen Joghurts oder Rosenöls, du kochst auf kleiner Flamme Knochenmark aus Rinderknochen aus, eine Quelle von Kollagen für das Bindegewebe, folgst dem Mondzyklus für die Weizendiät, danach immer weiter hinein in die Tiefen des Geistes, Castanedas Don Juan, Dănov, Blavatsky, du verfällst der Mystik alter Lehren, Osho, machst (erfolglose) Versuche zur Wiedergeburt, den Urschrei, Rückwärtszählen von Jahren, richtiges Atmen in einer Sporthalle im Viertel, du glotzt Barren an, Sprossenwände, den Bock zum Drüberspringen, während sie dir etwas über das Täuschen des physischen Körpers erzählen und dich in den Salon des Astralkörpers einführen, und du hast immer diese Sportgeräte vor Augen, mit denen man dich als Schüler gequält hat, und du sagst dir, das sind die kleinen Freuden des Alters, ich werde nicht mehr auf dem Balken und der Sprossenwand herumklettern, der Astralkörper hat diese Sorgen nicht, und danach, während du dich mit Mühe aufrichtest, begreifst du schnell, dass alle anderen Körper dich verlassen haben außer eigentlich dem physischen – dieser hinkende alte Esel, mit dem du allein in der Dunkelheit versinkst, ohne weitere Angst vor Räubern.

37.

Ununterbrochen produzieren wir Vergangenheit. Wir sind Fabriken für Vergangenheit. Lebende Maschinen für Vergangenheit, was sonst. Wir essen Zeit und produzieren Vergangenheit. Selbst der Tod ist keine Lösung. Der Mensch ist gestorben, doch seine Vergangenheit ist geblieben. Wohin geht später all diese persönliche Vergangenheit? Kauft sie jemand auf, sammelt er sie, wirft er sie weg? Oder wird sie wie eine alte Zeitung herumliegen, die vom Wind auf der Straße hin und hergeworfen wird. Wohin gehen all jene angefangenen und unvollendeten Geschichten, unterbrochenen Beziehungen, die noch bluten, alle im Stich gelassenen Geliebten, »im Stich gelassen« – das Wort klingt nicht zufällig nach einer Messerwunde.

Ob die Vergangenheit sich zersetzt, oder bleibt sie wie die Plastiktüten praktisch unveränderlich, die alles ringsum langsam und tiefgreifend vergiften? Muss es nicht irgendwo auch Fabriken zum Recyceln von Vergangenheit geben? Kann man aus der Vergangenheit überhaupt etwas anderes machen als Vergangenheit? Kann man sie auf umgekehrtem Wege zu irgendeiner Zukunft recyceln, wenn auch aus zweiter Hand? Da hast du ein paar Fragen.

Die Natur annihiliert die historische Zeit oder verarbeitet sie, so wie es die Bäume mit dem Kohlenstoffdioxid machen. Die Gletscher am Nordpol haben sich den Dreißigjährigen Krieg nicht sehr zu Herzen genommen. Aber alles hat sich in ihnen aufgezeichnet, im Eis und der ewig gefrorenen Erde. Das Schmelzen legt den Leichnam der Vergangenheit frei, das Mammut der Vergangenheit ersteht auf. Und es werden sich Zeiten und Epochen vermischen, irgendwo in Sibirien haben Samen zu keimen begonnen, die 30 000 Jahre im Frost überdauert haben. Die Erde wird ihre Archive öffnen, ohne dass klar ist, ob es Leser dafür geben wird.

Jetzt, mit dem Kommen des Anthropozäns, spüren der Gletscher, die Schildkröte, die Fruchtfliege, der Ginkgo biloba und der Regenwurm mit solcher Kraft, dass sich etwas in der menschlichen Zeit verändert hat. Wir sind die Apokalypse der Welt. In diesem Sinne auch unsere eigene Apokalypse. Welch Ironie – das Anthropozän, die erste Ära, die nach dem Menschen benannt ist, wird sich höchstwahrscheinlich auch als die letzte für ihn erweisen.

(Gaustín »Über das Ende der Zeit«)

38.

Allmählich begann Gaustín, sich zu verändern. Die Vergangenheit war für ihn zu diesem weißen Wal geworden, den er mit der verblendeten Leidenschaft Ahabs verfolgte. Schritt für Schritt begannen Prinzipien zu fallen, Hemmungen, die sich nur als Hindernisse für das große Ganze erweisen würden. Man muss ihm allerdings zwei Dinge zugestehen. Erstens, dass er sich dessen bewusst war, er versuchte, es zu beherrschen. Und zweitens, er verfolgte überhaupt keine übertriebenen Ambitionen, sondern eine leicht altmodische und romantische Idee (wenn wir Revolutionen als altmodisch und romantisch akzeptieren) von einer Wende in der Zeit, von einer kleinen Verschiebung und dem Suchen nach einer Schwachstelle, durch die die Vergangenheit »gezähmt« werden könnte, er verwendete genau dieses Wort.

Nach dieser ersten Begegnung und seinem späteren Verschwinden ins Jahr 1939 (nach seiner Zeitrechnung) hatte Gaustín sich auf Psychiatrie und Gedächtnisstörungen spezialisiert, gleichsam um seine eigene Obsession zu rationalisieren. Und tatsächlich konnte dieser Gaustín, den ich erneut getroffen hatte, absolut normal wirken. Nur manchmal, im Hintergrund seiner Augen, in fallen gelassenen Phrasen oder beiläufigen Gesten, blitzte für einen Augenblick etwas aus anderen Zeiten auf. Mir kam es jedoch so vor, dass dies in den letzten Monaten immer öfter einen Weg fand, ihn zu bezwingen, auch die Wissenschaft zu bezwingen, mit der er sich abgesichert hatte. Ich sah, wie er sich widersetzte, wie er versuchte (mit immer mehr Mühe), die Ruhe eines Menschen zu bewahren, der im Hier und Jetzt lebt, die Vergangenheit war nur ein Projekt, eine Art Reminiszenztherapie, die er bis zu unvorhersehbaren Grenzen weiterentwickelt hatte.

Ein- oder zweimal, als ich versuchte, ihn an unsere erste Begegnung als Studenten am Meer zu erinnern und an seinen Brief vom Vorabend des 1. September 1939, veränderte sich Gaustíns Gesichtsausdruck schlagartig, und er wechselte schnell das Thema. Als wäre jener dort ein anderer Mensch gewesen oder als handelte es sich um einen temporären Verlust von Vernunft, den er bereits überwunden hatte und an den er nicht erinnert werden wollte. Ich stellte mir einen Moment lang vor, wie er jeden Morgen aufwachte, er, derselbe seit vielen Zeiten, und vor dem ersten Kaffee, noch im Bett, seinen Verstand die heutige Welt und sich selbst in ihr erbauen ließ – das Jahr ist dieses oder jenes, der Ort dieser oder jener, ich bin Psychotherapeut, Spezialist für Gedächtnisstörungen in den Kliniken für Vergangenheit, die ich selbst gegründet habe, heute ist Samstag, ich darf nicht das Jahr vergessen.

Jede Obsession macht uns zu Ungeheuern, und in diesem Sinne war Gaustín ein Ungeheuer, vielleicht ein diskreteres, aber ein Ungeheuer. Ihm reichte die Klinik für Vergangenheit mit ihren Zimmern und Etagen nicht mehr, ihm reichten die Campus aus verschiedenen Jahrzehnten nicht mehr, die sich ausweiteten und vermehrten. Ich stellte mir vor, wie eines Tages ganze Städte ihren Kalender austauschen und einige Jahrzehnte zurückgehen würden. Und was wird geschehen, wenn ein ganzer Staat sich entschließt, es zu tun? Und mehrere? Ich schrieb es in eines meiner Notizbücher, sagte mir, dass daraus, wenn schon nichts anderes, ein kleiner Roman werden könnte.

II

DIE LÖSUNG

Was gab es denn? Was lag in der Luft? Zanksucht. Kriselnde Gereiztheit. Namenlose Ungeduld. Eine allgemeine Neigung zu giftigem Wortwechsel, zum Wutausbruch, ja zum Handgemenge. Erbitterter Streit, zügelloses Hin- und Hergeschrei entsprang alle Tage zwischen einzelnen und ganzen Gruppen …

Thomas Mann, Die große Gereiztheit,
aus »Der Zauberberg«

1.

Und dann machte sich die Vergangenheit auf, die Welt zu erobern …

Sie übertrug sich von Mensch zu Mensch wie eine Epidemie, wie die Justinianische Pest oder die Spanische Grippe. Erinnerst du dich an die Spanische Grippe von 1918, fragte Gaustín. Die Leute fielen einfach auf der Straße um. Man konnte sich durch alles anstecken, es brauchte dich nur jemand zu grüßen, und am nächsten Abend warst du tot.

Ja, die Vergangenheit ist ansteckend. Die Seuche hatte sich überallhin ausgebreitet. Und nicht das war das Schrecklichste, sondern irgendwelche schnell mutierenden Virenstämme, die jegliche Immunität zunichte machten. Europa, das dachte, dass es nach einigen schweren Verlusten des Verstandes im 20. Jahrhundert bereits volle Resistenz gegen bestimmte Obsessionen, nationale Verrücktheiten usw. besaß, war tatsächlich unter den ersten, die kapitulierten.

Natürlich starb niemand (zumindest nicht am Anfang), aber das Virus war aktiv. Es war nicht klar, ob es durch Tröpfchen übertragen wurde, ob nicht, wenn jemand *Deutschland (Frankreich, Polen …) über alles, Ungarn den Ungarn* oder *Bulgarien an drei Meeren* rief, schon die Speicheltröpfchen in diesen Phrasen das Virus weitergeben würden.

Das Virus der Vergangenheit wurde am schnellsten über das Ohr und das Auge übertragen.

Am Anfang, als auf den Straßen eines europäischen Landes Menschen in Nationaltrachten auftauchten, war das eher ein Ausdruck von Extravaganz, ein Farbklecks, vielleicht ein Feiertag, vielleicht der Anfang des Karnevals oder eine vorübergehende Modeerscheinung. Alle lächelten ihnen zu, übergingen sie, manche neckten sie oder tuschelten.

Irgendwie unmerklich begannen die Menschen in Trachten, die Städte zu erobern. Plötzlich wurde es peinlich, mit Jeans, Jacke oder Anzug herumzulaufen. Niemand hatte offiziell Hosen und europäische Kleidung verboten. Aber wenn du nicht willst, dass man dich schief anschaut oder verächtlich übergeht, wenn du dir irgendwelche Bemerkungen und später auch Faustschläge ersparen willst, ist es besser, sich ein grobes Wolljäckchen überzuziehen oder Tiroler Lederhosen, je nachdem, wo genau du dich befindest. Die sanfte Tyrannei jeder Mehrheit.

Einmal ging der Präsident eines mitteleuropäischen Staates in Nationaltracht zur Arbeit. Lederstiefel, enge Hosen, eine bestickte Weste, ein kleines schwarzes Schleifchen am weißen Hemd und ein schwarzer Filzhut mit einem roten Geranium. Seine Kleidung saß wie die eines einstigen Meisters im Csárdás, der bereits ein Bäuchlein angesetzt hat, aber immer bereit ist, mit erstaunlicher Flinkheit aufzuspringen, wenn er Hochzeitsmusik hört. Das gefiel den Leuten, den Fernsehsendern ebenfalls, und er begann, jeden Tag auf diese Weise herumzulaufen.

Die Europaabgeordneten schlossen sich ebenfalls schnell dem neuen Trend an, und bald glich das Europäische Parlament einem deutschen Silvesterprogramm aus den 80ern, wie sich ein Journalist von »Euronews« ausdrückte, wobei er an den »Kessel Buntes« aus dem DDR-Fernsehen erinnerte – eine gemeinsame und zusammenschweißende Erinnerung für einige Generationen von Osteuropäern.

Der Vizepremier eines Staates im Südosten zog ebenfalls Pumphosen mit Zierbändern an, dazu einen roten Gürtel, und er setzte sich eine zottige Fellmütze auf, wer weiß warum mit Popcorn verziert. Die Tourismusministerin zog einen schweren roten Trägerrock an und eine bestickte Bluse mit weiten Ärmeln. Ihre als Schmuck getragenen Münzen funkelten wie aus echtem Gold, und es machte das Gerücht die Runde, dass sie einen Teil des thrakischen Goldschatzes trug, der im Staatstresor aufbewahrt wurde. Allmählich gingen alle Minister zu Trachten über, und am Ende glichen die Sitzungen des Kabinetts einem Spinnstubenabend. Wir lösen den Spinnstubenabend auf, sagte der Premierminister, statt »Wir beenden die Sitzung«. Anfangs gab es eine gewisse Verlegenheit, als der Verteidigungsminister auf einem Pferd in einer Freischärleruniform auftauchte, einen langen Säbel umgeschnallt und einen »Nagant M1895«-Revolver mit silbernen Griffschalen im Ledergürtel. Das Pferd stand den ganzen Tag angebunden neben den schwarzen Mercedes vor dem Ministerrat, und ein Polizist hielt ihm einen Sack Körnerfutter hin und putzte verlegen die Pferdeäpfel weg.

Ein, zwei Webseiten versuchten zu ironisieren, aber ihre Stimme war so schwach und sogar störend vor dem Hintergrund der allgemeinen Euphorie, dass sie bald verstummte.

Es begann ein neues Leben, ein Leben als Reenactment.

2.

Eines Abends sollten vor der Klinik in der Heliosstrasse in Zürich zwei leise elektrische Teslas stehenbleiben, aus denen drei Männer in dunkelblauen Anzügen aussteigen und zu Gaustín hineingehen würden. Einer von ihnen, der, der voranging, war auch schon früher wegen seiner Mutter gekommen, danach kam er noch einige Male allein und führte lange Gespräche mit Gaustín. Seine Besuche waren diskret, inkognito, er war einer von den »drei Großen« in der Union.

An diesem Abend kam das ganze Triumvirat. Gaustín würde sie in sein Lieblingsbüro aus den 60ern hineinbitten. Sie würden die ganze Nacht bleiben, reden, die Stimme heben und verstummen.

Überall erhob sich die Vergangenheit, füllte sich mit Blut und wurde lebendig. Es war ein radikaler Schachzug vonnöten, unerwartet und vorauseilend, der die unaufhaltsame Zentrifugalität aufhalten würde. Die Zeit zum Lieben war zu Ende, es kam die Zeit zum Hassen. Wäre Hassrede ein Bruttoinlandsprodukt, dann wäre das Wachstum des Wohlstands in einigen Ländern bald durch die Decke gegangen. Eine gewisse Verlangsamung, ein Zurückhalten des Prozesses und das Gewinnen von mehr Zeit – auf etwas in der Art, scheint mir, waren die drei Männer in Blau an diesem Abend aus, als sie zu Gaustín kamen. Wenn wir über Alzheimer sprechen, über Amnesie und Gedächtnisverlust, lassen wir etwas Wichtiges aus. Die daran Leidenden vergessen nicht nur, was gewesen ist, sondern sind auch absolut nicht in der Lage, selbst für die nahe Zukunft Pläne zu machen. Eigentlich ist das erste, was beim Verlust des Gedächtnisses fortgeht, gerade die Vorstellung von Zukunft.

Die Aufgabe sah folgendermaßen aus. Wie kann man ein wenig Zeit vorausgewinnen, wenn man vor einem schweren Defizit an Zukunft steht. Die einfache Antwort war – indem man ein wenig zurückgeht. Wenn es etwas Sicheres gibt, dann ist es die Vergangenheit. Fünfzig Jahre zurück sind sicherer als fünfzig Jahre voraus. Wenn man 2, 3, 5 Jahrzehnte zurückgeht, gewinnt man genauso viele voraus. Ja, es mag bereits durchlebt worden sein, eine »Second Hand«-Zukunft sein, aber es ist trotzdem Zukunft. Es ist immer noch besser als das Nichts, das jetzt klafft. Wenn das Europa der Zukunft bereits unmöglich ist, lasst uns das Europa der Vergangenheit wählen. Es ist einfach, wenn du keine Zukunft hast – du stimmst für die Vergangenheit.

Konnte Gaustín helfen?

Er konnte eine Klinik eröffnen, eine Straße, ein Viertel, sogar eine kleine Siedlung für Vergangenheit einrichten. Aber einen Staat oder einen ganzen Kontinent in eine andere Zeit zurückbringen – hier wurde die Medizin schon zu Politik. Und der Augenblick dafür war offenbar gekommen.

Konnte Gaustín sie aufhalten?

Und wollte er es überhaupt?

Ich kann nicht sicher sein. Ich vermute, dass er heimlich genau von dieser Entwicklung geträumt hat, dass er sogar, man verzeihe mir, diese Idee seinem Gesprächspartner in Blau gegenüber ganz unschuldig angedeutet hat. Ich kann es nicht wissen. Oder ich kann es, aber ich will nicht. Eigentlich wollten die drei einen Rat, eine Expertise, irgendwelche Instruktionen, aber offenbar war die Entscheidung bereits gefallen. Und Gaustín hielt auch keine Exklusivrechte an der Vergangenheit. Nicht für einen ganzen Kontinent.

Tatsächlich sah die Idee nicht so schlecht aus, und auch mit freiem Auge konnte man sehen, dass es keinen anderen Ausweg gab. Die Vergangenheit drang ohnehin durch alle schwer zu stopfenden Lecks ein. Es brauchte einen vorauseilenden Schachzug, der die Lage unter Kontrolle bringen, ihr irgendeine Form und Ordnung verleihen würde. Gut, wenn ihr so sehr die Vergangenheit wollt, da habt ihr die Vergangenheit, aber lasst uns darüber abstimmen und sie gemeinsam auswählen.

Ein Vergangenheitsreferendum.

Darüber sollte an jenem Abend gesprochen werden. Oder so würde ich es erfinden, draußen im Eingangsbereich, mit dem Notizbuch.

3.

Ich habe einen Traum, dass eines Tages die Söhne von früheren Verlierern und die Söhne von früheren Gewinnern des Vergangenheitsreferendums sich an einem Tisch gemeinsam niedersetzen können … Ich habe einen Traum, dass jeder eines Tages im Staat seiner glücklichsten Zeit leben wird …

Ich beobachtete, wie Gaustín in Fahrt geriet, ohne sein Büro aus den 60ern zu verlassen. Natürlich hielt er nicht eine einzige Rede in der Öffentlichkeit. Aber in allem, was die drei Männer in Blau sprachen, konnte man seine Stimme hören, angeeignete Wörter und Intonationen von Sokrates bis Martin Luther King jr.

Mir scheint, dass das ein Projekt war, in das jeder verschiedene Träume investierte.

Deshalb würde es im Endeffekt auch Erfolg haben.

Deshalb würde es auch mit einem Paukenschlag scheitern.

4.

Alle bisherigen Wahlen betrafen die Zukunft. Diese würde anders sein – das erste Referendum über die Vergangenheit.

Aufruf zur Rückkehr. Europa wählt seine Vergangenheit … Europa, die neue Utopie … Eurotopie … Europäische Union der gemeinsamen Vergangenheit.

So sahen die Schlagzeilen in den europäischen Zeitungen aus. Wenn schon nichts anderes, so war Europa doch gut in Utopien. Ja, der Kontinent war mit einer Vergangenheit vermint, die ihn teilte, zwei Weltkriege, hunderte andere, Balkankriege, dreißigjährige, hundertjährige … Aber es gab auch genügend Erinnerung an Bündnisse, das Leben in Nachbarschaft, Erinnerung an Reiche, die angeblich unvereinbare Völker jahrhundertelang vereinten. Den Menschen war nicht bewusst, dass die Nation für sich selbst genommen ein weinerliches historisches Wickelkind ist, das einen auf biblischer Greis macht.

Es war klar, dass eine einfache Vereinbarung für eine einheitliche kontinentale Vergangenheit auf dieser Etappe unmöglich war. Deshalb, wie nicht anders zu erwarten, wurde in der Tradition der alten Liberalität (auch wenn die Wahl einer Vergangenheit ein konservativer Akt ist) entschieden, dass jedes Mitgliedsland sein eigenes Referendum abhalten sollte. Aufgrund der Außergewöhnlichkeit der Prozedur und um keine Zeit zu verlieren, sollten die, die auf die Frage, ob es eine Rückkehr in die Vergangenheit geben sollte, mit »ja« gestimmt hatten, auch gleich das konkrete Jahrzehnt oder Jahr angeben, das sie dafür wählten. Danach würde man auf Zeitallianzen setzen, und später könnte man auch über eine einheitliche europäische Zeit abstimmen. Alle verabschiedeten das Memorandum über die nahe Vergangenheit, das die Art der Durchführung des Referendums in den Ländern der Union präzisierte. Es war, als klappte das schneller und einfacher als erwartet.

Und später würden die verschiedenen … *Vergangenheiten* eine Abmachung treffen. (Hm, anders als im Deutschen hat dieses Wort im Bulgarischen keinen Plural, sieh an. Die Vergangenheit kommt immer nur im Singular daher.)

5.

Immer mehr Zeichen für das Herbeiströmen von Vergangenheit, während ich dieses Buch schreibe. Die Zeit ist nah.

In Kuba verbietet man, die alten Automobile vom Gehsteig zu entfernen, weil die Touristen genau deswegen kommen. Manche Länder sind abgesichert mit Vergangenheit. Ein sowjetischer Moskwitsch und ein amerikanischer Buick stehen da und verrotten nebeneinander, mit verbogenen Felgen und abblätterndem Lack, und ihre verrosteten Skelette zerbröckeln, ausgewaschen vom Regen und getrocknet von der karibischen Sonne (wie jener abgenagte Marlin aus »Der alte Mann und das Meer«).

Ob, wenn eines Tages das Ende der Zeit kommt, auch die alten Automobile wiederauferstehen werden?

…

Heute steht in der Zeitung, dass Deutschland wieder Schreibmaschinen in einigen der geheimsten Abteilungen der staatlichen Verwaltung einführt, um sich vor dem Durchsickern von Informationen nach dem Spionageskandal vor einigen Jahren zu schützen. Es ist unmöglich, eine Schreibmaschine zu hacken und anzuzapfen. Ich finde, diese Nachricht setzt ein Zeichen. Zurück zur herrlichen analogen Welt.

…

Im Vereinigten Königreich kehren die Milchmänner zurück, und immer mehr Menschen bestellen sich ihre Milch in Glasflaschen, die ihnen morgens vor die Tür gestellt werden.

…

Die neue Ausgabe des »New Yorker« hat (zum ersten Mal) ihr altes Cover von 1927 nachgedruckt. Was wird wohl passieren, wenn an ein und demselben Tag alle Zeitungen und Zeitschriften beschließen, ihre alten Ausgaben von einem bestimmten Tag vor 56 Jahren nachzudrucken? Ob etwas in der Zeit knirschen wird?

…

Es ist ein Radiosender aufgetaucht, der ganze Tage aus anderen Jahrzehnten spielt, in Echtzeit, mit den Nachrichten von damals, den Gesprächen und dem ganzen Programm für den entsprechenden Tag.

6.

Die Definition von naher Vergangenheit erwies sich als das Objekt größerer Streitigkeiten, und deshalb wurde der Kompromiss geschlossen, dass die Grenze elastisch sein und sich die Staaten an den Rahmen des 20. Jahrhunderts halten sollten.

In der Entscheidung für ein solches Referendum lag ein romantisches Gefühl, zu etwas verdammt zu sein, besonders nach den Erfahrungen mit dem Brexit, aber die Menschen selbst mussten doch entscheiden, wo sie leben wollten. Alles von oben Aufgesetzte funktionierte ohnehin nicht und rief einzig Gereiztheit hervor. Das Referendum war die schlechtestmögliche Prozedur, aber eine andere, wie man sagt, war bisher nicht erfunden worden.

Das wird der letzte Versuch angesichts einer unmöglichen Zukunft sein, sprach der Vorsitzende in Blau, wir müssen zwischen zwei Dingen wählen – zusammen in einer Vergangenheit zu leben, wie wir es bereits getan haben, oder uns selbst aufzulösen und gegenseitig auszurotten, wie wir es ebenfalls getan haben. Beide Varianten sind legitim. Erinnert euch an jenen großartigen Vers von Auden *We must love one another or die*. Er machte eine kurze Pause und wiederholte mit absichtlich gesenkter Stimme *We must love one another or die*, wobei ihm bewusst war, dass er eine Losung prägte, die die Medien morgen aufnehmen würden.

Ich hörte hinter jedem Wort Gaustín. Diese Leute hatten endlich gelernt zu sprechen oder vielmehr zuzuhören.

7.

Manchmal sind die Namen wirklich von Natur aus richtig, wie in Platons »Kratylos« behauptet wird. Es gibt etwas Bezeichnendes in der Etymologie des Wortes »Referendum« selbst, *referendum*, wenn wir zum lateinischen Ursprung des Verbs *re-fero* zurückgehen, das *ich bringe zurück, ich trage zurück* bedeutet.

Das Zurückbringen steckte in dem Wort selbst, niemandem war es aufgefallen … Vergangenheitsreferendum. Ob manchmal die Spiele der Sprache mit ihren Etymologien und Tautologien nicht mehr verraten, als wir denken? Und ob durch die Fanfaren der Tautologie nicht die Offenbarung einer neuen Apokalypse kommt?

8.

Als erstes hatte sich vor Jahren das Land abgetrennt, das sich immer gefragt hatte, ob es Teil des Kontinents war oder nicht. Großbrexitannien, wie man es bereits nannte. An allem ist die Literatur schuld, sagte ich einmal zu Gaustín.

Wie immer, sagte er lachend.

Und konkret, fuhr ich fort, »Robinson Crusoe«. Diese Überheblichkeit, dass die Insel dir alles zum Überleben, Leben und so weiter Notwendige gibt, kommt gerade von Defoe. Ich komme auch allein zurecht, schwört Robinson, Gott mit mir. Wir kommen allein zurecht, sagen seine Erben, Gott schütze die Königin (aber auch ohne sie werden wir zurechtkommen).

Ja, stimmte Gaustín zu, sie hätten statt Defoe besser Donne gelesen.

Und plötzlich begann er, mit einer Stimme aus dem 17. Jahrhundert, ich kann es beschwören, ohne zu wissen, wo ich sie gehört habe, in jenem Englisch jenes, an das wir uns eher wegen eines Romans von Hemingway erinnern, klagend vorzutragen:

> *No man is an Iland, intire of it selfe; every man is a peece of the Continent, a part of the maine; if a Clod bee washed away by the Sea, Europe is the lesse, as well as if a Promontorie were, as well as if a Mannor of thy friends or of thine owne were; any mans death diminishes me, because I am involved in Mankinde …*

Darin liegt das Problem – Defoe besiegte Donne, sagte Gaustín dann mit einer Schwermut, die die ganze britische Flotte hätte versenken können.

Wir schwiegen eine Zeit lang, und er wiederholte mit seiner Stimme aus dem 17. Jahrhundert: *Jedes Menschen Tod ist mein Verlust …* Es ist seltsam, dass wir immer den Titel ausgelassen haben: »Devotions upon Emergent Occasions«. Und der Anlass ist wirklich unerwartet.

Jetzt haben wir erneut einen Fall mit Großbritannien. Aufgrund des Brexit sollte es nicht am Referendum teilnehmen. Doch sofort erhob sich eine proeuropäische Bewegung auf der Insel, die darauf bestand, dass Großbritannien rechtmäßig in das Referendum für eine gemeinsame Vergangenheit mit einbezogen werden sollte, weil es in dieser selben Vergangenheit Teil Europas und der Union gewesen war. Jede Nation, wie auch jeder Mensch, habe ihre zeitweiligen Umnachtungen, erklärte die Bewegung, man solle ihr doch eine historische zweite Chance zum Austritt geben.

Die These von der »historischen zweiten Chance« zitierte genau die Präambel im Memorandum. Aber Brüssel hatte die Nase voll von den britischen Zuständen in den vergangenen Jahren und zog es vor, eine gesunde harte Position einzunehmen. Es erteilte eine Absage.

9.

Während aber diese Gespräche im Gang waren, geschah ein anderes Wunder. Die Schweiz, die immer etwas wie eine versteckte Insel innerhalb von Europa gewesen war, äußerte plötzlich den Wunsch, sich dem Vergangenheitsreferendum anzuschließen. Das war wirklich unerwartet, und die Zentrale in Brüssel wusste eine Zeit lang nicht, wie sie reagieren sollte. Es lagen alle möglichen Bedenken in der Luft, warum die Schweiz so leichtfertig bereit war, mit ihren eigenen Traditionen zu brechen. Ob sie einen Riss entdeckt hatte, einen

Schwachpunkt im Projekt, den sie sich auf vernünftige Weise zunutze machen konnte? Schließlich wurde in einer vorsichtigen Vereinbarung mit einigen zusätzlichen Klauseln die Genehmigung für ihre Teilnahme erteilt. Die Schweiz war eine Insel, aber ebenfalls auch ein Europa im Miniaturformat. Wo sonst kann man Deutschland, Italien und Frankreich auf einem Fleck versammelt sehen. So dass jenseits der Verdächtigungen etwas sehr Natürliches in ihrem Wunsch lag, den Versuch zu unternehmen, sich bei einer gewissen Autonomie dem Referendum anzuschließen.

10.

Schweres Sinndefizit

Die akute Form der Erkrankung wird durch einen schlagartigen, ziehenden Schmerz an verschiedenen Punkten des Körpers charakterisiert, was eine genaue Diagnose verhindert. Viele der Patienten registrieren die Anfälle am späten Nachmittag zwischen 15 und 18 Uhr.

Erschwerte Atmung ist die am häufigsten erwähnte Erscheinungsform eines Anfalls. Das Gefühl zu ersticken. »Ich habe keine Kraft und auch keine Lust, Luft zu holen. Ich atme aus und weiß nicht, ob es Sinn macht, erneut einzuatmen … Ich habe aufgehört, mir Kalender für das nächste Jahr zu kaufen« (N. R., 53, Hausfrau).

»Plötzlicher Anflug von Sinnlosigkeit, während ich auf dem Sofa sitze« – eine der genauesten Beschreibungen, die von einem Patienten gegeben wurden. Leerstellen im Gedächtnis, Löcher, dort, wo du versuchst, dich an eine Quelle von Freude zu erinnern. Genau hier ist der Film belichtet (den Klagen eines Betroffenen zufolge), der Strom ist abgeschaltet worden (anderen zufolge).

Jenseits der individuellen Diagnosen beobachtet man eine Tendenz zu kollektiver Angst oder der Verweigerung von Zukunft, Futurophobie.

Folgen des Syndroms – Melancholie, Gleichgültigkeit oder starkes Klammern an die Vergangenheit und Idealisieren von Ereignissen, die auf andere Weise geschehen sind oder meist gar nicht geschehen sind. Im Vergleich zur Vergangenheit wird die Gegenwart schlagartig farblos, Patienten behaupten, dass sie wortwörtlich schwarz-weiß sehen, während ihre Erinnerungen an die Vergangenheit immer farbig sind, wenn auch in bleicheren Polaroidfarben. Häufiges Verweilen in einem alternativen, ausgedachten Alltag.

(Gaustín, »Neue und bevorstehende Diagnosen«)

11.

Ja, das Vergangenheitsreferendum war eine radikale Idee, und jeder hegte im Hintergrund seine Hoffnungen. Für Gaustín war das natürlich eine Leidenschaft. Es sah so einfach aus. Das, was für den einzelnen Menschen in der Klinik galt, war jetzt für alle in Kraft getreten, für eine ganze Gesellschaft, falls wir diesen Begriff noch verwenden können.

Für die Männer in Blau lief die finale Sekunde, bevor die Kettenreaktion des Zerfalls einsetzte.

Für die restliche Welt? Wenn das Referendum sich als Erfolg herausstellte und die Dinge einen guten Anfang nahmen, konnte man sich die Erfahrungen zunutze machen, wenn nicht – geschieht den Europäern recht, sie waren ohnehin zu aufgeblasen in den letzten knapp zwanzig Jahrhunderten …

Europa war nicht mehr der Mittelpunkt der Welt und ausreichend intelligent, das zu begreifen. In einer solchen

Erkenntnis, unabhängig davon, ob es um einen Menschen, einen Staat oder einen Kontinent geht, liegt auch immer etwas Tragisches. Außerdem kommt sie für gewöhnlich in einem fortgeschritteneren Alter, wenn man nicht viel machen kann. Aber man kann es zumindest versuchen.

12.

Eines Tages rief mich Gaustín an, ich sollte in der Klinik vorbeischauen.

Ich ging in Richtung Heliosstrasse. Die Aprilsonne schien weich, ohne zu wärmen. Hier und da hatten ein paar Bäume zu blühen begonnen. Ein zarter Geruch von Erde und Stall sickerte sogar hier durch, in der Stadt. So roch es manchmal auf dem Land, wenn mein Großvater Dung aus dem Stall im Garten vor dem Haus verteilte. Niemals später wiederholte sich dieser Geruch, alle verwendeten bereits Kunstdünger, die Erde roch nach Penicillin. Und jetzt brachte mich der Geruch von echtem Dung hier zurück ... dorthin, 40 Jahre zurück und 2000 Kilometer nach Osten. Die Schweiz war das ideale bulgarische Dorf aus meiner Kindheit, so, wie es nie existiert hatte.

Auf der Wiese vor der Klinik leuchteten die späten Hyazinthen in Rosa und Blau, die Narzissen schwankten eitel im leichten Wind, der vom See her kam. Mir gefällt diese Stille vor dem Mai, bevor alles loszwitschert, lossummt und vor Blütenpracht durchdreht.

Aber die Vergissmeinnicht, über die Wiese vor der Klinik verstreut, waren am beeindruckendsten. Genau hier Vergissmeinnicht. (Mit Überraschung und leichter Verbitterung entdeckte ich, dass der lateinische Name dieser kleinen, feinen Blume überhaupt nicht so romantisch war –

Myosotis, was wortwörtlich »Mäuseohr« bedeutet.) Ich zog die Legende vor, nach der Flora, die Göttin der Blumen, als sie den unterschiedlichen Pflanzen Namen gab, diese bescheidene blaue Blume überging und hinter ihrem Rücken eine leise Stimme hörte: »Vergiss mein nicht! Vergiss mein nicht!« Flora sah sie an und nannte sie Vergissmeinnicht, wobei sie ihr die Fähigkeit verlieh, bei den Menschen Erinnerungen zu wecken. Irgendwo habe ich gelesen, dass die Blüte des Vergissmeinnicht Schwermut heilt oder, offizieller gesagt, einen antidepressiven Effekt hat. Außerdem können seine Samen dreißig Jahre im Erdboden überdauern und erst dann keimen, wenn die Bedingungen dafür eintreten. Diese Blume erinnert sich über dreißig Jahre hinweg an sich selbst.

Ich betrat die Klinik. Gaustín hatte mich in die 40er eingeladen, in den ersten Stock. Er trank Calvados und rauchte irgendwelche erbeuteten deutschen Zigaretten. An der Wand hing eine alte Frontkarte, auf der mit kleinen Flaggen die Bewegungen der verschiedenen Armeen abgesteckt waren. Auf einem großen, schweren Tisch in dunkel gewordenem Kirschrot standen einige detailliert ausgearbeitete Prototypen der »Spitfire«, dem liebsten Jagdflugzeug der Royal Air Force aus den 40ern, schnell und ausdauernd. Eine »Messerschmitt« und eine »Hurricane« leisteten ihnen Gesellschaft. Sie standen anmutig auf einem Gestell, als wären sie soeben aus der Schlacht zurückgekehrt. Gaustín war bekleidet mit einem grünen Militärhemd mit hochgekrempelten Ärmeln, er sah aus wie ein englischer Offizier, verantwortlich für die Landung in der Normandie, der soeben erfahren hatte, dass die erwarteten Wetterbedingungen sich schlagartig geändert haben. Ich sah ihn zum ersten Mal in Uniform. Natürlich könnte die Erklärung dafür sein, dass er die Atmosphäre des Jahrzehnts nicht stören durfte.

Ich hatte das Gefühl, dass er sich nur mit Mühe konzentrieren konnte, wie jemand, der versucht, aus dem Fluss einer anderen Zeit zu steigen (einige Male habe ich diese Bemühungen auch vorher bemerkt). In nur einer Woche würde das Referendum beginnen. Er wusste, dass ich mich anschickte, nach Bulgarien zu reisen, er selbst hatte darauf bestanden. Er sagte mir, dass er sich während dieser Zeit ein wenig zurückziehen wolle, dass er aus der Ferne beobachten würde. Plötzlich erinnerte er mich wieder stark an jenen jungen Mann, den ich vor 30 Jahren getroffen hatte, dasselbe Gefühl von einer anderen Zeit und Unzugehörigkeit. Es kam mir so vor, als ginge er langsam auf sein 1939 zu, wohin er damals verschwunden war. Wir wechselten noch ein paar Worte, vereinbarten, dass wir uns sehen würden, wenn alles vorbei war. Um sechs vor dem Krieg, nicht wahr, scherzte ich. (Ich weiß nicht, warum ich »vor« sagte, beim braven Soldaten Schwejk war es »nach«.) Er drehte sich abrupt um, musterte mich eine Minute lang mit starrem Blick. Jawohl, um sechs vor dem Krieg ..., sagte er, wobei er das »vor« mit Nachdruck aussprach.

Ich bin nicht sicher, ob es nötig war ..., begann ich zögerlich.

Du bist nie sicher, deshalb brauchst du mich, unterbrach mich Gaustín gereizt, du brauchst jemanden, der das tut, was du nicht wagst.

Du hast es leicht, denn wenn es dir zu heiß wird, wechselst du einfach die Zeiten, doch ich bleibe.

Aber ich kämpfe in jeder Zeit, als wäre es die einzige, und du verhältst dich in deiner eigenen Zeit so, als hättest du noch hundert mögliche.

(Er hat recht, er hat recht, zum Teufel!)

Und du bist ... du bist eine Projektion, du bist ein Monomane, nur dass du ein Serienmonomane bist, du erinnerst dich einfach nicht an deine früheren Manien. Du kannst nicht mit der Vergangenheit spielen. Erinnerst du dich an all deine früheren Projekte … das Kino für Arme, wo wir die Filme vor der Projektion um den halben Preis hätten erzählen sollen, ohne dass wir sie gesehen haben, es hätte nicht viel gefehlt und man hätte uns verprügelt, und die Projektion auf den Himmel und die Ohrfeigenfabrik … Alle waren sie ein Reinfall, du bist der Prinz der Reinfälle …

Es reicht, sagte Gaustín kühl, wir haben die Referenden nicht erfunden.

Aber wir haben sie auch nicht verhindert.

Und hätten wir es sollen, sagte er schnell, bevor ich die Tür beim Hinausgehen schloss.

Ich weiß nicht, Sir, entgegnete ich scheinbar trocken, wobei ich versuchte, in den Ton der 40er und seines grünen Hemdes zu verfallen. Er lachte nicht. Wir gaben uns kühl die Hand, und ich machte mich auf den Weg. Es kam mir so vor, als würde ich ihn erneut verlieren.

III

EIN FÜR SICH GENOMMENES LAND

Utopien erscheinen realisierbarer, als man früher glaubte. Wir finden uns mit einer neuartigen, besorgniserregenden Frage konfrontiert: Wie sollen wir ihre endgültige Verwirklichung verhindern.

Berdjajew, »Das neue Mittelalter«

1.
Rückkehr

Im Flugzeug spielt leise Volksmusik. Die Stewardessen laufen vor dem Flug ziellos in stilisierten Nationaltrachten umher, die Haare zu Zöpfen geflochten, die Trägerröcke bis übers Knie gekürzt. Der einzige Steward steht ein wenig komisch in seinen leichten Pluderhosen und Wams da. Die Stimme des Piloten ergießt sich durch die Lautsprecheranlage.

Es erfüllt uns mit Stolz, Sie an Bord des bulgarischen nationalen Beförderungsunternehmens zu begrüßen …

Da sind ja auch die kleinen Veränderungen in der Sprache. Bis vor kurzem hieß es noch »Wir freuen uns, Sie zu begrüßen«. Woher ist jetzt dieser Stolz gekommen. Die Luftfahrtgesellschaft gehört bestimmt nicht zu den führenden auf ihrem Gebiet, es ist ein offenes Geheimnis, dass man sich anschickt, sie auf die schwarze Liste zu setzen. Das Flugzeug rollt los, es beginnen die bis zum Überdruss bekannten Sicherheitsinstruktionen. Ich stecke mir die Ohrstöpsel rein und beobachte nur die Bewegungen der Stewardessen. Ohne Ton gleichen ihre Gesten einem seltsamen Beschwörungsritual, den Gesten von Wahrsagerinnen irgendeines Stamms. Es ist merkwürdig, dass man das weiterhin aufführt. Es gibt keine Daten darüber, dass sich jemand bei einem Absturz retten konnte, indem er sich die automatisch herabfallende Maske aufgesetzt oder die *Schwimmweste unter Ihrem Sitz* hervorgeholt und hilfesuchend in die Trillerpfeife geblasen hat. Vielleicht würde ein gemeinsames Gebet mehr bewirken.

Das Flugzeug, mit dem ich fliege, ähnelt einem Sammeltaxi. Ich würde mich nicht wundern, wenn es bald auch Stehplätze gibt. Vor Jahren flog ich so auf einem Inlandsflug von Belgrad nach Montenegro, stehend wie in einem Autobus, wobei ich mich an einem Metallbügel festhielt. Der Fahrer, Verzeihung, der Pilot des Flugzeugs, war eine Armlänge von mir entfernt, es gab keine Tür, nur einen kleinen abgenutzten Vorhang, der am einen Ende ausgehängt herunterhing, so dass wir ein paar Geschichten austauschen konnten. Irgendwann zündete er sich eine Zigarette an, ich betete nur, dass er nicht das Fenster öffnen würde, um draußen abzuaschen, und dabei den Kabinendruck zum Absturz brächte.

Mit dem Alter wächst die Angst vor dem Fliegen, offenbar akkumuliert sie sich mit den Flugstunden und Meilen, schade, dass man sie nicht auch wie letztere einlösen kann. Eine Karte *Fears and More* wäre eine gute Idee.

Nach dem Sicherheitsritual hebt das Flugzeug vergleichsweise sanft ab, vielleicht haben die Beschwörungen der Stewardessen ja doch einen Sinn. Die Sitzbezüge sind ein wenig abgenutzt, die Netze am Vordersitz – aufgedröselt, das Bordmagazin – zerknittert von den nervösen Fingern Dutzender Passagiere. Der Bakelitkorpus knarrt ein wenig. Das Nichtraucherzeichen zeigt nur, wie alt die Maschinen sind, aus der Epoche, als man immer noch drinnen rauchen durfte.

Plötzlich landet über mir, direkt neben dem Rufknopf, eine Fliege. Eine Fliege im Flugzeug. (Ein Freund schickte mir einmal ein Gedicht mit diesem Titel, weil er meine Leidenschaft für Fliegen kannte, und siehe da, das Gedicht wurde wahr, sozusagen.) Ich habe eine besondere Beziehung zu diesem für viele lästigen Geschöpf, so dass mich ihre Anwesenheit hier freute. Ob sie wohl bulgarisch war, das Flugzeug befand sich auf dem Rückflug. Oder eine verirrte Schweizer Fliege (lassen sie Fliegen überhaupt in die Schweiz rein?), die sich im Flieger geirrt hatte. Eine Fliege, die ihr ganzes Leben lang eine Fremde bleiben würde in einem finsteren Balkanland, das sich selbst einmal die Schweiz des Balkans nannte.

Haben Fliegen Nationen? Welche sind die Besonderheiten der nationalen Fliege, empfindet sie Verbundenheit mit und Nostalgie nach ihrer Heimat, könnte sie eine niedere Form des Patriotismus entwickeln? Was wird passieren, wenn wir den Nationalismus unters Mikroskop der Naturgeschichte legen?

Fliege und Nation, da hast du ein ernsthaftes Thema. Auf der Skala der historischen oder natürlichen Zeit ist die Nation nur ein Staubkorn, ein mikroskopisch kleiner Teil der Evolutionsuhr, weitaus weniger beständig als die Fliege. Jedenfalls übertrifft die Fliege das Auftauchen der Nation in der Zeit hunderte und tausende Male. Wie sähe wohl der Homo nationalisticus aus, wenn man ihn in die Taxonomie der Lebewesen stecken könnte?

Gattung – Homo … Sapiens … Ich fürchte, dass der Nationalist schon auf diesem Niveau aufspringen wird, was soll das heißen, Homo, Schwuchtel? Wohin steckst du mich?

Wo sind wir gestartet? Bei der Fliege, der Mücke. Und wohin sind wir gekommen? Zum Elefanten des Nationalismus.

Eine Fliege, ruft in diesem Augenblick meine Sitznachbarin, indem sie das Offensichtliche benennt und die soeben konstruierte evolutionäre Kette in meinem Kopf unterbricht.

Die Stewardess nähert sich schnell. Kann ich behilflich sein?

Ein blinder Passagier an Bord, sage ich, er ist vor kurzem davongeflogen.

Die Fliege macht jedoch einen Kreis und landet naiv wieder an derselben Stelle. Verschwinde von hier, rufe ich ihr in Gedanken zu, aber die Stewardess fängt sie mit einer unerwartet schnellen Handbewegung in ihrer Faust. Ob sie speziell dafür ausgebildet werden?

Ich bitte Sie, lassen Sie sie frei, sagt die Frau neben mir plötzlich, die die Fliege gerade eben noch verraten hat.

Ja, auch ich würde Sie bitten, schließe ich mich an, sie tut niemandem was.

Alles spielt sich an der Grenze zwischen Ironie und Ernsthaftigkeit ab. Gehört sie zu Ihnen, sieht mich die Stewardess streng an, sie hat das Spiel angenommen. Mein Gott, wenn Stewardessen, diese undurchdringlichen Geschöpfe, einen Sinn für Humor haben, dann ist die Welt noch nicht verloren.

Ja, sie gehört zu mir, sie ist mein Haustier, antworte ich. Das ist doch nicht etwa ein Problem?

Nicht solange sie in einem Käfig oder auf dem Schoß des Halters sitzt, sagt sie. Und öffnet vorsichtig das Gitter ihrer langen Finger.

Ich danke Ihnen, dass Sie für sie eingetreten sind, spricht mich kurz darauf meine Sitznachbarin an. Eine Frau in einem schwer zu bestimmenden Alter um die 50, mit schmalen, blauen Augen und Sommersprossen.

Oh, ich bin der beste Freund der Fliegen und so etwas wie ihr Historiker, sage ich lässig.

Sie lächelt, gibt sich Zeit abzuwägen, ob ich nur ein verrückter Typ bin oder ein Mann mit einem besonderen Sinn für Humor. Mir scheint, dass sie auf Letzteres setzt.

Ich wusste nicht, dass Fliegen eine Geschichte haben.

Sie ist um einiges länger als unsere, entgegne ich, sie sind mehrere Millionen Jahre vor dem Menschen aufgetaucht.

Es ist seltsam, eine Fliege in dieser Höhe zu sehen, sagt sie.

Eigentlich sollte es nicht seltsam sein. Das erste Lebewesen, das ins All geschickt wurde, war eben gerade eine

Fliege, eine Drosophila melanogaster. Ihr Name ist größer als sie selbst. Direkt nach dem Krieg, mit einer damals erbeuteten V2-Rakete.

Ich dachte, es war der Hund Laika.

Das denken alle. Hier liegt eine besondere Ungerechtigkeit vor. Vor dem Hund Laika gab es ziemlich viele andere Hunde, es gab Affen, es gab Schnecken … Sie alle sind anonym geblieben. Wie die arme Fliege, die sich immerhin als erste geopfert hat. Aber Fliegen haben keine Namen, darin liegt das ganze Problem. Hast du keinen Namen, fällst du aus der Geschichte raus.

Und warum ausgerechnet eine Fliege, fragt meine Reisegefährtin.

Das ist eine gute Frage. Weil sie kurzlebig und schnellsterblich sind. Die Rakete flog nur einige Stunden, in 100 km Höhe, direkt an der Grenze zum All übrigens. Und es brauchte ein Tier mit einem kurzen Lebenszyklus. Es sollte geboren werden, sich entwickeln, die Geschlechtsreife erlangen, befruchtet werden, Nachkommen zur Welt bringen und sterben … All diese Eigenschaften hat die gewöhnliche Fruchtfliege. Außerdem ist der Tod einiger Fliegen weitaus akzeptabler als der eines Hundes, eines Affen oder einer Kuh, denken Sie nicht? Die Leute lassen sich schrecklich von der Größe beeinflussen.

Ich sehe mich um, das Objekt unseres Gesprächs hat sich vernünftigerweise irgendwo versteckt.

Währenddessen beginnt man, Feuchttücher »Bulgarische Rose« zu verteilen, das ist mal etwas, das sich seit meinem ersten Flug vor so vielen Jahren bis heute nicht verändert hat. Der Geruch nach Rosenöl verbreitet sich inmitten der Wolken. Das Flugzeug bereitet sich auf die Landung vor. Man kann das Vitošagebirge und die Umrisse von Sofia sehen, die Plattenbauviertel, danach die Aleksandăr-Nevski-Kathedrale, das grüne Rechteck des Boris-Parks und die Fahrbahn der Carigrader Chaussee dort unten. Irgendwo rechts von der Chaussee, in einem Viertel genannt »Mladost«, also Jugend, habe ich in einem anderen Leben gewohnt. Plötzlich beginnt die Frau neben mir, wir haben uns nicht mit Namen vorgestellt, zu weinen, leise, sanftmütig, ohne Hysterie, den Kopf zum Fenster hingedreht. Entschuldigen Sie, sagt sie, ich bin seit 17 Jahren nicht mehr nach Hause gekommen.

Das Flugzeug landet weich, es folgt der obligatorische Applaus der Reisenden. Die Fremden, die nicht an dieses Ritual gewöhnt sind, sehen sich in diesem Moment immer mit einem gewissen Befremden um. Die Frau neben mir beginnt ebenfalls zu klatschen.

Seien Sie vorsichtig, der Pilot könnte das als Wunsch nach einer Zugabe auffassen und noch einmal starten, sage ich.

Über die Lautsprecheranlage wird verkündet, dass man uns voller Stolz auf bulgarischem Boden begrüßt, man informiert uns über die Lufttemperatur und lässt »Eine bulgarische Rose« von Paša Christova laufen, die übrigens bei einem Flugzeugabsturz mit derselben Fluglinie auf demselben Flughafen umgekommen ist.

2.

Das Stoßen und Vordrängeln vor den Schaltern zur Passkontrolle können als geschützte Marke dieses Ortes durchgehen. Das Gepäck wird sich verspäten, später wird der Taxifahrer deinen Gruß nicht erwidern und verärgert losfahren, mit einem Kavaliersstart, als er erfährt, dass die Adresse, die du angibst, nicht am anderen Ende der Stadt ist. Er wird die Musik lauter stellen und sich eine Zigarette anzünden.

Und trotzdem gibt es diesmal etwas, das ich nicht vorhergesehen habe. Der Fahrer, auf den ich zugehe, trägt ein weißes Hemd mit Weste (das in völligem Kontrast zu den Bermudas steht, die er angezogen hat) und einen breiten roten Gürtel, aus dem kaum sichtbar der Griff eines Dolchs ragt. Die Dinge sind wirklich zu weit fortgeschritten, oder rückgeschritten in diesem Fall. Ich denke, diese Tracht wäre passender für ein Fuhrwerk oder eine Droschke mit zwei, nicht mit 90 Pferden, wie sie der gebrauchte koreanische »Daewoo« hat, den er fährt. Im letzten Augenblick entscheide ich mich dagegen, das Taxi zu nehmen (Taxifahrer mit Dolchen waren noch nie mein Ding) und biege zum benachbarten Standplatz ab. Dort sind die Fahrer wenigstens normal angezogen. Ich öffne die Tür des ersten Autos und frage, ob das Taxi frei ist. Es ist frei, lacht der Fahrer, und noch während ich einsteige, sagt er: Sie kennen doch diesen Witz, wo ein kubanischer Student seinerzeit in Sofia Taxis anhielt, die Tür aufmachte, fragte, ob es frei sei, und wenn man ihm sagte, dass es frei ist, rief er nur »Es lebe die Freiheit!« und schickte es weg. Ich lächle, obwohl ich ihn wirklich schon kannte.

Auch mit diesem Auto ist etwas nicht so ganz in Ordnung, aber das begreife ich erst, als wir losfahren. Während wir langsam das Flughafengelände verlassen, sehe ich, dass alle Autos aus der Zeit des Sozialismus stammen.

Ein »Moskwitsch« rufe ich fast, mit einem Tonfall, in dem eine Frage, Zweifel, ehrliche Überraschung und Befremden liegen.

Ein »Moskwitsch«, bestätigt der Fahrer stolz, ein 412er. 40 Jahre alt, so wie ich, aber die Maschine ist kerngesund.

Solche bauen sie nicht mehr, sagt er, während der Motor beim zweiten Mal anspringt, was für ein Auto in diesem hohen Alter ein glänzender Start (Starter) ist. Es riecht tierisch nach Benzin, offenbar haben die Isolierungen längst den Geist aufgegeben.

Ich erinnere mich, dass mein Onkel irgendwann einmal so einen »Moskwitsch« hatte, er sagte es mit Betonung auf der ersten Silbe, es schien ihm, dass es so sowjetischer klang. Wenn unsere Körper wirklich ein Gedächtnis besitzen, dann erinnert sich mein Körper von 1975 mit Sicherheit gerade an den unbequemen Sitz, an den Geruch von Benzin und Erbrochenem, ich reiste immer ausgerüstet mit einer kleinen Plastiktüte, und mir wird schon schlecht, wenn ich nur daran denke. Ich bemerke auch ein kleines Porträtbild von Stalin oberhalb des Rückspiegels.

Gehört meinem Teilhaber, sagt der Fahrer, der meinen Blick auffängt, Onkel Dinko ist wie für die 50er geschaffen.

Ich erinnere mich, wie Stalins Foto in den Bussen die ganze Zeit über, sowohl vor als auch nach dem Kult, nicht aus den Fahrerkabinen verschwand. Selbst später, während der 80er, lugte der georgische Schnauzbart unter den Brüsten von Sandra und Samantha Fox hervor.

Erinnern Sie sich an Samantha Fox, frage ich plötzlich.

Ah, ich denke, dass ich irgendwo ein Feuerzeug mit ihr drauf habe, ich bin Sammler, sagt er, langt hinüber und öffnet das Handschuhfach, darin kullert mindestens ein Dutzend verschiedene Feuerzeuge herum und noch einmal so viele Streichholzschachteln. Ich ziehe dieses vor, er holt ein »Zippo« mit einem eingravierten Che heraus. Und sonst sind diese Mädels auch nicht übel, sagt er und klappt die Sonnenblende herunter, auf der Rückseite erstrahlen die »Goldmädchen« der rhythmischen Sportgymnastik aus den 70ern, die Teil unserer eigenen permanenten und immer so permanent unterdrückten jugendlichen sexuellen Revolution waren.

Als wir den Flughafen in Sofia mit dem knatternden »Moskwitsch« verlassen, ist das Letzte, was ich bemerke, eine riesige Plakattafel des führenden Mobilfunkanbieters. Er bietet ein patriotisches Paket mit 1300 Freiminuten an, Zugang zu allen bulgarischen historischen Filmen und eine kleine tragbare Flagge mit faltbarem Griff, die bequem in den Kulturbeutel passt.

3.

Wie bei jeder Rückkehr hierher stellt sich unausweichlich Schwermut ein. Früher war die Schwermut heller, wie ein Spaziergang durch einen lichten Wald, in dem unsichtbare Spinnennetze aufblitzen. Ich liebte es, durch den Park zu gehen, in seinem oberen Teil, am Teich mit den Seerosen vorbei. Die Zeit, die ich dort vor vielen Jahren in einem anderen Leben verbrachte, ist spurlos dahingeschmolzen. Ob wenigstens das Licht dasselbe ist? Die Blätter der Bäume, durch die ich im späten Oktober mit einem Mädchen stapfte, seltsam, dass ich mich nur an die Herbste erinnere, also diese Blätter haben seit damals mindestens dreißigmal gewechselt. Ob die Dinge sich überhaupt an uns erinnern, das wäre immerhin ein Trost. Ob der Teich, mit jedem Frosch und jeder Seerose darin, irgendwo unsere Spiegelungen aufbewahrt. Ob die Vergangenheit selbst, wir selbst von damals uns nicht in Frösche und Seerosen verwandelt haben.

Ich fand keine Antwort an diesem Nachmittag, nur eine späte, aber erträgliche Schwermut und kühle Aprilluft. Einen Augenblick lang bekam ich Lust, jenes Mädchen anzurufen. Dann stellte ich sie mir vor – mit zwei Kindern und einem Mann; eine Frau, die unsere Geschichte schon längst irgendwo auf dem oberen Regalbrett in der Küche verräumt hat, zwischen den leeren Gläschen mit Gewürzen und dem Heft mit Rezepten von ihrer Mutter. Was würde ich eigentlich von ihr wollen – eine Rekonstruktion, ein Reenactment, Erinnerung? Mich an was erinnern – an die flüchtige Farbe ihrer Augen? Oder war der Wunsch egozentrischer – um mich zu versichern, dass es mich gegeben hat, damit sie mir erzählt, was mit uns geschehen war, zwei, drei Erinnerungen, mehr nicht. Um meinem Gedächtnis die paar Spaziergänge zurückzugeben, Worte, Dinge, über die wir damals lachten. Das Souvenir der Vergangenheit. Die dunklen Hauseingänge, in denen wir uns versteckten. Der Park. Einmal hinter dem Denkmal von … von wem eigentlich? Die Stadt verwandelt sich auf einmal, sie hat eine andere Topographie für die Liebenden … Wir erfanden für uns eine Wohnung, die nicht existierte. Wir stellten uns vor, was uns dort passiert, wie wir dorthin nach Hause kommen. Gestern war ich kurz dort, schrieb sie mir auf mein altes Nokia, und ich habe meinen Pullover vergessen. Soll er dort bleiben und dich an mich erinnern. Hast Du die Orchidee gegossen? Sie sind sehr kapriziös. Die Katze und ich sind allein, komm nach Hause …

Ob man sich so sammeln kann, in Teilen, durch die Erinnerungen der anderen, und was käme am Ende dabei heraus, was für ein Frankensteinmonster der Vergangenheit würde bei all dem herauskommen? Etwas, zusammengeklebt aus absolut unvereinbaren Erinnerungen und Vorstellungen von so vielen Menschen.

… Na ja, du hast ununterbrochen gelacht … Du warst ein großer Griesgram, manchmal sprachst du tagelang kein Wort (das ist meine Frau, ich erkenne ihre Stimme) … Du warst so lieb, so, wie soll ich sagen … romantisch, wir lagen auf den Parkbänken und stellten uns vor, wie wir hundert Jahre alt geworden sind, wie die Schildkröten, und wir sind immer noch zusammen, in einem Haus mit hellblauen Dachluken, am Meer … Herrje, wie du immer geflucht hast, man war besser nicht in deiner Nähe, wenn du wütend wurdest … Schlank, schlank … Du hast ganz schön zugelegt … Ich bat dich immer, nicht so schnell zu gehen … Du hinktest … Groß … Vornübergebeugt … Und wenn ich deine blauen Augen sehe … gescheckt oder grün, sie änderten ihre Farbe mit der Jahreszeit … mit der roten Jacke … Jene grüne Lederjacke … Dauernd vergaßt du Namen und einmal … Immer qualmte eine Zigarette zwischen deinen Fingern … Ich kann mir nicht vorstellen, dass du mal geraucht hast … Es gab einige Wörter, an die du dich nicht erinnern konntest, und wenn du etwas erzählt hast und irgendwie nicht mehr weiterkamst, sagte ich sie für dich auf … Zerstreut, sehr zerstreut … Ein Mensch, der keine Zeit verschwendet … Damals sahst du ein Buch auf meinem Bett, gleich am ersten Abend, wir waren gerade dabei, uns auszuziehen, du drehtest dich um und sagtest, ah, nein, ich gehe, ich kann nicht mit jemandem schlafen, der Coelho liest, aber das war ein ganz anderer, ein Portugiese mit ähnlichem Namen, und wir lachten damals sehr … Du warst zärtlich … Ein wenig grob im Bett … Wir unterhielten uns danach immer so schön …

Bin das alles ich?

4.

Da ist etwas, eine Schwermut und eine Zugkraft, die, statt schwächer zu werden, sich gleichsam mit den Jahren verstärken. Und das hängt sicher mit dem immer schnelleren

Ausräumen der Zimmer meines Gedächtnisses zusammen. Einer, der Tür für Tür öffnet, während er von Zimmer zu Zimmer geht, in der Hoffnung, mit Hoffen und Bangen, in einem von ihnen sich selbst zu begegnen – dort, wo er noch ganz ist.

Ist diese Zugkraft der Vergangenheit letztlich ein Versuch, zu jenem heilen Ort zu gelangen, wie weit er auch zurückliegen mag, wo die Dinge noch ganz sind, es nach Gras riecht, du aus nächster Nähe die Rose und ihr Labyrinth betrachtest. Ich sage Ort, doch es ist eine Zeit, ein Ort in der Zeit. Ein Rat von mir, besucht nie, wirklich nie nach langer Abwesenheit den Ort, den ihr als Kinder zurückgelassen habt. Er ist ausgetauscht worden, von Zeit entleert, verlassen, gespenstisch.

Dort. Ist. Nichts.

Ein Mann macht sich auf, sich selbst einzusammeln, indem er an die Orte zurückkehrt, wo er Kind gewesen und aufgewachsen ist. Er sucht im Voraus die Adressen aller Mädchen und Frauen heraus, in die er vom Kindergarten aufwärts verliebt gewesen ist. Er wird nichts von ihnen wollen, außer sie zu sehen, ihnen zu sagen, dass er sie sein ganzes Leben lang im Kopf getragen hat (er wollte im Herzen sagen, aber es kam ihm sentimental vor) und dass am Ende nur sie geblieben sind. Die Ärzte geben ihm noch zwei, drei Monate, nicht mehr. Er bricht sie geizig in Tage und Stunden auf, wie man große Münzen in Kupfergeld wechselt. Es kommt ihm so vor, als würden sie auf diese Weise mehr. Er hat noch drei Monate, was bedeutet wenigstens 91 Nachmittage, er liebt Nachmittage und … multipliziert mit 24, also um die 2184 Stunden. Das scheint ihm immer noch wenig, darum multipliziert er mit 60, danach zieht er den Strich, über 130 000 Minuten. So ist es besser, er hat sich noch nie so reich gefühlt, er kann sie bis zur letzten Minute ausgeben. Die Busfahrt zu dem Städtchen dauert den ganzen Tag. Das Haus, in dem er gewohnt hat, gibt es nicht mehr. Die meisten der Adressen haben sich geändert. Die Mädchen sind längst zu Frauen geworden, haben andere geheiratet, schrecklich. Wer weiß, warum er sich denkt, sie würden dort in der Mitte ihrer Beziehung im Stich gelassen vor sich hinbluten und sich noch immer nach ihm sehnen wie Tschechows Heldinnen.

Am Ende trifft er immerhin eine seiner großen Lieben in dem Städtchen. Sie waren damals 14. Sie spielten Hochzeit, er stahl für sie einen Ring seiner Mutter (die wie verrückt danach suchte). Sie war ein großgewachsenes und verträumtes Mädchen, so hatte er sie in Erinnerung behalten, sie ähnelte der jungen Romy Schneider. Als er sich dem Haus nähert, sieht er im Garten eine ältere Frau mit zusammengebundenem, kraftlosem Haar, die eine volle Waschschüssel schleppt. Das ist sie nicht, sagt er sich, sie sind umgezogen. Aber trotzdem entschließt er sich zu fragen, vielleicht weiß sie ja etwas.

Sie ist es.

Nichts ist von jenem Mädchen geblieben. Er weiß nicht, was er sagen soll. Er stellt sich vor. Ich bin der und der … Sie kommt nicht sofort darauf. Es sind einige Leben seither vergangen. Sie rät, sagt einen falschen Namen. Dann beginnt gleichsam etwas in ihrem Gedächtnis, sich zu öffnen. In diesem Augenblick kommt ein Alterchen im Unterhemd heraus, ihr Mann. Was ist los, fragt er, seinen Gehstock umklammernd, als er sieht, dass seine Frau mit einem unbekannten Mann über den Zaun hinweg spricht. Was wollen Sie? Er kann nicht sagen, was er will, es ist ihm nicht gelungen zu erklären, warum er hier ist.

Auch sie schweigt.

Nichts, sagt unser Mann, nichts, ich kaufe alte Sachen,

Fotos, Gobelins, Uhren, Radioapparate, Altwaren. Los, ruft ihm der Alte zu, geh deines Weges, los, wir haben weder alte noch neue …

Die Frau steht immer noch da wie ein Denkmal, sie hat nicht einmal die Waschschüssel abgestellt. Der Mann versteckt sich im Schatten auf dem gegenüberliegenden Gehsteig. Aus einem eingeschalteten Radio hört man die Wasserstandsmeldungen für die Donau in Zentimetern, dieses Abrakadabra seiner gesamten Kindheit. Es ist also drei Uhr nachmittags, sagt er sich, er braucht nicht auf die Uhr zu sehen. Er macht sich langsam auf den Weg die Straße hinunter, seine Schuhsohlen kleben an dem in der Hitze geschmolzenen Asphalt fest, er wird kleiner, und aus seinen Hosentaschen rieseln alle (bereits unnötigen) Minuten, die ihm noch geblieben sind, wie Münzen auf den Asphalt, sie klingeln weich und leuchten.

Das, was ich nicht zu tun wagen werde, verwandelt sich in Geschichten.

5.

Ich mache einen Nachmittag lang einen Abstecher in die Stadt, in der ich gelebt habe, ich kehre jedes Mal dorthin zurück, auch wenn ich weiß, dass nichts von jener Zeit übriggeblieben ist, dass weder der Park noch der kleine Platz um die osmanische Markthalle noch die Straße, in der ich aufgewachsen bin, sich an meine Schritte erinnern.

Am Stamm eines Kastanienbaums neben der Post sehe ich ein mit vier Reißzwecken befestigtes Blatt Papier, auf dem mit großen Buchstaben Folgendes steht. Ich schreibe es wortwörtlich ab:

TAUSCHE
Großen LCD-Fernseher
32 Zoll funktioniert gut 8 Jahre alt
Gegen 30 Liter Schnaps
Jambol, Telefon: 046…
15. Feb.

Ich stehe vor diesem Zettel, einer echten Marginalie, vom Baum des Lebens genommen, genauer, mit Reißzwecken an ihn angeschlagen. Da hast du einen Teil des bulgarischen Epos, ein Stück davon, das Mysterium der bulgarischen Stimme, leise, verborgen und plötzlich ausgebrochen mit ihrem erhabenen Traum. Ein Fernseher gegen Schnaps.

Traum und Schrecken gibt es hier, Traum und Schrecken … Februar steht darunter. Nur im Februar kann sich dieses Aufbegehren zeigen, mit seiner ganzen Tragik … Der Schnaps ist zu Ende, der Winter aber nicht. Da hast du in Kurzform den ganzen existenziellen Roman eines Volkes. Der Jeep des Lebens, der alte klapprige Jeep mit dem Dach aus Zeltleinwand, oder nein, der Moskwitsch deines eigenen Lebens ist am Ende des Winters steckengeblieben, Dunkelheit bricht herein, Schakale heulen, und das Benzin ist alle. Verfluchtes Leben, schreist du und schiebst. Verflucht, verflucht sollt ihr sein, selbst meinen Schnaps habt ihr mir genommen. (Niemand hat ihn dir weggenommen, du hast ihn selbst ausgetrunken, aber hier redet man seit eh und je so, jemand nimmt dir etwas weg oder gewährt es dir.)

Und jetzt sitzt du mitten im Nichts, im Jeep oder Moskwitsch deines eigenen Lebens. Und du beschließt, Scham hin oder her, ich werde einen Aushang machen, das hält man ja nicht mehr aus. Du nimmst ein Stück Papier, den Brief von der Bank, in dem sie dich mahnen, dass du die Zinsen bis dann und dann beglichen haben musst, sonst …

Du hast keinen Schnaps, aber sie wollen Zinsen. Du drehst ihn um und suchst nach einem Kugelschreiber. Du denkst daran, deinen Sohn zu bitten, ihn für dich zu schreiben, er hat die schönere Handschrift und bessere Rechtschreibung, aber du schämst dich. Nur davor schämst du dich noch. Am Ende setzt du dich hin und schreibst ihn selbst, mit allen Fehlern und ausgelassenen Kommas. Du nimmst ein paar Reißzwecken in die Hand und gehst bis ganz ins andere Viertel, zum zweiten Mal ein wenig Scham. Und was setzt du gegen den Schnaps ein – das Wertvollste setzt du ein, natürlich. Maß für Maß, Sinn für Sinn. Der Fernseher oder der Schnaps, das ist hier die Frage. Der Fernseher ist Transzendenz, wenngleich eine falsche, aber trotzdem der letzte Traum vom anderen. Deine Großmutter hatte eine Ikone, deine Mutter ein kleines Porträt von Lenin, du einen Fernseher. Aber was willst du mit einem Fernseher, wenn es keinen Schnaps gibt. Der Fernseher verdünnt das Leben nur, als würde man Wasser in den Schnaps gießen … Selbst elektronische Zigaretten gibt es jetzt schon, morgen werdet ihr mir dann einen elektronischen Schnaps in die Hand drücken, ich scheiß auf eure Elektronik … Nun ja, genau sowas ist der Fernseher, elektronischer Schnaps … Hier, nehmt ihn zurück, 32 Zoll Bildschirmdiagonale gegen 30 Liter Schnaps, einen Liter pro Zoll, ich gebe ihn euch billig. Dreißig Liter Schnaps sind ein weiterer Monat Leben, ein Monat und vielleicht noch ein halber, wenn er sparsam ist. Nur der Schnaps ist ehrlich, verflucht nochmal. Er belügt dich nicht wie der Fernseher, er streut dir keinen Sand in die Augen, er schwatzt kein überflüssiges Zeug. Er sticht in der Nase, er brennt ordentlich im Hals, steigt hinunter und wärmt von innen all das, was schon lange erkaltet ist. Der Schnaps ist das bulgarische Erhabene, das bulgarische Sublime, der bulgarische Fernseher schließlich.

Was ist wohl aus diesem Mann geworden, denke ich, während ich in Gedanken fluche. Sollte ich nicht anrufen, um es herauszufinden? Das ist nicht bloß ein Aushang, sondern ein Hilferuf. Es ist Ende April. Nicht eines der unten eingeschnittenen Zettelchen mit seiner Telefonnummer ist abgerissen worden. Ich fahre noch am selben Nachmittag nach Sofia zurück.

6.

Ich habe niemanden, den ich anrufen könnte, und gehe durch die windigen Straßen Sofias. Bleibe vor einem Zoofachgeschäft stehen.

Im ersten Semester an der Universität kauften ein Freund und ich zusammen ein Paar Papageien als Geschenk für eine Kommilitonin. Aber sie werden den ganzen Tag krächzen, sagte ich. Was interessiert dich das, sagte mein Freund, du wirst doch nicht dabei sein. Der Abend des Geburtstags war entsetzlich, es kam zu einem Skandal, einem kleinen Handgemenge, ihr Ex-Freund schlug die Tür hinter sich zu – die 90er … Ich kann mich deutlich erinnern, wie ich mir, während ich mich verdrückte, sagte – das ist mal eine Frau, mit der ich nie zusammenleben könnte. Ein Jahr später stand ich in demselben Zimmer und gab den Papageien, die scheußlich schrien, frisches Wasser. Morgens warfen wir ein altes Handtuch über den Käfig, um ihnen vorzugaukeln, es sei Nacht, und uns zumindest noch eine Stunde Ruhe zu sichern. Den weiblichen Papagei tauften wir Emma Bovary, zu der Zeit lasen wir in der Universität Flaubert, und den männlichen, warum auch immer, Petschorin. Sie griff ihn ununterbrochen an, und der arme Petschorin, der angeblich alle möglichen Prinzessinnen namens Mary um den Finger wickelte, stand entmutigt und gerupft an die dünnen Eisenstäbe des Käfigs gepresst.

Jetzt wird mir bewusst, dass ich nie so viele Freunde gehabt habe wie damals. Die Garçonnière war dauernd voller Menschen. Ich kann mich noch erinnern, wie uns eines Nachts, in den frühen Morgenstunden gegen vier, als alles leergetrunken und weggeraucht war, tierischer Hunger überkam. Der Kühlschrank war leer, es waren die hungrigsten Jahre der 90er. Ich ging mit zweien aus der Gruppe hinaus, um draußen nach etwas Essbarem zu suchen, als könnten wir einen Hasen oder ein Reh in der leeren Stadt erlegen. Dunkel, wüst und wirr, nur Rudel von Hunden bewegten sich durch die Straßen. Und dann brummte ein weißer Nissan heran, blieb in der Nähe stehen, lud vor dem Geschäft im Viertel drei Paletten mit Joghurt ab und fuhr davon. Wir (unsere Generation) hassten Joghurt, weil man uns als Kinder morgens nur damit gefüttert hatte. Wir schauten uns um, niemand tauchte auf, jeder schnappte sich zwei Becher, wir ließen so viele Stotinki zurück, wie wir in den Taschen hatten, und rannten nach Hause.

Alle warteten ausgehungert. Nie werde ich dieses Bild vergessen, die leeren Flaschen und Gläser auf dem Tisch, zehn identische Schälchen aus Neusilber, eine vor jedem von uns, wir im Alter von knapp über zwanzig schlürfen lautstark Joghurt wie Engel. Ich weiß nicht, ob Engel Joghurt essen, aber so habe ich uns in Erinnerung, mit weißen Milchschnurrbärten, glücklich und unschuldig …

Bald darauf würden wir uns trennen, gleichgültig werden, einander vergessen, die Rebellen würden als Assistenten an der Universität zahm werden, die eingeschworenen Junggesellen und Partytiger Kinderwagen schieben und vor dem Fernseher herumhängen, die Hippies würden sich regulär die Haare im Herrenfrisiersalon des Viertels schneiden lassen. Der Papagei Petschorin würde eines Morgens sterben und Emma Bovary würde kreischen und sich vor Schmerz gegen die Gitterstäbe werfen. Sie würde nicht einmal eine Woche ohne ihn überleben. Ich und die andere Emma (so hieß sie, ja) würden uns einige Monate später trennen. Keiner von uns würde vor Schmerz sterben. Ich würde meinen ersten Roman anfangen, damit ich einen Ort hätte, an den ich gehen kann, wenn ich verrückt werde, einen Roman über Obdachlose.

Die Wahrheit ist, dass es unmöglich war, auch nur einen einzigen jener Engel von damals anzurufen, nicht einmal Emma, am wenigsten sie. Das Widerliche war, dass ich sie nicht vergessen konnte und (ich würde das nie vor ihnen zugeben) dass sie mir fehlten. Ich selbst fehlte mir aus dieser Zeit mit ihnen.

7.

Die beiden Großkundgebungen der wichtigsten Kräfte sind für den letzten Sonntag vor dem Referendum vorgesehen. Es wimmelt nur so von allen möglichen Bewegungen, die für verschiedene Jahrzehnte kämpfen. Die Argumente variieren von kostenloser medizinischer Versorgung bis zum Geschmack der Tomaten und Großmutters Hühnereintopf von damals. Ich zweifle daran, dass das Referendum den Geschmack des Eintopfs zurückbringen wird. Egal, ein Teil der Leute glaubt, dass die Rückkehr in die nahe Vergangenheit automatisch auch ihr Alter von damals zurückbringen wird. Es leuchtet das rote Lämpchen auf, und du bist erneut 15 oder 27.

All das fließt in die Agitation ein, versteht sich. Letztlich führen die meisten soziologischen Untersuchungen zwei maßgebliche Bewegungen mit einem bedeutenden Vorsprung vor den übrigen an. Auf der einen Seite ist das die Bewegung für Sozialismus (BS), besser bekannt als die Sozis – sie steht für eine Rückkehr in die Zeit des reifen Sozialismus, konkret in die 60er und 70er. Ihre Basis bildet die Sozialistische Partei, auch wenn die Bewegung zahlenmäßig die dahinschmelzenden einfachen Parteimitglieder um ein Vielfaches übertrifft. In diesem Sinne versucht die Partei selbst eher, durch sie zu einer Bluttransfusion zu kommen.

Die andere Bewegung, deren prognostizierte Resultate gegenüber denen der ersten fast ausgeglichen sind, nennt sich offiziell Die bulgarischen Recken, familiär und inoffiziell einfach die Recken. Es fällt ihnen schwer, eine konkrete Periode zu benennen, ein Jahrzehnt, in das die Nation zurückkehren soll, der Mythos verwendet nicht unsere Einteilung nach Jahren. Großbulgarien ist dem, was in ihren Reden steht, zufolge stets Wunschtraum und Realität. Da in den Bedingungen des Referendums die am weitesten entfernt vorgesehene Grenze der Beginn des 20. Jahrhunderts ist, haben sie, die Frist unrechtmäßig verlängernd, eine späte idealisierte Nationale Wiedergeburt ausgewählt, deren Höhepunkt der Aprilaufstand ist.

Kann ein nicht bis zum Ende erfolgter Aufstand erhaben werden und Zeichen setzen? Welcher andere denn eigentlich, wenn nicht der, der nicht stattgefunden hat. Hat nicht nur er das Potential, so zu passieren und erdichtet zu werden, wie wir es wollen, ohne durch die Fakten eingeschränkt zu werden. Sozusagen wiederhergestellt zu werden gemäß unserem Gedächtnis und unserer Vorstellungskraft. Hier haben alle von Geburt an (und als Erbe) Erfahrung mit dem, was nicht passiert ist.

Ich frage mich, an welchen der beiden Strohhalme – an die Sozis oder an die Recken – sich unser Mensch mit dem Schnaps klammern würde, der Schnapsmensch. Zwischen diesen Skylla und Charybdis versuchen auch die Schiffe der anderen kleinen Bewegungen zu überleben.

8.

Ein Treffen mit K.

Im Unterschied zu meinen vorherigen, fast anonymen Reisen hierher, hauptsächlich im Zusammenhang mit der Klinik, möchte ich dieses Mal mit jemandem über die Situation sprechen. Ich rufe einen Freund von der Universität an, der zwischenzeitlich Professor geworden ist. Wir haben uns seit einigen Jahren nicht mehr gesprochen, ich weiß nicht einmal, ob seine Telefonnummer noch dieselbe ist. Gerade will ich auflegen, als seine schläfrige Stimme »hallo« in den Hörer sagt.

Mir scheint, dass in seiner Stimme außer Überraschung auch eine gewisse Freude mitschwingt. Der Ausdruck von Freude, wenn du jemanden hörst oder siehst, den du schon ewig nicht mehr getroffen hast, ist hier nichts Offensichtliches. Ich kann mich erinnern, wie ich die ersten Male, wenn ich hierher zurückkam und auf der Straße einen Freund oder Bekannten traf, losrannte, ihn zu umarmen, doch der schaute mich verdutzt an und brummte kaum vernehmbar etwas wie ah, grüß dich, was machst du denn hier. Zu allem Überfluss schlägt K. selbst vor, uns noch an diesem Abend in einem Lokal zu treffen. Hier kann man immer noch ein Treffen für denselben Tag vereinbaren.

Gegen Ende der 80er war K. ein junger Assistent, wir mochten ihn, weil er anders war als die anderen. Wir hatten ihn Kafka getauft, Assistent in Ausbildung Kafka, er wusste es, und ich vermute, er hatte nichts dagegen. Er war jähzornig (und ist es geblieben), systematisch, etwas sehr Nützliches für unser verwirrtes Bewusstsein voller chaotisch gelesener Bücher. Die Gespräche mit ihm endeten immer in scharf geführten Diskussionen, oft überschritten sie die Grenze des guten Tons, er war hitzköpfig, spöttisch, unterbrach einen. Ein akademischer Raufbold, aber darin lag etwas Charmantes. Wir waren nicht die engsten Freunde, aber wir haben in den endlosen Kneipen und Seminaren der 90er, die sich später nie wiederholen sollten, getrunken und gestritten. All unsere Treffen begannen mit Wohlwollen von seiner Seite, beinhalteten lange Gespräche und endeten mit einem Skandal. Eine Woche später rief er dann an und fragte ehrlich verwundert, sag mal, warum lässt du nichts von dir hören? Na, wir sind doch zerstritten, entgegnete ich. Ja doch, gerade recht, um was zur Versöhnung zu trinken.

Die Skandale waren nur ein Anlass, um uns zu versöhnen, was zu einem neuen Skandal führte und der wiederum zu einem neuen Anlass usw. So lebten alle in der herrlichen, gluckernden Zeit der 90er.

Vielleicht rufe ich ihn jetzt ja deshalb an, ich hoffe, dass er der geblieben ist, der die Dinge immer noch mit der klaren Bestimmtheit eines protestantischen Pastors formulieren kann. Nie habe ich eine solche Bestimmtheit gemocht oder selbst an den Tag gelegt, vielleicht hat mir deshalb immer so ein Mensch gefehlt. Vielleicht mag man ihn auch deshalb nicht. Ich mag Leute, die man nicht mag. (Tatsächlich fand unsere erste Begegnung mit K. bei eben jenem Seminar am Meer am Ende der 80er statt, wo ich auch Gaustín zum ersten Mal begegnete. Und ich muss zugunsten von K. sagen, dass er der einzige Mensch außer mir war, der sich für Gaustín interessierte, er versuchte, ihn zu seinen Zusammenkünften einzuladen, doch Gaustín erschien natürlich bei keiner einzigen.)

Wir sitzen auf dem Dach der Archive in der Abenddämmerung, *in der Stunde des blauen Nebels*, werfe ich ein, während ich zusehe, wie am Horizont das Vitošagebirge in dunkles Violett eintaucht. *Wie eine Veilcheninsel in mondsilbernen Wassern*, steigt K. mit einem anderen Dichter in das Spiel ein. Ich ertappe mich dabei, dass diese Stadt inzwischen eher Literatur für mich ist, ich kenne sie einzig durch Bücher, und nur als solche zieht sie mich noch an. Die Stadt der 30er und beginnenden 40er, das müssen ihre starken Jahre gewesen sein. Irgendwo hier in der Nähe erstrahlte im Jahr 1931 die erste Neonreklame vor dem Büro der Französischen Luftfahrtgesellschaft. Das Neonlicht fand sofort Eingang in die städtische Poesie. Ich stelle mir diese leuchtenden Buchstaben vor, zum ersten Mal von einem Auge gesehen, das sich traditionell von den Sternen und dem Mond hat hinreißen lassen. Das Erstrahlen des Neonlichts inmitten der flackernden Lichter der Straßenlaternen war offenbar erschreckend und ergreifend, später wurde es schnell zu einer Trivialität. Vor sehr langer Zeit, gleichsam in einem anderen Leben, habe ich mich mit den Reklamen, dem Kino und dem Radio aus dieser Periode beschäftigt, habe illustrierte Wochenzeitungen und Broschüren, Filmzeitschriften und Handbücher darüber, wie wir uns selbst einen Radioempfänger bauen, durchgesehen. In der ganzen Poesie von damals wimmelt es nur so von Kondensatoren, Antennen, Neonlichtern, Reklamemarken, »Bayer« und »Philips«, »Lucky Strike«, »White Horse«, bis hin zu Filmtiteln und dem Löwen von »Metro-Goldwyn-Mayer« … Ich fange dieses Gespräch an, auch wenn ich wegen etwas anderem gekommen bin, wir lassen uns hinreißen, es fliegen Zitate hin und her. Erinnerst du dich an das … und an jenes … *Und paradiesisch blühten die Reklamen von »Bayer« und »Philips«*? Hm, denkt K. über das letzte nach, und ich freue mich wirklich, dass ich ihn dabei ertappe, dass er etwas nicht weiß. Sag, wer … Der junge Bogomil Rajnov, sage ich, bevor er zum Despoten wird.

Wenn ich am Vergangenheitsreferendum hier teilnehmen würde, würde ich die 30er Jahre wählen (trotz jenem, was kommen wird), oder ich würde sehr schwanken zwischen den 30ern wegen der Literatur und den 60ern wegen des unklaren Gefühls, dass ich mich in Einzelheiten an dieses Jahrzehnt erinnere.

Ich frage K., welches Jahrzehnt er wählen würde. Er hat es mit der Antwort nicht eilig, so als müsste er sich in diesem Moment entscheiden. Wir bestellen jeder noch einen Schnaps, und als der Kellner sich entfernt, sagt K. langsam: Ich schwanke zwischen den 20ern und den 50ern, obwohl sie den Agenturen zufolge die wenigsten Prozente bekommen werden.

Es ist normal, dass sie keiner will, entgegne ich, beide sind blutig genug.

Ich kenne seine Arbeiten über die Poesie der Zwanziger. Es gibt hierzulande einige geniale Dichter während dieses Jahrzehnts. Der beste von ihnen bezahlt wortwörtlich mit seinem Kopf, zerschmettert durch ein Schrapnell an der Front, geflickt in Berlin, sechs Jahre später verschwunden, gefunden in einem Massengrab und am Glasauge wiedererkannt. Es ist bekannt, dass der heimische polizeiliche Dilettantismus aller Epochen den Dichtern und Schriftstellern gegenüber einen unerschütterlichen Geschmack an den Tag gelegt hat, es ist ihm immer gelungen, die talentiertesten umzubringen und die weniger fähigen übrigzulassen.

Ich verstehe K.s Wahl der 20er, der Literaturhistoriker will zu seinem Thema zurückkehren. Aber warum die 50er, frage ich direkt. Die sind eine finstere Angelegenheit, grob, rücksichtslos, Terror und Lager, eine hölzerne Ästhetik, Typen vom Schlage eines Todor Pavlov.

Während der 50er kam mein Vater ins Lager Belene, beginnt K., und war nie mehr derselbe, er verlor danach auch nie ein Wort darüber. In der Schule wurde ich sofort als verdächtig eingetragen. Wenn sie von den Feinden des Volkes sprachen, zeigten die Lehrer mit dem Finger direkt auf mich als das Kind eines Feindes. Ich war das Paradebeispiel dafür, wie gut die Volksmacht ist, dass sie auch solchen wie mir gestattet, mit den anderen zu leben und zu lernen.

Eines Tages läutete es an der Tür, ich war 7. Ich schaute durch den Türspion, sah mir gegenüber einen furchterregenden, unrasierten Mann mit hängenden Schultern und drehte automatisch den Schlüssel noch einmal im Schloss. Mein Herz drohte zu zerspringen. Komm schon, mach mir auf – der Mann da draußen kannte meinen Namen. Fremden machen wir nicht auf, rief ich ihm von drinnen zu. Hast du mich nicht erkannt, ich bin dein Vater, sagte er leiser, als hätte er Angst, die Nachbarn könnten es hören. Ich schaute durch den Türspion und es kam mir so vor, als weinte er … Er ist nicht mein Vater, sagte ich mir, aber wenn er weint, ist er kein Räuber. Ich machte ihm jedoch nicht auf. Meine Mutter war in der Fabrik, sie würde in 2–3 Stunden nach Hause kommen. Er stand da auf dem armseligen Treppenabsatz, seine Kleidung verschmolz mit dem stumpfen Beige des Treppenhauses. Ich fragte ihn, wie er beweisen wollte, dass er mein Vater ist … Ich denke, diese Frage warf ihn total aus der Bahn. Er sagte, dass ich eine Narbe an der linken Augenbraue hätte von einem Sturz im Winter, als ich noch klein war. Er sagte, ich sollte den Kleiderschrank aufmachen und mir den Uniformmantel mit den Metallknöpfen ansehen, er hatte ihn zurückgelassen, als sie ihn zur Vernehmung abholten. Er sagte, dass ich dauernd gewollt hätte, dass er mir von der Front erzählt. All das stimmte, aber mein Vater war ein anderer, viel schöner und jünger als er, und ich ging her und sagte es geradeheraus. Er setzte sich auf die Stufen, und ich sah nur eine zerknitterte Schirmmütze. Jetzt ist mir bewusst, wie dumm und grausam ich gewesen bin. Und ich sagte mir wieder, er ist nicht mein Vater, aber wenn er weint, dann ist er also ein guter Mensch, nur heruntergekommen, und wenn meine Mutter erfährt, dass ich so einen Menschen habe draußen stehen lassen … Und ich machte ihm auf. Er trat ein, begriff, dass ich ihm nicht so richtig glaubte, umarmte mich nicht, machte nicht einmal den Versuch, sicher, um mich nicht zu erschrecken, und sagte, dass er ins Bad geht. Er wusste, wo es ist. Ich hörte, wie das Wasser lief. Gott sei Dank kam dann meine Mutter nach Hause, sie hatte gehört, dass man Gefangene mit einer Amnestie freigelassen habe, und darum gebeten, sie früher gehen zu lassen.

Wir schweigen eine Zeit lang, und K. fährt fort. Ich würde also wegen meines Vaters in den 50ern vorbeischauen, er starb ein Jahr später. Wir konnten uns nichts sagen, nichts konnte ich ihm entlocken.

Während K. erzählt, ist er gleichsam zu einem anderen Menschen geworden, er kommt mir auf einmal gealtert vor, nichts von seiner früheren Kühle und Bissigkeit ist übrig, selbst sein scharfes Profil hat sich zurückgezogen. Er hat sich in seinen Vater verwandelt, von dem er immer erzählte, so wie wir uns früher oder später alle in unsere Väter verwandeln werden.

Dann schrickt er plötzlich auf, er ist emotional geworden, ruft den Kellner, wir bestellen einen zweiten Schopska-Salat, diese althergebrachte bulgarische Erfindung von »Balkantourist« vom Ende der Sechziger. Weiß, grün und rot, schlau ausgedacht, werfe ich ein, um das Thema zu wechseln, Fremden die Trikolore zu servieren.

9.

Ringsum senkt sich der Abend herab. Irgendwann, vor nur etwa dreißig Jahren, wäre rechts von uns auf der Parteizentrale der fünfzackige Stern erstrahlt. Der Neoklassizismus der Bulgarischen Nationalbank auf der anderen Straßenseite, mit seinen klaren Formen aus den 30ern, geht flic ßend über in die stalinistische Architektur des ehemaligen Hotels »Balkan« und des Ministerrats. Rund um die leere Stelle, wo früher das Mausoleum stand, laufen irgendwelche Arbeiter geschäftig hin und her.

Was tun sie da, sie werden doch nicht etwa wieder ein Mausoleum errichten?

In gewissem Sinne ja, entgegnet K. Du weißt doch, morgen wird hier die Kundgebung der BS stattfinden. Es würde mich nicht wundern, wenn sie es wieder aufbauen.

Ich vermute, ohne den Körper darin.

Wer weiß, lächelt K. säuerlich.

Ich habe mir einen »Dreier mit Garnitur« bestellt, des Namens wegen, der sofort Erinnerungen an die damaligen Sommer am Meer weckt, wo mein Vater uns stolz die ewigen drei bulgarischen Riesenćevapčići mit Garnitur bestellte, eine gemeinsame Portion für meinen Bruder und mich. Das war, wie die Großen zu sein.

Als wären sie von damals, sagt der Kellner verschwörerisch zu mir, während er sie serviert.

Ich hoffe, sie sind frischer, werfe ich ein.

K. sieht mit leichtem Sarkasmus zu meiner Portion hin: Ist dir das nicht zu viel Sozialismus?

Es ist eher versalzen, entgegne ich, während ich das Röllchen aus grob gemahlenem Hackfleisch wie damals probiere, hier und da mit kleinen Knochenstückchen, wegen denen dir eine Plombe flöten gehen kann. Ajvar, gekochte Bohnen und angebrannte Bratkartoffeln – die heilige Dreifaltigkeit der Garnituren.

Er nimmt sich irgendein mit Wein geschmortes Fleisch. Es schmeckt nicht, aber dafür sind die Portionen riesig.

Du hast ja bereits erfahren, dass wir die Wahl zwischen Nationalismus und Sozialismus haben werden, sagt K. So weit haben wir es gebracht. Wenn du mich fragst, welches das kleinere Übel ist, ich weiß es nicht. Nicht, dass es während des späten Sozialismus keinen Nationalismus gegeben hätte.

Dann schlüpft er in seine Lieblingsrolle als Dozent, und der Tisch wird zum Katheder. Irgendwann müssen auch die beiden Teller herhalten – meine drei Ćevapčići mit Garnitur sind die Bewegung für Sozialismus, sein Schmorfleisch die Formation der Recken. Er sagt, dass wir es verabsäumt hätten, den Jüngeren den Kommunismus mit all seinen Schrecken und Lagern zu erklären, und deshalb akzeptiere ihn bereits eine ganze Generation als Lifestyle.

Tu das nicht, unterbreche ich ihn in einem Augenblick, am Ende kommen wir zum ewigen »zu unserer Zeit war es so, aber die Jungen von heute …«. Überall auf der Welt lehnen sich die Jungen gegen die Alten auf, und hier versuchen die Alten, die Jungen zu schlagen. Wie bei Taras Bulba – ich habe dich erschaffen, ich werde dich töten. Mag sein, dass es so ist, sagt er, wir haben nichts getan, rein gar nichts … Hier, wo wir jetzt sitzen, in der »Moskovska« 5 befand sich, das weißt du doch, das Gebäude der Staatssicherheit, und hier, unter uns, im Keller auf der Seite zur »Malko Tărnovo« hin waren die Zellen, in denen es Schläge setzte. Sie haben irgendwelche hageren Jugendlichen ordentlich durchgeprügelt, los, zieh die Hosen aus, aber die Schuhe lässt du an. Wenn es nicht geht, dann ist sie enger als erlaubt, und ab zum Verhör in die »Moskovska« 5, Schläge auf die Niere, damit es nicht auffällt, und wenn du damit davonkommst, dann freu dich. Aber was, verflucht noch mal, stört euch an meinen Hosenbeinen, was? … Warum prügelt ihr wie die Wilden auf mich ein, was ist denn dabei, wenn meine Hose unten eng ist oder mein Trenchcoat gelb wie eine Zitrone oder wenn mein Mantel Holzknöpfe hat, ihr dämlichen Bastarde … K. ist wirklich wütend. An den Nachbartischen beginnt man, sich nach uns umzudrehen.

Schau, versuche ich, ihn zu unterbrechen …

Warte mal, sagt K., warst du nicht einer von denen, die ein Museum der Staatssicherheit genau hier in den Kellergewölben unter uns einrichten wollten? Wo ist denn euer Museum?

Ja, war ich, antworte ich knapp. Angeblich wurde die Idee akzeptiert, wir schrieben ihnen 50 Seiten, was es bräuchte und wie es aussehen sollte, die Geschichte ging durch die Presse und dann nichts. Das erste, was sie sich ausdachten, um es scheitern zu lassen, war, dass es keinen freien Platz gebe. Stünde das Mausoleum noch, könnte man dort, aber jetzt … Plötzlich erwiesen sich alle Orte in Sofia als besetzt. Und dann fielen uns die Kellergewölbe in der »Moskovska«

5 ein. Weißt du wie es dort hallt … Es gibt ein akustisches Gedächtnis, so viele Menschen haben in diesem Keller geschrien. Und es sah so aus, als würde es klappen, aber dann zogen sich alle zurück, lasst uns das Volk nicht spalten, das ist nicht der passende Augenblick … Mit einem Wort – wieder nichts. Du kannst kein Museum für etwas aufmachen, das noch da ist.

Wir schweigen eine Zeit lang, die Nachbartische leeren sich, es wird kühl. Dann nimmt K. das Gespräch wieder auf. Er erzählt, dass die Leute die Nase voll haben von Parteien, sie haben die Nase voll von der Globalisierung und politischer Korrektheit …

Was hat ihnen die Globalisierung denn global gesehen getan, versuche ich einzuwerfen … und welche politische Korrektheit gerade hier, wo wir uns schon Flüche zur Begrüßung an den Kopf werfen?

Hör mal, K. mag es überhaupt nicht, unterbrochen zu werden, es gibt eine Ungerechtigkeit, und die Leute spüren das. Und wir haben uns zurückgezogen wie … und wir haben überhaupt keine Lust, ein Gespräch mit ihnen zu riskieren.

Riskieren ist treffend gesagt, entgegne ich. Du sprichst wie jemand, der nur den Schwächeren zu helfen braucht. Die Schwächeren sind aber du und ich, die Dinge haben sich umgekehrt, los, sieh es endlich ein. Und die mit den kahlgeschorenen Schädeln interessiert es nicht die Bohne, dass irgendwelche mit Brille sich dazu herabgelassen haben, mit ihnen zu sprechen.

Du bist nicht ständig hier und kannst nicht so reden, sagt K. mit Nachdruck.

Es läuft auf einen Streit hinaus, wie in der guten alten Zeit.

Jetzt mal langsam … Und wenn sie uns nicht zuhören wollen, was tun wir dann … Geh und sprich mit ihnen über den liberalen Diskurs … Sie werden dir doch nur ins Gesicht grinsen, werden dir die Brille abnehmen, werden darauf herumtrampeln und dich wegstoßen, damit du allein durch die Dunkelheit irrst, im besten Fall. Oder sie werden dir mit dem Diskurs auf den Kopf schlagen, während du nach deiner Brille suchst. Ich begreife, dass ich übertreibe, K. schweigt und hebt irgendwie unfreiwillig die Hand zum Kopf, als wollte er überprüfen, ob seine Brille noch da ist. So kennt er mich nicht, aber ich habe viel Schweigen angehäuft und einige Schnäpse intus. Was gibt dir der Nationalstaat? Er gibt dir die Sicherheit, dass du weißt, wer du bist, dass du dich in Gesellschaft anderer befindest, die wie du sind, dieselbe Sprache sprechen und sich an dieselben Dinge erinnern – von Khan Asparuch bis zum Geschmack von Keksen der Marke »Goldener Herbst«. Und gleichzeitig teilen sie eine Demenz für andere Dinge. Ich kann mich nicht erinnern, wer sagte, dass die Nation eine Gruppe von Menschen ist, die sich darauf geeinigt haben, sich an ein und dieselben Dinge zu erinnern und ein und dieselben Dinge zu vergessen.

Renan, schon im 19. Jahrhundert, ich habe ihn euch gelehrt, wirft K. ein.

Gut, was passiert jetzt, wenn Europa sich in unterschiedliche Zeiten trennt? Der Nationalismus ist ohnehin territorial, das Territorium ist heilig. Was passiert, wenn man ihm diesen kleinen Teppich unter den Füßen wegzieht? Es gibt kein gemeinsames Territorium, an seine Stelle tritt eine gemeinsame Zeit.

Die Frage ist, sind wir zu dieser Entscheidung in der Lage, sind wir bereit, murmelt K. Was denkst du übrigens über diese ganze Sache mit dem Referendum, plötzlich sieht er mich auf seine ganz eigene Art scharf über den Rand seiner Brille hinweg an.

Der Abendwind faltet die Servietten auf, der Tisch ist überhäuft mit Gläsern und noch nicht abgeräumten Tellern. Und inmitten dieses ganzen Haufens erinnere ich mich, warum auch immer, an jenen weit zurückliegenden Abend am Ende der 80er, das Seminar am Meer, als wäre es aus einem anderen Leben (K. saß damals ebenfalls am Tisch). Und an das kleine Porzellantellerchen, das anmutig über unsere Köpfe hinwegging, mit der Kaffeesahne für Gaustín.

Ich weiß es nicht, erwidere ich, ich weiß es nicht mehr.

Ich verstehe das alles auch nicht, sagt K.

Mir wird bewusst, dass ich genau diesen Ausdruck nie aus seinem Mund gehört habe. Die Dinge sind ganz offensichtlich nicht in Ordnung, wenn der kategorischste Mensch, den ich kenne, unsicher den Kopf schüttelt.

Irgendwo hinter uns ist Donnern zu hören … danach hängt ein dreifach aufgeblühtes Feuerwerk in Weiß-Grün-Rot für Sekunden über uns in der Luft.

Sie proben für morgen, sagt K. Lass uns abhauen.

Mein Freund von damals, Assistent in Ausbildung, jetzt Professor, Kafka. Ich fühle mich ihm näher als je zuvor, auf die Art, auf die man sich plötzlich in einer Notlage der Person nahe fühlt, die sich neben einem befindet. Die Sterne über uns leuchten kantianisch kühl, und das moralische Gesetz liegt irgendwo auf der Straße herum. Unten fahren die Arbeiter fort, das Mausoleum Georgi Dimitrovs mit irgendwelchen leichten Baustoffen wiederaufzubauen, und bestimmt werden sie bis zum Morgen damit fertig sein. (1949 hatten sie es immerhin mit echtem, nicht zu durchbrechendem Zement innerhalb von nur sechs Tagen errichtet. Im Jahr 1999 brauchte es dann sieben, um es abzureißen.)

Während wir an ihnen vorbeigehen, kann sich K. nicht zurückhalten und ruft: Jungs, und wen werden wir hineinlegen?

Einige der Arbeiter drehen sich um, sehen ihn drohend an, sagen aber nichts. Als wir daran vorbei sind, hört man hinter unserem Rücken deutlich: Sieh nur zu, dass du es nicht bist.

10.
Die Kundgebung

Ich erwachte am nächsten Morgen mit Audens Kopfschmerzen vom 1. September 1939. Es war Sonntag, der 1. Mai. Der ideale Tag für eine Kundgebung und einen Aufstand. Für die Sozis – der Tag der Arbeit, und für die Recken – der Tag, an dem der Aprilaufstand ausgebrochen war. Massenkundgebungen der beiden größten Kräfte, nur eine Woche vor dem Referendum.

Ich beschloss, dass ich an beiden teilnehmen musste, mich als Sympathisant und Teilnehmer getarnt einschleichen, um eine völlig authentische Erfahrung von innen zu machen und etwas zu haben, das ich Gaustín später erzählen konnte. Es war nicht schwer, mir beide Kostüme zu besorgen. Das Kostüm war ein Passierschein, ein Pass, ein Mitgliedsausweis. Die Bewegungen hatten eigene Stände aufgemacht und verkauften mit Sonderrabatt. Überhaupt war das Nähen von Uniformen zu einem der gewinnbringendsten Geschäftsfelder im Land geworden.

Es mag seltsam klingen, aber Schneider waren im Sozialismus eine privilegierte Klasse. Ich erinnere mich, wie zu einer Zeit, als das Ausüben privater Berufe unter Verbot stand, allein in unserem Viertel mehrere Schneiderfensterchen in den Erdgeschossen erleuchtet waren. Wir gingen in Begleitung unserer Mütter dorthin, um uns die Maße für einen Anzug abnehmen zu lassen. Der Schneider (gleichsam von Natur aus kahl, mit schütterem Haar am Hinterkopf, runder Brille, einem Schnurrbart und glänzenden Ärmelschonern, ein echt bourgeoiser Typ) legte mir den Stoff auf, kritzelte hier und da etwas mit Kreide, bei der zweiten und dritten Anprobe sah ich, wie dieser Stoff sich zu Hosenbeinen und Ärmeln formte, die von meinem mageren Körper hingen, an dem sie mit Stecknadeln befestigt waren. Ich hatte Angst vor diesen Stecknadeln. Wie der kleine Jesus an seinem Kreuz, mein Junge, sagte der Schneider und lachte, trat einen Schritt zurück, wobei er die Augen zusammenkniff, los, mach den Rücken gerade, schau, was für ein schöner junger Mann du sein wirst.

So, zwischen Christentum und Junggesellendasein, mit unterwegs durchlaufener Ohrfeigenfabrik, wuchsen wir heran. Aber für immer blieb mir das Misstrauen gegenüber den Schneidern mit ihrer bourgeoisen Art, ihrer Gottesfürchtigkeit und ihren Stecknadeln. Ich schweife schon wieder ab, es sei mir verziehen, aber die Vergangenheit ist voll mit Gassen, Zimmern auf Straßenniveau, Schnittmustern und Korridoren. Und mit Randbemerkungen zu Dingen, die uns unwichtig vorkamen, doch später begreifen wir plötzlich, dass genau dort, im Unwichtigen, die Ente der Vergangenheit genistet und gebrütet hat.

Wie dem auch sei, ich statte mich ohne Schwierigkeit und zu einem sehr guten Preis mit zwei Kostümen aus. Zuerst zog ich das von den Sozis an. Ihre Kundgebung begann eine Stunde früher als die der anderen. Der Sozialismus hielt viel von Frühaufstehern. Revolutionen, Umstürze und Morde geschehen frühmorgens, vor Sonnenaufgang. Alle standen wir damals im Morgengrauen auf, noch nicht einmal für Revolutionen, sondern für die Schule, mit verklebten Augen und unausgeschlafen hörten wir im Radio die wegen der frühen Stunde nervige Kennmelodie von »Bulgarien – Taten und Dokumente« und das Kinderlied *Und zu Hause tickt die Uhr, steht schnell auf, ihr Kinder* … Jahrelang klang es in unseren verschlafenen Ohren wie *Und zu Hause dick die Uhr* …

Und da war ich also um 7.30 Uhr morgens bereits an der Unterführung neben der ehemaligen Parteizentrale. Dort war der Sammelpunkt für die Kundgebung. Ich hatte eine rote Krawatte umgebunden, die mir bis zum Bauchnabel reichte und nach unten hin breiter wurde. Der Anzug in Mausgrau mit kaum sichtbaren Streifen und Taschen mit Patten stand mir komisch. Als ein kostenloses Geschenk zu ihm bekam ich ein echtes Taschentuch, aus Stoff, für Herren, mit blauer Kante und einen kleinen Kamm für die Innentasche des Sakkos. Man muss zugeben, dass sie an jedes Detail gedacht hatten. Wenn die gewinnen, werden wir, sagte ich mir, die Produktion von Taschentüchern und kleinen Kämmen wieder aufnehmen müssen. Und überhaupt die ganzen Kurzwaren jener Zeit. »Kurzwaren«, wie lange war mir dieses Wort nicht mehr in den Sinn gekommen. Mit der Rückkehr der Dinge kehrt auch die Sprache zurück. Meine Lederschuhe poliert, die Strümpfe, warum auch immer, in Dunkelgrün, wahrscheinlich stammten sie aus irgendeinem Armeelager. Ich hatte für jeden Fall auch eine Schiebermütze dabei, aber vorläufig hielt ich sie noch in der Hand.

Trotz der frühen Stunde hatte der Platz sich mit früh aufstehenden Sympathisanten zu füllen begonnen. Überall hörte man das einstige *Genosse, Genossin* … Anfangs dachte ich, dass sich trotz allem ein Scherz hinter dieser für meine Ohren vergessenen Anrede verbarg, aber dem war wohl nicht so. Mein Vater hieß Gospodin, was übersetzt so viel heißt wie »Herr«, und zu allem Überfluss auch noch Gospodinov mit Nachnamen, und ich erinnerte mich, wie alle erstarrten, wenn ein Bekannter ihn aus der Ferne beim Namen rief Gospodin, he, Gospodin … Von was für einem Herren reden Sie da, Genosse, mischte sich immer irgendein wachsamer Bürger ein. Aber auch »Genosse Gospodinov« klang komisch.

Ein Alter mit weißem Bart hatte sich auf die Steine vor dem Archäologischen Museum gesetzt, um auszuruhen, und gab sich jetzt Mühe aufzustehen, aber es wollte ihm nicht gelingen. Mit der einen Hand umklammerte er die kleine Fahne, mit der anderen seinen Gehstock, es fiel ihm gar nicht ein, die kleine Fahne aus der Hand zu geben, um sich abzustützen. Ich ging hin, um ihm zu helfen.

Zur Kundgebung, Opa?

Zur Kundgebung, mein Junge. Ich gehör zur Vaterländischen Front, bin 'n Leben lang Mitglied. Mich ham se zu jener Zeit viel geschlagen, weil ich 'ne große Klappe hab, aber wenn's sein muss, will ich, dass er wiederkommt. Weil der Sozialismus, der kann alles Mögliche gewesen sein, aber ich hab den Dreh raus, wenn er mich einmal übers Ohr haut, hau ich ihn zweimal übers Ohr, wir werden uns schon vertragen, aber diese neue Zeit, die raubt dich ja schon aus, wenn se dich nur ansieht. Überrollt dich wie 'n Expresszug, pfiuuu und schon sitzte in Unterhosen da, keiner gibt auch nur 'nen Pfifferling auf dich.

Er klopfte seine Hose vom Staub ab und sah mich mit zusammengekniffenen Augen an. Also, wenn wir die Zeit zurückdrehen, kommen die Jährchen dann wieder? Ich bin bereit, mich schlagen zu lassen, wenn ich nur wieder zwanzig und ein paar Zerquetschte bin.

Ich lachte, klopfte ihm auf die Schulter, und Großvater Matejko (so nannte ich ihn für mich) bedankte sich bei mir für die Hilfe und trippelte in Richtung seines Bezirks.

Genosse … mir näherte sich eine ältere Frau mit einer Binde von der »Betriebskampfgruppe« am Ärmel und einem roten Notizbuch von Partizdat, von welcher Parteiorganisation sind Sie?

Und jetzt … Würde ich schon am Anfang der Aktion scheitern.

Aus welchem Bezirk Sie sind, frage ich.

Aus dem Lenin-Bezirk, spuckte ich automatisch aus, in Erwartung, dass die Frau den in der Nähe stehenden Milizionär rufen würde (ja, sie hatten die alten Milizionärsuniformen für die Ordner aufgetrieben), damit er mich vom Platz führt.

Entgegen meiner Erwartungen begann sie zu strahlen und nickte verständnisvoll.

Die Leute haben die richtigen Namen der Bezirke von damals bereits vergessen, ich bin aus Kirkovski. Wie heißen Sie, damit ich Sie eintragen kann?

Ich stammelte etwas wie Gaustínov, was die Frau sorgfältig notierte.

Sie können sich eine kleine rote Fahne und eine kostenlose Nelke an den Tischen dort drüben holen, sie zeigte in die Richtung, und wir gingen auseinander.

Ich hatte dieses Bild hunderte Male gesehen, ich hatte es irgendwo in den Keller meines Bewusstseins verbannt, und jetzt tauchte es wie ein Gespenst vor meinen Augen wieder auf, eines von jenen, von denen du aber weißt, dass sie aus Fleisch und Blut sind und nicht verschwinden werden, wenn du deine Hand hindurchsteckst. Und in diesem Sinne, wenn sie echt sind, dann bist du selbst das Gespenst.

Männer, Frauen, eine Masse, Menschen … Die Männer in identischen mausgrauen Anzügen wie meinem, hier und da jemand in einem dunkelblauen oder schwarzen Sakko. Ein Meer von Trenchcoats für Damen, beige, in der Mode der späten 70er, wenn ich mich nicht täusche. Als hätten das Modehaus »Valentina« oder das Zentrum für neue Waren und Mode »Janica« ihre Produktion wieder hochgefahren. Es hätte mich übrigens nicht überrascht, wenn es bereits geschehen wäre. Man konnte auch einige spezieller angezogene Frauen bemerken, mit anderem Schnitt, wahrscheinlich die Genossinnen der führenden Leute aus den Parteikomitees, die Handschrift der Enkelin des Ersten Mannes im Staat war erkennbar, sie selbst Designerin und »eine echte Modediktatorin«, wie der linke Sektor der Medien nicht müde wurde zu schreiben. Die Frauen hatten toupierte, früh morgens mit Haarlack befestigte Frisuren à la Valentina Tereškova, übrigens hatten die Trockenhauben in den Frisiersalons eine erstaunliche Ähnlichkeit mit den Raumanzügen der ersten sowjetischen Kosmonauten. Ich hätte mich nicht gewundert, wenn bei Alarm alle im Salon direkt mit ihnen hätten abfliegen können. Die meisten gingen ziellos hin und her, die Frauen küssten sich, wischten einander danach lange den Lippenstift von den Wangen. Die Männer rauchten, frisch rasiert, mit einem scharfen Geruch nach Kölnisch Wasser und warfen ein Auge auf die Kolleginnen.

Ich muss gestehen, dass freudige Belebung herrschte.

Ich stand verlegen herum, allein, ohne kleine Fahne und Nelken, also ging ich zu dem Stand. Sie sind aus, Genosse, zuckte die Frau hilflos die Achseln. Sie haben versprochen, wieder aufzufüllen … Mein Gott, wie lieb und bekannt das alles war. Offenbar hatte ich ziemlich verzweifelt ausgesehen, weil ein Mann aus der Schlange hinter mir mir eine Schachtel Zigaretten hinhielt, wollen Sie eine?

»Stewardess!« – rief ich ganz aufrichtig aus. Die Erinnerung an meine erste Zigarette, mit 9, was zugleich die Erinnerung an den ersten Diebstahl ist (von den Zigaretten meines Vaters), an die erste Lüge, das erste Gefühl, dass du ein Mann bist, die erste Revolution – wie viele Dinge im Tabak einer Zigarette verborgen liegen.

Der Mann interpretierte meine Reaktion offenbar falsch und holte aus seiner Innentasche ein anderes Päckchen: Ich habe auch HB, aus dem Intershop.

Ich lachte, und erst jetzt musterte ich ihn, er trug eine knallgelbe Krawatte, und sein Sakko war irgendwie anders, er hob sich von der Masse rundherum ab. Plötzlich ging mir ein Licht auf, offenbar im selben Augenblick auch ihm. Es folgt das bekannte Genre des Wiedererkennens, ziemlich trivialisiert seit Odysseus' Zeiten: Bist du das ... Ja und du ... Ich dachte, du wärst im Ausland. Na, das Ausland ist ja nicht das Jenseits, und selbst von dort kehren manche zurück.

Dembi, mein Mitschüler von damals, später für kurze Zeit Kollege an der Universität, er merkte rechtzeitig, dass die Philologie eine tote Angelegenheit ist, und verschwand irgendwo in die Parallelwelt der frühen 90er.

Wir hatten uns seit dreißig Jahren nicht mehr gesehen. Zuletzt beschäftigte er sich mit dem Verkauf von Immobilien, Flugzeugteilen und eröffnete Konditoreien seiner Kette »Rosa Bella«. Genau in dieser Konfiguration.

Einmal hatte er mich angerufen, damit ich mir einen Werbeslogan für seine Konditoreikette ausdenke, komm schon, du bist doch Dichter. Ich war natürlich überhaupt kein Dichter, ich war Philologiestudent im zweiten Studienjahr und genau so arm, wie es das Studienfach und das Semester verlangten, also war ich sofort dabei und dichtete etwas wie »Unsere Kuchen werden euch versuchen«, was ihm wahnsinnig gut gefiel, und so verdiente ich mein erstes Honorar von 60 Leva, dreißig Scheine zu zwei Leva, ich hatte das Gefühl, dass sie soeben aus der Kasse der Konditorei genommen worden waren und noch von der Buttercreme klebten.

Dembi, mit dem zusammen ich alle Dummheiten im Gymnasium durchlebte, der Pfiffigste auf der Schule, einer der sympathischsten Gauner, denen man begegnen kann. Wir waren beiderseitig von unserer Anwesenheit hier überrascht. Rundherum begannen Trompeten zu spielen, die Leute stellten sich in Reihen auf. Dembi hatte es plötzlich eilig, drückte mir eine Visitenkarte in die Hand: Ich bin im Dienst, sagte er, treffen wir uns mal in Ruhe, woraufhin er in der Menge verschwand. Ich sah mir die Visitenkarte an, bevor ich sie einsteckte: Dejan Dembeliev, Telefon ... Nur Name und Telefonnummer. Solche Visitenkarten konnten sich einzig extrem berühmte oder extrem bescheidene Menschen erlauben. Dembi gehörte nicht zu letzteren.

Plötzlich verwandelte sich der Platz, und die summende Menge stellte sich wie auf ein Zeichen hin in Reih und Glied auf. Offenbar gab es ein Problem mit der Anlage, man konnte hören, wie einer der Techniker fluchte *Verdammt* ... und das verbreitete sich über den ganzen Platz. Danach, um das peinliche Missgeschick zu übertünchen, begann sofort *Wacht auf, Verdammte dieser Erde* ... Ganz vorne auf der Plattform, getragen von Gabelstaplern, standen Turner in Shorts, bereit, auf ein Signal hin eine lebende Pyramide zu bilden. Neben mir probten Mädchen mit Schleiern und Fähnchen eine Choreographie, wie auf ein gegebenes Zeichen kniete sich ein Teil von ihnen hin und bildete ein Gesicht, verschwommen genug, um gleichzeitig Dimitrov und

Lenin zu ähneln. Ich erinnerte mich, dass eine Tante von mir ihr Leben lang bei Tisch vor den Gästen stolz erzählte, wie sie als Studentin 1968 in Lenins Schnurrbart gewesen war – im Nationalstadion bei der Eröffnung der Weltjugendspiele, vor 40 000 Zuschauern, ihr könnt euch nicht vorstellen, wie aufregend das war. Ich kann mich ebenfalls erinnern, wie mich jedes Mal so das Lachen überkam, wenn ich die Geschichte hörte, dass ich ins Kinderzimmer rennen musste, um mir keine Ohrfeige von meiner Mutter einzufangen. Meine arme Tante, ihr ganzes Leben träumte sie von einer Karriere als *Schauspielerin*, wie sie selbst sagte, doch die Rolle ihres Lebens stellte sich als Barthaar in Lenins Schnauzer heraus.

Die Idee, die Kundgebung als Umzug stattfinden zu lassen, war nicht schlecht, hatte aber auch ihre Mängel, weil der Platz beschränkt war. Man brauchte nur irgendwelche 200–250 Meter zu gehen, bis alle zwischen dem Mausoleum und der Nationalgalerie Platz fanden, die früher einmal das Zarenschloss war, das früher einmal ein türkischer Konak war. Die Stimme des Sprechers knisterte aus den Lautsprecherboxen. Ob sie sich die Mühe gemacht hatten, alte Lautsprecher aufzutreiben, um absichtlich dasselbe Knacken und Knistern zu hören wie damals? Wenn dem so war, standen hinter der Bewegung ein seriöses Gehirn und Geld. Es war ein offenes Geheimnis, dass das Geld aus Russland kam, das sich allmählich und ganz offen wieder in die Sowjetunion verwandelte und sich mit Referenden, falls wir dieses Wort im vorliegenden Falle verwenden können, die vorher verlorenen Territorien zurückholte.

Die Stimme des Sprechers verbreitete sich über den Platz, tief und emotional, sie hatten einen alten Schauspieler mit derselben Pathetik von damals gefunden, man schauderte unweigerlich. Dieselben Worte über das Blut der tausenden Helden, den schweren, aber einzig richtigen Weg zu einer hellen Zukunft, Lebensfreude und Kühnheit, Kühnheit und Lebensfreude …

Die Leute ringsum erfassten, wie auch damals, wohl kaum den Sinn des Gesagten, das war auch nicht möglich, aber das Abrakadabra des Aussprechens selbst, die Intonation und das Pathos waren das rote Lämpchen, ausreichend, um die Magensäfte der Vergangenheit freizusetzen. Ich hatte einen Platz in der letzten Reihe des Blocks der Vaterländischen Front gefunden, erblickte Großvater Matejko, und wir nickten uns zu.

Die Kundgebung setzte sich in Bewegung. Ganz vorn ging das Blasorchester, gefolgt von einer kleinen Formation Majoretten. Ich habe nie erfahren, wann der Sozialismus diese Erotik erlaubt hat, offenbar gaben die senilen Alterchen im Politbüro irgendwann während der 80er lüstern ihre Einwilligung. Dieselben Alterchen, die irgendwann anordneten, dass Stempel auf die Oberschenkel der Mädchen mit kurzen Röcken gedrückt wurden, und sie in die »Moskovska« 5 schickten, hießen plötzlich Lolitas in Freischärleruniformen gut.

Nach ihnen bildeten die Turner auf der beweglichen Plattform mit ihren Körpern einen lebendigen fünfzackigen Stern, dann waren jene Mädchen an der Reihe, die mit kleinen Flaggen den Kopf von Lenin/Dimitrov eingeübt hatten. Es folgten einige Gabelstapler mit riesigen Styroporkonstruktionen und Porträts. Und ganz am Ende die gewöhnlichen Werktätigen, wir, mit Nelken und Fähnchen (ich hatte es immer noch nicht geschafft, mich zumindest mit einem der beiden Attribute auszustatten). Unsere Formation stand ganz am unteren Ende des Platzes, neben der

Konak-Schloss-Galerie, aber dafür konnte man von dort das Gesamtbild sehen. Und vor allem das Mausoleum. Völlig unversehrt, erneut aufgebaut, das war der Höhepunkt des Ereignisses. Man konnte spüren, wie echte Aufregung durch die Reihen ging, als wir uns gegenüber davon aufstellten. Die Arbeiter hatten an jenem Abend ganze Arbeit geleistet. Das Mausoleum erstrahlte wie echt, weißer als je zuvor. Die Gardesoldaten davor führten das Ritual der Wachablöse durch. Auf ein gegebenes Zeichen hin begannen die Kundgebungsteilnehmer, dreimal »Ruhm, Ruhm, Ruhm« zu skandieren … Seltsam, wann hatten sie geprobt, so eine Synchronität im Skandieren ergab sich nicht einfach so. In jedem Fall hatte ich offensichtlich die Proben verpasst und stimmte ein wenig misstönend ein, aber wir waren ohnehin von der Vaterländischen Front, das fünfte Rad am Wagen. In diesem Augenblick stiegen die offiziellen Personen auf die Tribüne, wobei sie auf dieselbe Art und Weise aus dem Handgelenk winkten wie damals. Hier gab es eine Choreographie, das war ausgearbeitet worden, den Drehbuchautor würde ich gerne kennen, dachte ich mir. Plötzlich, wie auf ein Zeichen hin, verstummte das Skandieren, und die Stimme des Sprechers verbreitete sich erneut über den Platz. Lasst uns unseren Anführer und Lehrer begrüßen, den Genossen Georgi Dimitrov … Ich dachte, das wäre eine Panne im Drehbuch. Vielleicht sein Andenken ehren, aber ihn gleich begrüßen … Und dann, in der eingetretenen Stille, erklangen zuerst die Fanfaren, das Dach des Gebäudes öffnete sich, zwei Platten glitten zur Seite, und aus dem Inneren des Mausoleums erhob sich langsam die Lagerstatt von Dimitrov, demselben, den ich als Kind gesehen hatte, mit dem roten, plüschartigen Leichentuch darunter, mit den Blumen rund um den wachsbleichen Körper und … der wachsbleiche Körper selbst. Der Sarkophag hing über der Tribüne und den dort Stehenden, eine Frau am Rand der Tribüne bekreuzigte sich schnell. Der Platz erstarrte. Ich erschrak, die Mumie könnte vom Postament herunterrollen und auf die Köpfe der offiziellen Personen fallen. Ich denke, sie fürchteten dasselbe. Sodann schlossen sich die beiden Teile des Mausoleums wieder lautlos. Und dann ging ein leiser Schauer des Entsetzens durch die knienden Reihen, weil, oh, nein, die Mumie diskret ihre Hand hob, nur die Hand, und delikat winkte. Kaum sichtbar, fast unmerklich. Ich sah, wie sich einige alte Frauen ans Herz griffen, sie wurden schnell hinausgeführt. Sofort erklang die Stimme Dimitrovs, irgendeine alte Aufnahme, dass der Weg, den wir gehen, nicht glatt und eben ist wie die Pflastersteine vor der Nationalversammlung, sondern *dornreich* … Diese Leute haben auch nie gelernt, richtig zu sprechen.

Es war einfach entsetzlich, ich muss gestehen, dass sich auch mir das Herz zusammenschnürte. Als die Aufnahme endete, trat die Führerin der Bewegung vor, eine rothaarige Frau um die 50, mit dem typischen Kostüm, etwas gestrafft und ziemlich eng um die Taille, ein rotes Dreieckstuch um den Hals und eine rote Nelke in der Tasche des Sakkos. Sie gab der Menge ein Zeichen zu schweigen und begann mit dem eröffnenden *Dragi drugarki i drugari, liebe Genossinnen und Genossen* … Fünf r in dreieinhalb Wörtern, das ist offenbar der versteckte Code des Sozialismus. Je mehr r, desto besser. Sicher geben sie nicht zufällig den Rat, dass im Namen von Hunden der Laut r vorkommen soll. Um ihnen Respekt einzuflößen, wenn man ihnen Kommandos gibt.

11.

Kollektive Amnesie und Überproduktion von Erinnerung
Je mehr eine Gesellschaft vergisst, desto mehr produziert, verkauft und füllt jemand die freigewordenen Nischen mit Ersatzerinnerungen. Die Leichtindustrie des Gedächtnisses. Vergangenheit, gemacht aus leichten Materialien, Plastikerinnerung, wie aus dem 3D-Drucker. Erinnerung entsprechend den Bedürfnissen und der Nachfrage. Das neue Lego – verschiedene Module der Vergangenheit werden angeboten und passen genau in die Leerstelle.

Immer noch existieren Zweifel, ob das, was wir beschreiben, eine Diagnose ist oder ein Wirtschaftsmechanismus.

(Gaustín, »Neue und bevorstehende Diagnosen«)

12.

Der Aufstand

Ich wartete die Fortsetzung der Rede vor dem Mausoleum nicht ab. Die Zeit schritt voran, und ich musste auch die Kundgebung der Recken erreichen, die in diesem Augenblick nur 500 Meter weiter die Straße hinunter im Boris-Park begann. Ich schlüpfte durch den kleinen Park hinter der Konak-Schloss-Galerie hinaus. In der Nähe hatte ich eine Wohnung gemietet, tauschte dort das Sakko und die Hose gegen Pumphosen und eine Weste, das weiße Hemd behielt ich an, weiße Hemden passen immer, band mir den Gürtel um, setzte eine Fellmütze statt der Schiebermütze auf, und schon war ich ein Recke. Die Gamaschen und Opanken bereiteten mir etwas mehr Schwierigkeiten, aber es stellte sich auch eine gewisse Erleichterung nach den harten und nicht eingelaufenen Lederschuhen ein. Ich ging um die Universität herum, lief durch den kleinen Fürstenpark mit dem Denkmal der Sowjetischen Armee, umringt von einem Kordon linker Freiwilliger, die ihn dieser Tage rund um die Uhr vor den in letzter Zeit häufiger werdenden Aktionen schützten. Eine halbe Stunde Arbeit mit der Sprühdose spät nachts, und am nächsten Tag erwachten die russischen Soldaten mit Maschinenpistolen als Batman und Superman. Eigentlich war das das einzig Schöne, was diesem Denkmal noch passieren konnte. Am Stadion vorbei trat ich in das Dickicht des Boris-Parks ein, der vorher »Park der Freiheit« hieß, der davor wiederum der Boris-Park war und noch früher die Pépinière oder der Pflanzgarten.

Hier ist jeder Ort ein ehemaliger anderer.

Ich betrat den Boris-Park. Hätte jemand von den versammelten Patrioten gelesen, dass vor der Befreiung genau hier der Ort der türkischen Garnison war und kurz darauf auch der türkische Friedhof, hätte man sicherlich einen anderen Sammelpunkt gesucht. Aber die Natur hat kein Gedächtnis, die Menschen ebenso wenig, so dass der Boris-Park von Heldenliedern zu dieser bereits fast schon mittäglichen Stunde widerhallte, oder wie man früher einmal gesagt hätte – zur Stunde 12 Konstantinopeler Zeit. Während ich am Arianasee vorbeikam, ging mir die Schnürung der einen Opanke auf, es fehlte nicht viel, und ich hätte mir den Hals gebrochen.

Wie geht's, Brüderchen, brauchst du Hilfe, ein junger Mann beugte sich über mich.

Mir geht's gut, Bruder, versuchte ich, mich auch der Sprache anzupassen, vergelt's Gott.

Eine schöne philologische Übung, solche Dinge machten mir Freude. Es wird wieder alles auf die Sprache hinauslaufen. Dort »Genosse«, hier »Brüderchen«, und die Sprache lässt es über sich ergehen wie ein Stück Vieh, begehrt nicht auf. Weil sie sich an die Zeit vor uns erinnert. Oder weil sie kein Gedächtnis hat.

Neben mir gehen und lachen schmucke Mädchen mit einem Blumensträußchen hinter dem Ohr, ihre Goldmünzen blitzen in der Sonne auf, die silbernen Gürtelschnallen strahlen. Anhand ihrer Trachten kann man sehen, dass sie aus verschiedenen Gegenden Bulgariens kommen, die roten Trägerröcke und die bestickten schwarzen Schürzen der Mädchen aus Thrakien, die schwarzen Kleider derer aus der Gegend um Sofia, die schönen Atlaswesten der Frauen aus den Rhodopen … Viele der Firmen für Herren- und Damenmode, die sich jetzt in Schneiderstuben umbenannt hatten, nähten mit Vollgas Pumphosen, Westen, Trägerröcke und Freischärleruniformen, auch für Kinder, so als würde ein neuer Aprilaufstand vorbereitet.

Der Tag war schön, die Maisonne schien weich, man konnte sagen, dass selbst die Bäume ihre Trachten angezogen hatten, um nicht hinter dem zurückzustehen, was kommen sollte. Auf den breiten Wiesen des Boris-Parks hatten sich die Leute in Grüppchen zusammengesetzt. Einige breiteten schon die Decken auf die Erde und packten aus, jeder, was er hatte, Huhn, gekochte Eier, Ajvar.

Männer gab es von jedem Kaliber – von bartlosen Jünglingen über Onkel unbestimmten mittleren Alters (mit bestimmten Bäuchen) bis hin zu weißbärtigen Alten. Die letztgenannten waren am sympathischsten und manche von ihnen so alt, dass es einem so vorkam, als wären sie tatsächlich nie zu europäischer Kleidung übergegangen. Jeder hatte entweder einen Säbel, einen alten Dolch oder ein Taschenmesser. Die meisten trugen breite, faltige Pumphosen, verziert mit schwarzen Besatzbändern und tiefem Schritt, im

Gürtel steckten eine Pistole und ein Dolch mit Beingriff. So gut wie jeder hielt ein altes Gewehr in der Hand – man konnte Berdangewehre erspähen, man konnte Steinschlossgewehre sehen, von Krnka konstruierte »Schnell-Schusz-Büchsen« aus dem Russisch-Türkischen Krieg und hier und da ein »Chassepotgewehr«, auch von damals. Doch die Unerfahreneren waren mangels einer anderen Waffe auch mit Luftgewehren und Flaubertwaffen mit Gewehrkolben gekommen, angemalt in den Farben der Fahne. (Schau an, wie dich die Zunge hinters Licht führt und sich schnell die Opanken anzieht, ein Wort ergibt das andere.)

Rechts, dicht neben dem Stadion, gab es eine kleine fliegende Reiterschar, als hätte man sie direkt aus Zacharij Stojanovs »Aufzeichnungen über die bulgarischen Aufstände« oder genauer aus ihrer Verfilmung genommen. Rund dreißig Pferde mit auf ihnen sitzenden Freischärlern, ein kleiner Löwe auf der Fellmütze und eine Feder von einer Pute, scheint mir. Einer, das musste Benkovski sein, hatte das Pferd angebunden und stieg ziemlich unverblümt einem Mädchen mit einer grünen Heiduckenfahne nach.

Ich wollte mich unter irgendeine Gruppe mischen, hören, was die Leute so sprachen, ich war neugierig, und meine Ironie verflüchtigte sich langsam. Das war mein Vaterland, »das uns der Nationalismus gestohlen hat«, wie K. sagen würde. Ich erinnerte mich, wie ich in der Grundschule unter der Astrachanfellmütze schwitzte, die meine Ohren umknickte, und das grobe Wolljäckchen kratzte so an meinem Hals, dass sie mich danach eine Woche lang mit Schweineschmalz einrieben. Jeden Morgen mussten wir im Schulhof statt des Frühsports allerlei Reigentänze aufführen. Sie stellten mich ganz ans Ende des Reigens, und trotzdem gelang es mir, die durcheinanderzubringen, die sich an mir festhielten. So war das, aber ob ich mich nicht heimlich zumindest für eine Stunde als einer von ihnen fühlen wollte, laut über Scherze lachen, andere, meinem ähnliche Körper spüren, mit denen ich folglich ein gemeinsames Gedächtnis haben sollte, gemeinsame Geschichten … Und ob sie nicht genau deshalb hier waren, um mit jemandem zusammen zu sein, der wie sie verwirrt ist, aber stolz, der Türken und Roma mit derselben Leidenschaft hasst, mit der er Kuttelflecksuppe liebt, gefüllte Auberginen à la Imam bayıldı, die Größe der bulgarischen Khane, türkischen Kaffee, *Steh auf, steh auf, du Held vom Balkan*, aber auch *Eine weiße Rose werde ich mir anstecken*, der gerne am Nachmittag ein Nickerchen macht, sich abends zum Schnaps zusammensetzt, den Fernseher einschaltet, ein bisschen flucht, in die Küche ruft *Frau, wo hast du den Salzstreuer hingetan*, er hat es gern ordentlich und sauber zu Hause, leert den Aschenbecher in eine Plastiktüte aus, und die Tüte ab nach draußen, gleich über den Balkon, damit er, wenn er später über die Straße geht und der Wind sie ihm an die Stirn klebt oder er in Hundekot tritt, sagen kann *Mann, ist das ein Saustall hier bei uns* und wieder fluchen. Wer hatte gesagt, dass Fluchen das bulgarische Satori ist, das bulgarische Zen, augenblickliche Erleuchtung, ein *shortcut* zum Erhabenen …

Gott sei Dank ertönten ein paar sanfte Sackpfeifen und rissen mich aus den schwarzen Gedanken … Die Leute sprangen auf und kamen zum Reigentanz zusammen. Ich stellte mich etwas abseits und sah unter einem Baum ein Alterchen, den hiesigen Großvater Matejko, gerade so wie der andere von der Kundgebung am Morgen, und ich machte mich auf den Weg zu ihm. Ich fragte mich sogar, ob es nicht doch derselbe war. Er versuchte, sein Pfeifchen mit einem Schlagfeuerzeug anzuzünden und schlug den Feuerstahl gegen den

Feuerstein, um sich einen Funken zu holen. Es lag etwas von der gesamten bulgarischen Literatur und den Volksmärchen in dieser Handbewegung.

Wie geht's dir, Großvater, ich will mich ein wenig zu dir in den Schatten setzen, sagte ich.

Gott meint's gut mit uns, Söhnchen. Dann setz dich, der Schatten ist für alle da, entgegnete er, ohne den Blick zu heben.

Springt das Herz, wenn es die Dudelsäcke hört, zog ich ihn ein wenig auf.

Das Herz springt, aber die Beine wollen nicht, entgegnete der Alte. Das Herz ruft, kommt, ihr Beine, springt, aber die Beine wollen nichts davon hören. Und auch die Ohren sind taub, und die Augen sehen nicht. Wie der Balkandži Jovo aus dem Lied bin ich, sagte der Alte und lachte. Ein großer Türke sind die Jährchen, alles haben sie mir genommen. Und ohne zu fragen, ohne sich zu kümmern. Lieder habe ich vorbereitet, doch die Fiedel ist mir kaputtgegangen, also spiele ich jetzt auf dem Blatt einer Birne, aber auch Birnbäume findet man keine mehr. Ich kann dir Botev und Vazov von Anfang bis Ende vorsingen. Aus Baldevo bin ich, kennst du Baldevo?

Ich wusste von den Bettlern aus Baldevo, angeblich waren sie Nachfahren der geblendeten Soldaten von Zar Samuil, die sich übers Land verstreut hatten nach der finstersten aller bulgarischen Niederlagen und fahrende Guslaspieler und Sänger auf Brücken und Marktplätzen geworden waren. Um ihren Kanten Brot mit Liedern über Unglücke und geblendete Soldaten zu verdienen. Der Alte freute sich sichtlich, dass jemand davon gehört hatte.

Nun, von ihrem Samen bin ich, sagte er, und mit der Zeit, siehe da, wurde auch ich blind wie ein Soldat Samuils.

Hast du jemanden, der dir hilft, fragte ich.

Habe ich, die Großtochter hat mich hergebracht, sicher ist sie beim Reigen. Wenn sie genug getanzt hat, werden wir nach Hause gehen. Nur Radau machen sie, mir gefällt auch ihr Gebollere nicht.

Ein gutmütiger Mensch, er ähnelte meinem Großvater. Gut, dass es noch solche Alten gab, die wie durch ein Wunder überlebt hatten.

Der Reigentanz dröhnte wirklich und wurde immer größer, er begann bei den oberen Alleen, umrundete den See mit den Seerosen und ging hinunter zum Arianasee und zum Eingang des Parks. Bald reichte er hinaus bis ganz auf die Adlerbrücke. Ich weiß nicht, ob sie eine Genehmigung dafür hatten, den Verkehr auf der »Carigrader Chaussee« zu blockieren, aber wer hätte den Mut gehabt, sie aufzuhalten. Es lag etwas Bedeutungsvolles in dieser eintretenden Leere auf der Chaussee, die zum unverhältnismäßigen bulgarischen Traum von anno dazumal führte, zur Zarenstadt. Wir wussten aus Vazovs Gedicht *Am Bosporus wird Lärm geschlagen* von Simeon vor den Festungsmauern Konstantinopels, einer Stadt, die er nie erobern sollte. Aber dass *Romanos erzittere*, reichte der leidgeprüften bulgarischen Seele schon. Und obendrein schütteten die Autobusse jeden Tag auf dem Kapalı Çarşı die Erben Zar Simeons aus. Warum muss man eine Stadt erobern, wenn man sie leerkaufen kann.

Der Reigen wuchs von Minute zu Minute an, sprang über die Leitplanken der Carigrader Chaussee und kam über die Adlerbrücke wieder zurück in den Park.

Juchhei-juchhe … Hätte jetzt jemand das Kommando »Vorwärts! Auf nach Carigrad!« gegeben, der Reigen hätte sich wie ein Drache dorthin orientiert, nach Osten, immer die Chaussee entlang, immer die Chaussee entlang, um sich dann vor diese *Carigrader Paläste* hinzustellen, seine Mauern von allen Seiten einzukreisen und durch den Bosporus zu waten. Und wenn er den Ring um die Stadt enger zuzieht, wenn er sanfte Sackpfeifen aufbläst ist es sowohl Belagerung als auch Reigentanz, wird da die Stadt nicht fallen? Sie wird nicht nur fallen, sie wird auch einen Reigen tanzen. Der Reigen, der Reigen ist die geheime bulgarische Armee, das bulgarische trojanische Pferd. Recken, verkleidet als fröhliche Reigentänzer, und in den Pumphosen – Pistolen. Die Pfiffigkeit von Odysseus liegt hier vor, der bulgarische Nasreddin Hodscha und Odysseus in einem.

Plötzlich hörte man am Himmel über dem Boris-Park ein Geräusch, und ein langsamer Schatten glitt über die Bäume, doch keine Spur von einer Wolke. Alle hoben augenblicklich die Köpfe und schauten nach oben. Die bulgarische Flagge, getragen von 300 Drohnen, wie in den Nachrichten später gemeldet wurde, flog am Himmel über uns. Die größte bulgarische Flagge, eine Kandidatin für das Guinness Buch der Rekorde. (Hier wären die Wagnerschen Walküren am Platz gewesen, auch wenn die Organisatoren *Hinausgegangen ist Delju der Heiducke* gewählt hatten.)

Es war etwas Merkwürdiges an dem ganzen Anblick, etwas wie ein postapokalyptischer Film, in dem sich alle Zeiten vermischt haben. Die Drohnen summten feierlich, während sie die Flagge zogen, deren Ende nicht zu sehen war. Darunter warfen irgendwelche Leute mit Hosen und Gewehren aus dem 19. Jahrhundert ihre Mützen in die Luft und riefen hurraaaa … Sobald die Drohnen mit erstaunlicher Präzision das ganze Stück Himmel über dem Park bedeckt hatten, blieben auch die übrigen stehen, um über den Köpfen der verzückten Menge in der Luft zu hängen.

Der Hiii-mmel wie aus Seiii-de, das ist meine Heimat … begann jemand auf der improvisierten Bühne zu singen, aber seine Stimme blieb einsam, und der Mann verstummte verlegen. Dann nahm einer der Anführer der Bewegung ein Megaphon und gab die Losung aus: *Bul-ga-ri-ens Re-cken kann nie-mand er-schre-cken* … Der Ruf wurde sofort aufgenommen, er hallte wider auf Hügeln und in Tälern, stieß gegen die gegenüberliegenden Gebäude auf der Carigrader Chaussee und kam zwischen die Bäume im Boris-Park zurück. *Bul-ga-ri-ens Re-cken kann nie-mand er-schre-cken* schrien die Leute, die Blicke nach oben zu den Drohnen gewandt, als würden sie sie grüßen.

Ein beherzter junger Mann nicht weit von mir entfernt konnte sich nicht zurückhalten, hob seine Mannlicher Repetierbüchse an und schoss in die Luft, so wie er es in Filmen gesehen hatte, wenn aus Freude in die Luft geböllert wurde. Hör auf, du wirst noch die Flagge durchlöchern, schimpfte ihn sofort sein in der Nähe sitzender älterer Gefährte und vielleicht auch Hundertschaftsführer der Schar. Der junge Mann schämte sich und nahm sein Gewehr herunter, aber das Zeichen war gegeben, und an einigen Orten begannen Gewehre und Revolver zu böllern (Levorver schrieben sie früher, wie schön das klingt). Zwei, drei getroffene Drohnen trudelten und fielen auf die Menge. Gott sei Dank gab es keine Opfer. Es war seltsam, die Ermordung einer Drohne mit anzusehen, als würde man auf eine fliegende Gans schießen, es fliegen zwar keine Federn, aber das Gefühl ist trotzdem wie bei einem erschossenen Vogel.

Genau in diesem Moment öffneten die Drohnen wie auf ein gegebenes Zeichen hin (niemand bekam mit, ob es im Programm so vorgesehen oder ob es wegen der plötzlichen Schüsse war) gleichzeitig ihre Greifer und verschwanden nach Westen, doch die Flagge, in der Luft allein geblieben, wunderte sich gleichsam einen Augenblick lang und begann, langsam herabzusinken, irgendwie seidig zu fallen, umfasste die Bäume, die Büsche, die Rutschen und den Steinelefanten in der Kinderecke, den See und die Seerosen, die Bänke, Lauben, Denkmäler von Dichtern und Generälen, die fliegende Reiterschar von Benkovski und die Leute mitsamt ihren Gewehren. Die an den Enden schafften es, auszuweichen, einige schreckhaftere Frauen und Kinder rannten ebenfalls sofort los, aber die meisten landeten darunter. Dort, wo es hohe Kiefern und Kastanienbäume gab, bildete sich etwas wie ein riesiges Zelt oder eine Zirkuskuppel, auf den Hängen und Wiesen legte sich die Seide flach auf die Erde, und man konnte die herumstapfenden Körper der darunter Begrabenen sehen, hier und dort hörte man Schreie, manche glaubten, sie ersticken, und so war es notwendig, dass jemand mit einem Messer den heiligen Stoff zerschnitt. Der Boris-Park, bedeckt mit der größten Flagge, fast einen halben Hektar groß. Wie von Christo verpackt, gegen den die Recken sonst murrten.

Gott sei Dank befand ich mich nahe dem hohen Kastanienbaum, unter dem Großvater Matejko saß, so gab es Luft, es war sogar angenehm, nur dass ein aufdringlicher Geruch nach Plane und feuchten Erfrischungstüchern in der Luft lag. Es zeigte sich, dass die Flagge mit Rosenwasser besprüht worden war, und der Boris-Park hatte sich jetzt ins Tal der Rosen verwandelt, zum Entsetzen der Erstickenden und Hustenden darunter. Die Dolche und Säbel kamen endlich für die Befreiung des leidgeprüften Volkes zum Einsatz. Schreie, Husten und Flüche durchschnitten die Luft, wer sich aus den Augen verloren hatte, rief sich beim Namen. All das vereitelte die geplante Kulmination und den Ausbruch des Aprilaufstands. Die Kirschbaumkanone kam nicht zum Schuss, mit ihr zu schießen, war auch damals schwer, und jetzt unter der Plane hätte sie nur die Bevölkerung erstickt. Von der fliegenden Reiterschar sah man nur einige vor Schreck verrückt gewordene Pferde, die sich wie wahnsinnig im Kreis drehten, wobei sie riskierten, ihre heruntergefallenen Reiter zu zertrampeln. Vom Hügel selbst, der den Gipfel Šipka darstellen und von dem es *Steine und Holz* regnen sollte, verbreitete sich ein dumpfes Stöhnen, und die einsame Stimme eines Rezitators ergoss sich aus den Lautsprechern.

Der Aufstand ging in Richtung Reinfall, wie es auch historisch geschehen war. Und das machte das Reenactment völlig glaubwürdig.

13.

Die Dämmerung des Mai versuchte taktvoll, die Überbleibsel des aufständischen Nachmittags zu verdecken, die Fahnenstücke auf den Kastanienbäumen im Boris Park, leere Flaschen, Zeitungen, Dosen … Ich weiß nicht, wer nach jeder Revolution saubermacht.

Ich ging die »Krakra« hinauf zum Doktor-Park. Ich hatte noch keine Lust, nach Hause zu gehen. Ich betrat das Café der Architekten, ein Ort, wo ich damals fast all meine Nachmittage verbrachte. Sie hatten einen kleinen, versteckten Hof mit Garten, der ideale Ort zum Lesen und Nachdenken, wenn du nicht gerade einen gesprächigen Freund triffst natürlich. Ich wählte die Nummer von Gaustín in der Klinik. Ich wollte ihm kurz berichten. Es ertönte lange das Freizeichen, und ich legte auf. Ich sagte mir, dass es besser wäre, ihm zu schreiben, er mochte Telefonieren ohnehin nicht.

Ich beschloss, Dembi anzurufen, holte seine Visitenkarte hervor und wählte. Wieder nahm am anderen Ende niemand ab. Ich schrieb ihm, dass ich es bin, und schlug vor, uns zu treffen. Eine Minute später bekam ich eine Nachricht. Dembi entschuldigte sich, dass er einen verdammt schweren Tag gehabt habe, und lud mich für den nächsten Tag auf einen Kaffee zu sich ins Büro im Zentralen Mineralbad ein.

Im Hof der Architekten war es ziemlich still. Nach einem ganzen Tag mit Kundgebungen und Aufständen sah es hier so aus, als wäre nichts geschehen, einige ältere, aristokratisch aussehende Paare hatten sich am größeren Tisch in der Ecke zusammengefunden und feierten still etwas – ein Jubiläum, eine Diamanthochzeit oder einfach die Tatsache, dass sie am Leben waren. Nicht weit entfernt von mir küssten sich ein Junge und ein Mädchen. Es gibt also noch Dinge, die sich nicht verändern, sagte ich mir, wobei ich versuchte, nicht zu ihnen hinüberzusehen. Ich fragte mich auch, wie dieses Café mit seinem Hof aussehen würde, wenn die Recken gewännen. Würden sie eine Kirschbaumkanone neben den Eingang schleppen, würden sie die gläsernen Trinkgefäße durch welche aus Ton ersetzen, Keramik aus Trojan, würden sie die Tische mit roten, bestickten Tüchern decken. Ob diese sympathisch zerstreute Bedienung sich einen Unterrock anziehen müsste, Goldmünzen und ein buntes Kopftuch anlegen. Ob sie den leisen Jazz gegen Volkslieder tauschen würden. Würden wenigstens ein, zwei neutrale Plätze für geschichtsmüde Bürger bleiben?

Vielleicht würden sie anstelle all dieser herrlichen mehrsprachigen Blumen, die hier chaotisch wuchsen, Tulpen der neuen Sorte *National* pflanzen – mit Blütenkelchen in verlaufendem Weiß, Grün und Rot. Nach vielen Versuchen war es einem Gärtner gelungen, so eine Sorte zu züchten. Grün in den Blütenkelch der Tulpe einzubringen, war ein Akt der Gewalt gegen die Natur, die das Grün für den Stängel und die Blätter reserviert hat, nicht für die Blüten.

Man glaubt, dass, was auch geschehen mag, einem immer der unantastbare Trost der Natur bleiben wird. Immer wird es Frühling, Sommer und Herbst geben, die von Winter und wieder von Frühling abgelöst werden. Aber auch das ist nicht mehr sicher. Übrigens ist laut den Kelten eines der ersten Zeichen der Apokalypse die Vermischung der Jahreszeiten.

In diesem Augenblick konnte man nicht weit von hier entfernt deutlich Schüsse hören. Nach diesem ganzen Tag des Geschreis und Krachs hätte das nicht weiter Eindruck auf mich gemacht, aber es kam mir so vor, als hörte ich eine automatische Salve, und die Sirenen der Krankenwagen oder Polizeiautos bestätigten, dass doch etwas passiert war. Die Zeichen setzenden Morde im Zentrum von Sofia waren nicht nur eine geschützte Marke der 90er und 20er, es gab sie auch schon Ende des neunzehnten Jahrhunderts. Ein erschossener Ministerpräsident hier auf dem »Zaren«, ein anderer – niedergemetzelt gleich dort auf der »Rakovski«. So ist es hier eben.

Ich bezahlte und machte mich auf den Heimweg, ich hatte genug Emotionen für einen Tag. Als ich nach Hause kam, schaltete ich die Nachrichten ein und sah, dass am Denkmal der sowjetischen Armee ein Zusammenstoß zwischen den Teilnehmern der beiden Kundgebungen stattgefunden hatte. Es gab zwei Schwerverletzte aufseiten der Recken, auf die wahrscheinlich mit einer Maschinenpistole Typ »Schpagin« geschossen worden war, aus der Zeit des Zweiten Weltkriegs, wie der Reporter präzisierte. Das Denkmal lag im Grenzterritorium der beiden Kundgebungen. Die Verwundeten bluteten in der Reportage still vor sich hin. Das Fernsehen war dem Krankenwagen zuvorgekommen.

14.
Bei Dembi

Am nächsten Tag machte ich mich früh am Morgen auf den Weg zum Bad. Über Nacht hatte es geregnet, und an diesem kühlen Maimorgen sah die Stadt ganz anders aus als am Tag zuvor. Die Gehsteige waren wie Minenfelder, die Gehwegplatten sanken ein und spien Schmutz auf die Hosenbeine. Das machte das Gehen zu einer besonderen Übung, Erwägen, Springen, Abbremsen, Suchen nach einer Ausweichroute. Nicht Gehen, sondern ein Manöver. So gelangte ich, ohne es zu bemerken, mit Flüchen und Sprungläufen zum Ziel.

Das Zentrale Mineralbad war natürlich schon lange kein Bad mehr, aber es blieb eines der schönsten Gebäude in Sofia, mit einer leichten, anmutigen Fassade im Stil der Secession und gerundeten byzantinischen Formen. Im Moment war dort das Museum für Stadtgeschichte untergebracht, aber trotzdem nannten es alle das Bad, und in regelmäßigen Abständen tauchte eine Bürgerinitiative auf, die es erneut als städtische Badeanstalt zurückhaben wollte, mit dem großen Becken in der Männerabteilung und dem kleineren in der Frauenabteilung. Ich ging durch den Museumsteil, schlüpfte an der goldenen Kutsche im Stil Ludwigs XVI. vorbei und an einem nicht minder massiven Schreibtisch, einem Geschenk für Fürst Ferdinand von niemand Geringerem als Bismarck.

Dembis Büro war im Obergeschoß ganz am Ende des Korridors. Ein weitläufiger Raum, chaotisch vollgestellt mit Gegenständen in unterschiedlichen Stilen und aus verschiedenen Zeiten, gleichsam eine natürliche Fortsetzung des Museums.

Was willst du trinken?, fragte er mich schon in der Tür.

Was hast du anzubieten?

Alles von Kaffee bis Kumys.

Kumys? Stutenmilch?, rief ich aus.

Ja, mit einem protobulgarischen Frühstück, antwortete Dembi, verkauft sich in letzter Zeit extrem gut. Hirsebrei, gekochter Bulgur und dünn aufgeschnittenes Dörrfleisch. Versuch es.

Und er zog das Tuch vom benachbarten Tischchen, auf dem die aufgezählten Speisen standen.

Getrocknet unter dem Sattel eines Pferdes, scherzte ich, während ich zum Dörrfleisch griff.

Na, so steht es zumindest geschrieben, aber ich kann es nicht garantieren … Übrigens sind die Pferde in den letzten Jahren mehr geworden als die Schafe, und sie erreichen zahlenmäßig die Kühe, die hier gehalten werden. Der Patriotismus erweist sich als Produktivkraft.

Ich kaute langsam und argwöhnisch das dünne Stück Dörrfleisch. Es war zäher als erwartet und hatte einen besonders unangenehmen süßlichen Geschmack.

Ah, ich habe vergessen dir zu sagen, rief Dembi, als er meinen Gesichtsausdruck sah, das Dörrfleisch ist vom Pferd.

Es hätte nicht viel gefehlt, und ich hätte es auf die Serviette ausgespuckt …

Na ja, die Protobulgaren haben keine Schweine und Rinder gezüchtet, sagte Dembi, das Pferd musste für alles herhalten. Übrigens ist dieses Dörrfleisch tierisch gesund, es enthält nur halb so viel Cholesterin und Fett, plus viel Zink, plapperte er wie in einer Radiowerbung. Sie haben es kürzlich auf den Markt gebracht, Marke »Khan Asparuch«.

Er zeigte auf den Kalender an der Wand, ein Firmenkalender, Khan Asparuch sitzt majestätisch auf einem Pferd und kaut ein Stück Dörrfleisch, gleichsam soeben vom selben Pferd abgeschnitten. *Der Geschmack von Großbulgarien.* Und darunter mit kleineren Buchstaben – *aus bulgarischem Fleisch.* Das klang schon kannibalisch.

Einen Kaffee, bat ich, und wenn es geht ohne Stutenmilch.

Ich trank ihn fast auf einen Zug aus, um den aufdringlich süßlichen Geschmack des Pferdefleisches loszuwerden. Dembi bot mir irgendeinen Saft aus Sellerie und Roter Bete an, ich akzeptierte. Während er mit dem brummenden Standmixer hantierte, inspizierte ich den Raum genauer. Eine ausladende Karte eines Großbulgarien, von dem ich mich nicht erinnern konnte, wie genau es in dieser Form existiert hätte, hing rechts neben der Tür. Fast ganz Europa war bulgarisch, plus zwei Stücke, die von Asien abgeschnitten worden waren wie Dörrfleisch. Im kleinen Vitrinenschrank hinter dem Schreibtisch standen vier sehr merkwürdige Kelche. Ich näherte mich und sah, dass es eigentlich Schädel waren, sorgsam ausgehöhlt und beschlagen als Weingläser.

Service »Nikephoros' Rübe«, rief Dembi aus der anderen Ecke.

Einige alte Gewehre, »Schnell-Schusz-Büchsen« von Krnka und Mannlicher Repetierstutzen, hingen hübsch an der Wand. Wenn ich ein Gewehr an der Wand hängen sehe, kommt mir automatisch Tschechow in den Sinn. Unmittelbar daneben – ein altes hölzernes Radio mit einem kleinen, gestrickten Deckchen darauf und einer eigenhändig ausgeschnittenen Vase aus einer Flasche Spülmittel der Marke Vero, in der sich einige künstliche Maiglöckchen wichtig machten. Nichts kann die Vergangenheit so erwecken wie Kitsch.

Schau, ich weiß, was du denkst, sagte Dembi plötzlich, aber meinen Kunden gefallen genau solche Dinge.

Ich winkte verständnisvoll ab und setzte meinen Rundgang fort.

Weiterhin stand in einem Glaskolben mit fünfzackigem Stern auf dem Deckel ein Gehirn in Formalin herum, gleichsam aus dem Biologiekabinett gestohlen. Es ist von Georgi Dimitrov, warf Dembi lässig ein, während er den Saft brachte, sie haben es bei der Balsamierung bewahrt.

Am Ende dieser Ausstellungswand stand auf einem Gestell ein kleines Modell des Mausoleums aus Streichhölzern, eine detailgetreue Anfertigung.

Das brennt gut, konnte ich mich nicht beherrschen.

Und wenn schon die Rede vom Mausoleum ist, wie fandst du die gestrige Kundgebung? Eigentlich … steht meine Firma hinter … der Inszenierung, fügte er bescheiden hinzu.

Damit also beschäftigte sich mein alter Freund Dembi.

Du willst sagen, dass du … der Regisseur bist. Ich wusste nicht, ob es das richtige Wort war.

Ich verdiene damit mein Brot. Ich habe eine Firma für historische Reenactments, das ist das hauptsächliche Geschäftsfeld. Ich habe das Theater immer geliebt, macht nichts, dass sie mich damals nicht an der Theaterschule genommen haben.

Ich erinnerte mich, dass die Kundgebung einige sehr fein ausgeklügelte Details aufwies, und sagte es ihm, was ihn sichtlich freute.

Das mit dem Knacken in den Lautsprechern war gut, das hast du mit Absicht gemacht, oder?

Was denkst du denn? Und der Fehler bei der Probe und das Fluchen des Technikers … Die Leute merken sich solche Dinge. Sei dir sicher, dass ihnen von allen identischen Kundgebungen während des Sozialismus genau das im Gedächtnis geblieben ist, irgendeine Panne. Und wenn du sie ihnen jetzt vorspielst, bringt es sie direkt dorthin zurück. Und was sagst du zum Erscheinen von Dimitrov, na? Deus ex machina. Ich ging vorher einige Male hinunter in die Kellergewölbe des Mausoleums. Du solltest sehen, wie es dort aussieht. Als sie sich aufmachten, es abzureißen, sprengten sie mehr schlecht als recht nur den oberen Teil, unten ist alles rissig, die Armierung hängt von der Decke, aber die Säle halten sich. Der Raum für die Mumie, ich nenne ihn die »Künstlergarderobe«, ist unberührt, auch der Aufzug, zusammen mit dem Gestell, auf den sie ihn legten, ein wenig verrostet, aber intakt. Und er funktioniert. Jeden Abend haben sie ihn nach unten in die Kühltruhe abgesenkt, das war die erste Klimaanlage, Ende der 40er, ein riesiger Saal mit Rohren. Danach in die Künstlergarderobe, um ihn frisch zu machen, ihn mit diesem und jenem einzureiben, und danach mit dem Aufzug wieder in die Oberwelt. Er hat es auch nicht leicht gehabt, immer rauf und runter, zwischen dem Diesseits und dem Jenseits. Das war ein großes Auf und Ab.

Ich denke, dass das mit dem Winken der Hand am Ende ein wenig zu theatralisch war, warf ich ein, während ich den Saft kostete.

Na, was sollte es auch sonst sein. Ich mache Theater, ich mache keine Revolutionen, zeigte er sich beleidigt. Ihre dämlichen Bewegungen interessieren mich nicht die Bohne. Sie bezahlen, und ich mache mein Ding. Das ist das neue Theater, im Freien, mit Menschenmengen, die noch nicht einmal wissen, dass sie an der Aufführung teilnehmen. Tragicommedia dell'arte. Tatsächlich weiß es ein Teil von ihnen, ergänzte er, sie stehen auf Abruf. Ich besorge sozusagen Statisten für Kundgebungen und Revolutionen.

Statisten für Revolutionen? Das ist schon eine ernste Sache, sagte ich. Und du stehst nicht zufällig auch hinter dem Aufstand der Recken?

Also, Dembi begann geschäftig hin- und herzulaufen, ich will gar nicht darüber reden, sie haben im letzten Augenblick angerufen, ich musste sie retten. Aber warum müssen sie auch Gewehre an Amateure verteilen, sie haben die Drohnen ruiniert und alles andere …

In diesem Moment klingelte das Telefon, und zu meiner Verblüffung kam das Geräusch aus genau jener Schachtel, die mir gänzlich dekorativ vorgekommen war. Es ähnelte einer Minitelefonanlage – eine rechteckige Platte aus Holz, am Rand mit Schnitzereien versehen, dazu ein schwerer, schwarzer Bakelithörer, zwei Reihen Knöpfe und eine eingebaute Wählscheibe oben in der Ecke. Sie rufen mich auf dem »fünfzackigen Stern« an, zwinkerte Dembi mir verschwörerisch zu und hob den Hörer ab. »Der fünfzackige Stern« – das legendenumwobene geheime Telefonnetz für die Crème der Staatsgewalt. Parallele Telefone, parallele Nahrungsmittelgeschäfte, parallele Villen, Restaurants, Friseure, Chauffeure, Krankenhäuser, Masseure, mit Sicherheit auch parallele Mädchen zur Unterhaltung. Es hatte offenbar immer zwei parallele Staaten gegeben.

Entschuldige, sagte er, ich muss rangehen. Gib mir zehn Minuten, dann gehen wir nach draußen, ein wenig Luft schnappen.

15.

Da haben wir also auch die Dealer für Vergangenheit, sagte ich mir. Dembi war einer von ihnen geworden, ein Schwarzmarkthändler, und einer von den besten, nach den Dingen zu urteilen, die er mir später erzählte. Eigentlich war es nicht mal ein Schwarzmarkt, der Handel lief ganz legal ab. Er arbeitete auf Bestellung, hatte keine politische Voreingenommenheit. In diesem Fall zahlten die aus den 60ern und 70ern gut, und er fühlte sich dort auch in seiner Welt. Immer brachte er auch ein wenig Ironie mit hinein. Ich habe ihnen viele Male ans Bein gepinkelt, wie er sich ausdrückte. Ich vermutete, dass nur er dieses »ans Bein pinkeln« verstand und dass es ihm eher als Rechtfertigung vor sich selbst diente.

Dembi, mit einem gut gepflegten Bäuchlein, wie man in diesen Breiten sagte, war eigentlich schon von klein auf rundlich. Schon als Schüler ging ihm alles leicht von der Hand. Er zeichnete heimlich nackte Frauen auf die letzte Seite seiner Schulhefte, die ihn dann so erregten, dass er in die Toilette ging, um zu masturbieren. Zu jener Zeit verfluchten alle Bücher über Sex, derer wir habhaft werden konnten, und das waren insgesamt nur zwei, nämlich »Mann und Frau intim« und »Geschlechtskrankheiten und sexuelle Störungen«, die Masturbation als gefährliche Beschäftigung, der namhafte Krankheiten folgten, ich habe mir nur gemerkt, dass man erblindet. Gegen 10 Stotinki überließ Dembi auch uns die Zeichnungen, und so gingen auch wir sozusagen sehenden Auges in die Blindheit und erhöhten unsere Dioptrien. Ohnehin ähnelten die schematischen Darstellungen kopulierender Paare in »Mann und Frau intim« eher der Schnittzeichnung eines Verbrennungsmotors mit all den Kolben dort.

Mir fiel ein, dass Dembi in den letzten Klassen des Gymnasiums aus seiner Dachkammer ein improvisiertes Fotostudio gemacht hatte. Ich erinnere mich deutlich an den dicken Vorhang am kleinen Fenster, die rote Lampe, die Wannen mit Fixierer und Entwickler. Zu jener Zeit war das Entstehen eines Fotos ein Prozess, es war Arbeit und, sagen wir, ein kleines Wunder. (Dort, wo es Dunkelheit gibt, schlummert immer ein Wunder.) Du tauchst das Fotopapier in die eine Wanne, danach in die andere. Wenn du es länger drin lässt – verbrennen die Silhouetten wie getoastetes Brot, wenn du es nicht lang genug drin lässt – werden sie bleich und verschwommen.

Ich war Helfer und Beleuchter. Ich richtete den alten weißen Schirm seiner Oma aus, hielt den Projektor mit den Batterien. Einige Mitschülerinnen hatten bereits das Studio besucht. Irgendwann schickte mich Dembi immer hinaus, weil das Modell angeblich verlegen war, und sie blieben allein im dunklen Zimmer zurück. Manchmal kam auch die Schönheit des Viertels, Lena, um einiges älter als wir. Dann blieb Dembi länger im Atelier. Von Zeit zu Zeit überließ er es für eine Stunde, gegen Geld, jemandem aus dem Viertel, der mit seiner Freundin allein bleiben wollte. Ich erinnerte mich an all das, weil Dembi tatsächlich unglaubliche Fotos machte. Er wusste, wie er mit der Genauigkeit eines Apothekers Licht und Dunkelheit abzuwiegen hatte, er spielte mit den Schatten, holte die Körper aus ihrer erstarrten und langweiligen Pose. Die natürliche Verlegenheit der sogenannten »Modelle« verlieh ihnen eine zusätzliche Erotik. Wenn er dringend Geld brauchte, konnte er ein paar Fotos an die nach nackten Körpern dürstenden Komsomolzen im Gymnasium und im Viertel verscherbeln. Er sagte, dass die Komsomolsekretäre am meisten kauften. Das Defizit an Erotik im späten Sozialismus, die frühe Verdorbenheit der Jugend und die ursprüngliche Akkumulation des Kapitals. Das wäre doch ein mögliches Thema für die Wirtschaftsfakultäten.

Man konnte Dembi alles vorwerfen, aber das Talent sprudelte mit großzügiger Nonchalance aus ihm heraus. Er hatte nie den Wunsch gehabt, es zu entwickeln, die Dinge zu zeigen, die er machte, in die Gesellschaft für Fotografie einzutreten. Wozu brauche ich das, sagte er immer, während er seine Stimme ein wenig wie die eines italienischen Mafioso verstellte, ich tue, was ich will, ich verdiene genug und habe die schönsten Frauen im Viertel. Ich vermutete, dass er sich diesen Lebensstandard bis heute bewahrt hatte. Ich fragte mich, ob er nicht manchmal heimlich davon träumte, das Business zu verlassen und in die Kunst zu gehen. Ich fragte ihn. Er antwortete das, was ich erwartet hatte. Dass ich immer so außerhalb der Welt gelebt hätte. Und dass er eines Tages, wenn er genügend Geld auf der Seite hätte, nur noch Kunst machen würde, jetzt schrieb er sich die Ideen in einem Heft auf. Ich war nicht sicher, ob er es ironisch meinte oder ob es ihm wirklich ernst damit war.

16.

Statisten für eine Revolution

Wir überquerten den Boulevard »Dondukov«, danach den Platz vor dem Präsidentenpalast, wir sahen, wie etwas weiter das provisorische Mausoleum abgerissen wurde. Immer noch lagen Köpfe von Nelken, geplatzte Ballons und trichterförmige Papiertütchen für Sonnenblumenkerne auf den gelben Pflastersteinen herum ... Der Regen hatte aufgehört, und der Tag klarte langsam auf. Wir kamen an der Kirche »Hl. Nedelja« vorbei. Fünfundzwanzig Kilogramm Sprengstoff unter der Hauptkuppel, eine Flasche Schwefelsäure, um die, die nicht tot waren, zu ersticken, und um 15.20 Uhr nachmittags am 16. April 1925 wird Bulgarien absoluter Weltrekordhalter für das blutigste Attentat, das je in einer Kirche begangen wurde – 150 getötete Männer, Frauen und Kinder. Vom radikalen Flügel derselben Partei, die jetzt die Bewegung für den Sozialismus anführte. Wenn jemand unbedingt in die 20er zurückkehren möchte, wird er sich auch mit diesem Vorfall auseinandersetzen müssen, dachte ich mir.

Den ganzen Weg über hatte Dembi sich geöffnet und erzählte mir, wie die Ideologien der Vergangenheit das Profil des Marktes veränderten, sie brachten vergessene Berufe zurück – Heimschneider, Büchsenmacher, man dachte sich neue aus, wahrscheinlich hatte er seine Statisten für Revolutionen im Sinn. Der Markt war wirklich riesig. Die Armee der zahl- und arbeitslosen Schauspieler zum Beispiel, die in den Provinztheatern versauerten, erlebte plötzlich ihre Sternstunde. Grundlage jedes Reenactments waren eben professionelle Schauspieler. Dauernd brauchte man einen thrakischen Zaren oder eine Fruchtbarkeitsgöttin, auch mal einen knochigen bulgarischen Khan, und die Blondinen verwandelten sich augenblicklich in slawische Konkubinen in langen weißen Roben. Es gab Rollen für alle – Osmanen, Janitscharen, Marodeure ... Plötzlich sank die Arbeitslosigkeit im Theatersektor rapide. Die Theater brauchten nichts mehr zu inszenieren und konnten allein durch den Verleih von Requisiten ihr Auskommen finden, alte Waffen, golddurchwirkte Umhänge und Damaszenersäbel ...

Dann verwandelten sich auf einmal alle, die ohne Arbeit in den Kneipen rumhingen, in Stadt und Land, ob jung oder alt, in »wartende Schauspieler«. Das heißt, sie hingen immer noch in den Kneipen rum, aber jetzt hatten sie Hoffnung, einen Traum, sozusagen, dass sie zu Freischärlern oder Osmanen oder Partisanen berufen werden würden. Stimmt schon, gestand Dembi, dass die Leute in den Dörfern aufgehört haben, den Boden zu bearbeiten. Wenn du einfach so 20, 30 oder auch 50 Mäuse am Tag machen kannst, warum solltest du dann auf den Feldern in der Sonne brutzeln. Wenn die Gemeinde das Reenactment bezahlt, ist die Bezahlung am schlechtesten, aber selbst diese 20 Leva sind noch reiche Ernte. Wenn jedoch ein lokaler Feudalherr für sich eine private Themenparty organisiert – ob die Schlacht bei Klokotnica oder Krali Marko befreit drei Reihen in Ketten gelegter Knechte – dann ist auch das Geld besser und die Arbeit nicht der Rede wert, besonders, wenn du der in Ketten bist.

Warte, ich will dir etwas zeigen, sagte Dembi plötzlich und blieb stehen.

Wir hatten die Kreuzung von »Angel Kănčev« und »Patriarch Evtimij« erreicht, genau gegenüber vom einstigen Café »Kravaj«, einem Kultort der 80er, wie man einst sagte, erster, gerade aufkeimender Punk, die kratzige, ironische Stimme von Milena … würde man die 80er wählen, dann müsste dieser Ort, müsste die Legende zurückgebracht werden.

Wir gehen in den Nationalen Kulturpalast, sagte er.

Gibt es keinen angenehmeren Ort, versuchte ich aufzubegehren. Die gigantische Betonschildkröte des Nationalen Kulturpalasts, ebenfalls aus den 80ern, schnell gebaut, stand zwischen uns und dem Vitošagebirge. Es gab einen riesigen Saal für Parteikongresse und rund zehn andere, verstreut über die Stockwerke. Was für eine Kulturveranstaltung man dort auch machte, ein Konzert oder eine Lesung, alles verkümmerte auf merkwürdige Weise zu einem blassen Abbild eines Parteiplenums. Und jeder Beifall am Ende klang wie »stürmisches und nicht enden wollendes Klatschen und Rufe: Ruhm und Ehre der …«, wie in den endlosen Kongressstenogrammen stand, die damals in der »Arbeiterzeitung« veröffentlicht wurden.

Wir betraten das Gebäude durch den Nebeneingang von der Seite der Masten her, der Portier nickte uns schmeichlerisch zu, dann öffnete Dembi mit einer Magnetkarte irgendwelche weiteren Türen und wir stiegen hinunter in die Kellergewölbe. Ich hatte nie einen Schritt hier hinein gesetzt, wir gingen durch kühle Korridore wie in einem Luftschutzkeller, es wäre auch nicht verwunderlich, wenn sie genau dafür angelegt worden wären. Danach gelangten wir unerwartet zu einer großen Glastür, die uns in einen Saal mit niedriger Decke führte, ohne Fenster. Das, was ich drinnen sah, war ein Mittelding zwischen einem Turntraining, der Ausbildung von Gardesoldaten und der Probe für eine Kundgebung. Um die 50 junge Männer und Frauen mit wohlgeformten Körpern übten die verschiedensten Bewegungen. Sie hoben plötzlich den rechten Arm, im Ellenbogen abgewinkelt, mit geschlossener Faust. Und auf ein kaum sichtbares Kommando hin schrien sie abrupt *Ruhm … Ruhm … Ruhm*.

Ich erinnerte mich, wie mich gestern bei der Kundgebung die besondere Synchronität beim Skandieren beeindruckt hatte, schwer zu erreichen für Menschen, die nicht geprobt und sich spontan auf einem Platz eingefunden haben. Als hätten sie meine Gedanken gelesen, löste die Gruppe beim nächsten Kommando plötzlich die ideale Ordnung auf, es entstand eine (gut ausgearbeitete) Unruhe. Der Kommandierende war ein kleiner Mann im Kampfanzug und für mich von dem Platz, wo wir standen, kaum zu sehen. Jemand aus der Gruppe rief *Rücktritt* … und allmählich, am Anfang absichtlich ungeordnet, gesellten sich zu diesem Ruf die Rufe der übrigen. Von der Seite sah es wirklich spontan und authentisch aus. Die Gesichter nahmen für einen Augenblick einen wütenden Gesichtsausdruck an. Dann beugte sich ein Mann hinunter, nahm vom Boden einen unsichtbaren Stein und warf ihn gegen das ebenfalls unsichtbare Gebäude. Die anderen neben ihm folgten sofort seinem Beispiel. Kurz darauf warfen alle Steine auf das Ziel, ich erschrak, als ich das

Klirren zerbrochener Fensterscheiben hörte, aber Dembi verdrehte die Augen nur zu den Lautsprechern. Kurz darauf erwiderte die Polizei offenbar den Angriff und begann vorzurücken, weil die Turner, nennen wir sie einmal so, in eine Verteidigungshaltung übergingen. Sie knieten sich hin, versuchten, sich aus der Umzingelung zu befreien, holten schon vorbereitete Holzknüppel heraus, so dass die Szenen fast einem Aikido-Training zu ähneln begannen. Die Stimme des Kommandierenden verteilte sehr roh Anordnungen und Flüche, *nicht so, Mann, Rindvieh, tritt ihm in die Eier, fall hin, schrei jetzt, kreische, kreische, verflucht nochmal, die Kameras filmen, man muss es hören* … das musste sich auf eine Frau beziehen, die auf dem Boden lag und schrie … Es sah so aus, als ginge man fließend in eine andere Phase über, in die Phase des Opfers. Plötzlich tauchte ein weißhaariger Mann mit einer Platzwunde am Kopf auf, ich hatte ihn vorher nicht bemerkt, Blut (Farbe) strömte über seine Schläfe und tropfte auf das T-Shirt. Er fuhr sich mit der Hand übers Gesicht, hob seine blutbeschmierten Finger über den Kopf, und wie auf ein Signal hin begannen die anderen zu rufen *Mööör-deeeer … Mööör-deeeer … Mööör-deeeer …*

Die Hand höher … geh weiter nach vorn, rief der kommandierende Zwerg, die Kameras müssen dich einfangen, spreiz die Finger, erschrick ein wenig, dein Kopf blutet … geh zu den Polizisten, genau so, provozier sie, provozier sie … dass sie dich schlagen, damit sie ins Bild kommen …

Dembi nickte mir mit einem Blick zu, dass wir hinausgehen konnten, wenn ich wollte, es war stickig geworden.

Das sind meine Leute, sagte er draußen, während er Rauch aus seinem kleinen Zigarillo mit Kirscharoma blies. Danach stellte er sich feierlich hin und sagte schnell: »Die besten Schauspieler in der Welt, sei es für Tragödie, Komödie, Historie, Pastorale, Pastoral-Komödie, Historiko-Pastorale,

Tragiko-Historie, Tragiko-Komiko-Historiko-Pastorale, für unteilbare Handlung oder fortgehendes Gedicht. Seneca kann für sie nicht zu traurig, noch Plautus zu lustig sein. Für das Aufgeschriebene und für den Stegreif haben sie ihresgleichen nicht.« Hamlet, zweiter Aufzug, zweite Szene … ich kenne es auswendig, damit habe ich mich damals bei der Theaterhochschule beworben, erfolglos … Aber jetzt habe ich meine eigene Schule … Von Zeit zu Zeit lade ich einen der Professoren ein, damit er sie unterrichtet. Jene, die mich damals haben durchfallen lassen … Ich gebe ihnen den einen oder anderen Lev.

Das sind also die Statisten für eine Revolution, sagte ich.

Ein Teil von ihnen. Das war die Probe des Protestzugs, aber wir haben auch noch viele andere Sachen … Viele andere Sachen, wiederholte er.

Ich dachte mir, dass man mit hundert auf diese Weise Trainierten, ja sogar mit weniger, die Regierung ernsthaft ins Wanken bringen könnte, einen internationalen Skandal provozieren, in die *Breaking News* der Agenturen kommen. Ich sagte es ihm.

Ich weiß, antwortete er. Aber warum sollte ich das tun? Es kommt ja nichts Besseres nach. Ich kann die Dinge zum Einsturz bringen und auf den Kopf stellen, aber ich kann die neue Installation nicht aufrechterhalten … oder das System, wie du willst. Das, was nach so einem gefakten Umsturz kommen wird, wird auch uns davonfegen. Wenn es etwas wie einen Abklatsch eines Staates gibt, der immerhin irgendeine Ordnung aufrechterhält, ist es gut für uns. Wir arbeiten auf diesem Nährboden. Wir sind so etwas wie ein Virus im Körper eines Staates, und wenn der Körper schwach ist, ist das für uns super, wenn er aber gar nicht vorhanden ist, verschwinden auch wir. Ich habe überhaupt keine politischen Ambitionen, sagte Dembi. Übrigens habe ich nach demselben Prinzip auch Sozialprojekte ausprobiert, sagte er.

Und …?

Na, nichts, außer Spesen nichts gewesen … (ein Spruch von vor 40 Jahren, so sprachen wir im Viertel).

Und es war ein wahnsinnig ausgeklügeltes Projekt, winkte Dembi ab.

17.

Es war Zeit fürs Mittagessen geworden. Wir setzten uns an der Kreuzung, die man »Die kleinen fünf Ecken« nennt, in ein Lokal, das seinerzeit das »Sonne und Mond« gewesen war. Auf den ersten Blick hatte sich nichts verändert, sogar der Name war noch derselbe, der junge Mann, der uns die Karte brachte, hatte einen Holzfällerbart und ähnelte Botev. (Die Hipster in diesen Läden ähneln immer Botev.) Der junge Mann rezitierte das Mittagsmenü mit bulgarischem Joghurt, bulgarischem Lamm mit Minzdip, Verlorenen Eiern von befreiten (so sagte er es) Hühnern, Kalbssülze mit Rosenkohl und bulgarischen Gewürzen, Fladenbrot aus Einkorn nach einem alten Volksrezept und zum Nachtisch Kirschtorte »Aprilaufstand« oder Crème brûlée à la Samokov. Rasch wählten wir beide das bulgarische Lamm. Im Unterschied zu mir machte das Menü auf Dembi keinen Eindruck.

Es war ein wahnsinnig ausgeklügeltes Projekt, ein soziales, wiederholte er. In den Dörfern und Städten wimmelt es nur so von alten Leuten, deren Kinder weggefahren sind, einige bereits während der 90er, andere später. Sie kommen jahrelang nicht zurück, die Kinder ihrer Kinder werden schon dort geboren. Und es ist keiner da. Schwere Einsamkeit, eine Krankheit, die sie nicht in die Register schreiben, aber wenn du mich fragst, hier gibt es keinen ernsteren Grund für Sterblichkeit. Als die Dinge mit den Reenactments zu laufen begannen, fuhren wir kreuz und quer durchs Land, und ich sah mich satt an solchen Leuten. Und nicht nur Alte, sondern auch Leute in unseren Jahren. Die Frau ist nach Spanien gefahren oder nach Italien, um dort Kranke zu pflegen, sie schickt Geld. Ihr Mann ist hier geblieben ohne Arbeit. Zuerst kam sie alle zwei, drei Monate zurück, später halbjährlich, danach hörte sie ganz auf, erstens weil es teuer ist, zweitens weil sie dort jemanden gefunden hat. Woanders wiederum ist der Mann weggegangen, doch die Geschichte ist identisch. Der eine schickt von draußen Geld, der andere ist hier mit den Kindern, wenn es Kinder gibt. Eine ganze Generation, die ihre Mütter nur auf Skype sieht, eine ganze Generation mit Skype-Müttern. Und ich sage mir, warum richte ich es nicht so ein, dass man sich einmal wöchentlich, für einen Samstag oder Sonntag, eine »Ehefrau« mieten kann, mit der man Hühnersuppe kocht, sich nach draußen setzt, Kaffee trinkt, sich unterhält. Die Kinder sollen auch die Hand einer Frau sehen. Sie braucht nicht ihrer Mutter zu ähneln, ich suche keine Doppelgängerinnen, aber du weißt doch, für das Waisenkind ist jede Frau eine Mutter, jeder Mann ein Vater. Auch Väter habe ich angeboten. Die Preise absolut minimal, ich wollte nichts für mich selbst, ich konnte es mir leisten.

Zuerst kam das den Leuten völlig absurd vor, sie verstanden überhaupt nicht den Unterschied. Es fiel ihnen leichter, sich jemanden für eine Nacht zu besorgen. Bei mir war der Sex nicht inbegriffen. Es gab ganz zu Beginn einige Vorfälle, sie hatten versucht, zwei von den Frauen, die sie als Samstagsehefrauen gemietet hatten, zu vergewaltigen. Jetzt habe ich gesehen, dass man etwas Ähnliches auch in Japan macht. Offenbar liegt so etwas in der Luft.

Ohne solche schrecklichen Zwischenfälle wäre die Idee eigentlich spitze, sagte ich. Ich kenne jemanden, der sie zu schätzen wissen wird. Ich dachte natürlich an Gaustín.

Er lächelte skeptisch: Jedenfalls kommt offenbar eine große Einsamkeit auf uns zu.

Die Crème brûlée, die wir als Dessert nahmen, hatte den Standardgeschmack aller Crèmes brûlées auf der Welt. Was ist daran à la Samokov, fragte ich Botev, während wir die Rechnung beglichen. Die Köchin stammt von dort, antwortete der junge Mann.

Dembi ging zurück ins Büro, um zu arbeiten. In solchen Zeiten vor der Wahl ernährt ein Tag das Jahr, wie er sagte. Ich versicherte ihm wieder, dass ich ihn unbedingt kontaktieren würde und dass ich eine Idee hätte.

Gut, Joe, hol mich hier raus, wenn es zu heiß wird, rief er, während er sich entfernte.

Joe … ich hatte vergessen, dass wir uns in der Schule so nannten. »Limonaden-Joe«, es gab so einen tschechischen Western, und auch wir bekamen wie der Held des Films übermenschliche Kräfte, wenn wir uns mit Limonade abfüllten. Ich sah, wie er sich über die »Graf Ignatiev« Straße entfernte zum kleinen Park vor der Kirche der »Heiligen Siebenzahl«, und zum wiederholten Mal, seit ich hier war, fühlte ich mich schrecklich einsam. Wie ein Superheld, der auf einmal seine ganze Superkraft verloren hat, wie jemand, der in die Zukunft gereist ist, und alle, die er gekannt hat, sind schon gestorben, wie ein Kind, das sich in einer unbekannten Stadt verlaufen hat, wie es mir einmal passiert ist, in der Abenddämmerung, während die Leute es eilig haben, nach Hause zu kommen, und niemand bei dir stehenbleibt … Es gibt immer so eine Minute, wenn man schlagartig altert oder sich schlagartig dessen bewusst wird. Wahrscheinlich rennt man in solchen Momenten panisch dem letzten Waggon der Vergangenheit hinterher, der sich in der Ferne auflöst. Diese Zugkraft zurück ist ein und dieselbe, wie für die Menschen, so auch für die Staaten.

Ich musste mich dringend mit Limonade vollaufen lassen.

18.

Spät am Nachmittag setzte ich mich mit dem Computer auf die Terrasse der Wohnung, die ich gemietet hatte. Ein schönes Gebäude vom Anfang des Jahrhunderts, eines der ersten Häuser mit Eigentumswohnungen in Sofia, wohl das erste, wenn man der Tafel unten Glauben schenkte. Schöne europäische Baukunst, wie man sie in Prag, Wien oder Belgrad finden konnte. Die Terrasse ging auf den Innenhof, offenbar ein Gemeinschaftshof, dem Grad der Vernachlässigung nach zu urteilen. Nach allem, was ich in diesen Tagen gesehen und gehört hatte, und nach dem, was mir Dembi gezeigt hatte, wollte ich begreifen, bis wohin die Schlacht um die Vergangenheit wirklich gekommen war.

Im Netz kochte und brodelte es. Das, was ich in den Nachrichten und auf der Straße sah, potenzierte sich auf den Seiten sozialer Netzwerke um ein Vielfaches. Die meisten Meinungsforschungsinstitute meldeten fast ausgeglichene Resultate für die beiden großen Bewegungen, die Unterschiede lagen im Promillebereich, ganz im Rahmen der statistischen Schwankungsbreite. Wir zählen natürlich nicht die Umfragen der Bewegungen selbst, die Ironie war, dass sowohl die einen als auch die anderen für sich einen Vorsprung von acht Prozentpunkten sahen. Weit abgeschlagen war die Bewegung der Vernunft, der Intellektuelle und Universitätsdozenten angehörten, unter ihnen war auch K. Ebenso eine grüne Jugendbewegung, von den Trollen »Jung und grün hinter den Ohren« genannt. Beide Formationen versuchten, eine Koalition einzugehen, der, auch wenn sie noch gar nicht beschlossene Sache war, bereits das Etikett »Die Klugen und die Grünen« angehängt wurde. Sie waren tatsächlich eher für einen Verbleib in der Gegenwart, aber mit ziemlich widersprüchlichen Aussagen ihrer Anführer.

Ich tippte das Schlüsselwort *Recken* ein, und das eine Bulgarien eröffnete sich vor mir und war zum Greifen nah. Alle möglichen Gruppen für historische Reenactments, patriotische Vereinigungen, kleine und große Gemeinschaften, Propagandaseiten, eine Manufaktur zum Nähen von Flaggen, Angebote für Volkstrachten in allen Farben, Trainingsanzüge, bestickt mit dem Wahlspruch »Freiheit oder Tod«, ärmellose Unterhemden und andere Unterwäsche mit dem Aufdruck »Bulgarien an drei Meeren«, Studios für patriotische Tätowierungen … Ich erinnerte mich, wie Dembi in seinem Büro zu mir sagte: Ich gehöre nicht zu den Größten, aber die Größten kommen zu mir, weil ich die Dinge anders mache, wenn es bei mir Kitsch gibt, dann ist er wenigstens hochwertig.

Die Facebook-Seiten dieser Vereine erfreuten sich außergewöhnlicher Popularität. Alle hatten Profilbilder als Heiducken, mit Tätowierungen auf dem Bizeps und der Brust, und manche trugen auf ihrem Rücken die ganze Schlacht am Šipkapass.

Am zahlreichsten waren die Vereinigungen für Reenactments, alle mit mehreren hundert Mitgliedern und Freiwilligen. Wenn man die Bewaffnung zusammenrechnete, die Steinschlossgewehre, Dolche, Krummsäbel, Pistolen und

Karabiner, ergab sich sicher ein größeres Arsenal als das der im Moment aktiven Armee. In gewissem Sinne konnten sie (und waren sie wahrscheinlich) reale Kampfeinheiten im Verborgenen sein.

Eine nicht besonders gut verborgene Unterstützung durch staatliche Institutionen stach sofort ins Auge. Auf der Seite der Vereinigung »Heiduck« konnte man sehen, wie einige bis an die Zähne Bewaffnete mit im Gürtel steckenden Dolchen und Pistolen in ein Klassenzimmer eingefallen waren, vor den Augen der erschrockenen Kinder. Wahrscheinlich war das in den neu eingeführten Stunden in patriotischer Erziehung, weil die Lehrerin, in einem blauen Trägerrock und mit einem kleinen Kranz auf dem Kopf, verzückt den Dolch des Blutrünstigsten von ihnen betastete. Danach wurde den Kindern »die Möglichkeit gegeben, die authentischen Waffen zu berühren«, wie im Text unter den Fotos stand. Man konnte sehen, wie ein 8–9jähriger Junge, den Revolver mit beiden Händen umklammernd, auf die schwarze Tafel zielte, ein anderer Prachtkerl im selben Alter versuchte unter den grinsenden Gesichtern der Heiducken, den Säbel aus der Scheide zu ziehen. Obwohl das Mitbringen von Waffen in eine Schule offiziell verboten sein sollte. Die Webseite dankte speziell dem patriotischen Business, das keine Kosten für die Erziehung unserer kleinen Bulgaren gescheut hatte.

Auf einer anderen Seite hatte die Gesellschaft für Reenactments beschlossen, live die Verstümmelung von Balkandži Jovo zu zeigen, der die Schöne Jana nicht dem türkischen Glauben überlassen will. Sie verwendeten eine Schaufensterpuppe in Nationaltracht. Soweit ich verstand, musste dieses Reenactment abgebrochen werden, weil einige empfindlichere Kinder in Ohnmacht fielen. Ich sah nur, dass unter »zukünftige Ereignisse« die Erhängung von Vasil Levski und das Massaker von Batak eingetragen waren.

Die Sonne kullerte rot hinter das Vitošagebirge wie der Kopf eines Heiducken. Mit dem Hereinbrechen des Abends begann es, stark nach gegrillter Paprika zu riechen, der liebste und bulgarischste aller Gerüche. Wenn ich für etwas patriotische Gefühle hege, dann für diesen Geruch – gegrillte Paprika am frühen Abend. Irgendwo in einem anderen Stockwerk briet man Frikadellen, ein Fernseher lief. Das Leben ging weiter mit all seinen Gerüchen, Gewürzen, Frikadellen und dem ganzen Hin und Her. Es wurde langsam kühler, ich bewegte mich ein bisschen, warf mir die Jacke über und bereitete mich vor, mir auch noch schnell die Bewegung für den Sozialismus im Netz anzusehen.

19.

Die Aktivisten für den Sozialismus hatten ebenfalls die neuen Medien für sich entdeckt, eher »erobert«, wie sie sich selbst ausdrücken würden. Das Gespenst des Kommunismus ging im Netz um, die alten Embleme und Souvenirs verwandelten sich erneut in Symbole. Wann war all das geschehen? Da war auch die Webseite »Lasst uns den Sozialismus zurückbringen, druzja«, zur Hälfte auf Russisch verfasst. Sofort ging ein Video los – ein bewahrtes Archivband mit Kindern, die dem Generalsekretär und alten Männern aus dem Politbüro in der Residenz »Bojana« irgendwo Ende der 70er Neujahrswünsche überbringen. Die Alten sind desorientiert, tätscheln die Kinder verlegen mit ihren Bärentatzen und versuchen, sie zu küssen. Ein Mädchen wischt sich angeekelt mit dem Ärmel ab, und die Kamera beeilt sich, die Einstellung zu ändern.

Es fiel auf, dass es auf der ganzen Seite von schlecht gereimten Losungen wie für ein Schülerlexikon wimmelte.

Viele Fotos von Živkov und Breschnew, Fotos von Stalin, Fotos vom Zweiten Weltkrieg, Fotos von Autos der Marke »Lada« …

Mit starken Fäusten Tag für Tag
versetzt dem Feind den letzten Schlag …

Der linke Mythos blieb in seinem Ursprung dürftig.

Damit man weitermachen konnte, dachte ich mir, damit der Klebstoff des Mythos funktionierte, musste man ziemlich viele Dinge vergessen. Man musste das Attentat von 1925 in jener Kirche vergessen, man musste die Ermordeten und in Massengräbern Verscharrten direkt nach einem Umsturz vergessen, man musste die Geschlagenen, mit Stiefeln Getretenen, in Lager Gesteckten vergessen, man musste die Verfolgten, Belogenen, Getrennten, Verbotenen, Erniedrigten vergessen … Man musste sie vergessen. Und man musste vergessen, dass sie vergessen sind … Das Vergessen erfordert Arbeit. Du musst dir ständig ins Gedächtnis rufen, dass du etwas vergessen musst. Sicher arbeitet jede Ideologie daran.

Ich hatte Lust zu rauchen … Ich hatte Lust, scharfe Zigaretten zu rauchen, starken Tabak, wie seinerzeit. Ich hatte keine Lust, in der Wohnung zu bleiben, und ging hinaus. Ich durchquerte den kleinen Park vor der Kirche »Hl. Sofia« und fand mich auf der Rückseite des Denkmals von Zar Samuil wieder, das vor einigen Jahren errichtet worden war. Der Bildhauer hatte zwei Leuchtdioden in die Augen eingesetzt, zum Entsetzen von Passanten und Katzen. Gott sei Dank brannten die Lämpchen nach zwei Monaten durch, und offenbar hatte es niemand auf sich genommen, sie auszuwechseln.

Wenn etwas diesen Staat vor all dem Kitsch retten kann, der über ihn ausgeschüttet worden ist, dachte ich mir, dann wird es nur Faulheit und Nachlässigkeit sein. Was sie zu Grunde richtet, das wird sie auch beschützen. In nachlässigen und trägen Staaten kann sich weder der Kitsch noch das Böse lange halten, denn auch das erfordert Fleiß und Pflege. Das war meine optimistische Theorie, aber eine innere Stimme sagte mir – wenn es zu seinem Schaden ist, bezwingt der Mensch auch seine Faulheit.

Ich ging draußen spazieren, die Facebook-Heiducken und Kommunisten schrien in meinem Kopf, und es wurde mit der ernüchternden Kühle der Nachtluft immer klarer – es gab zwei Bulgarien, und nicht eines von beiden war meines.

Ich setzte mich ein wenig abseits vom Denkmal mit den leuchtenden Augen, die nicht mehr leuchteten, hin. Ich denke, ich sah ziemlich geknickt und entmutigt aus, wie in jenem Witz: *Sind Sie Schriftsteller? Nein, ich habe einfach einen Kater.*

Eine Gruppe Jugendlicher, leicht aufgebracht, rief mir zu: Onkelchen, brauchst ihn nicht zu hüten, er wird nicht weglaufen, hab keine Angst. Sie gingen an mir vorbei, lachten Tränen, ohne zu ahnen, dass das die normalste Aussage war, die ich in all diesen Tagen gehört hatte. Wenn es möglich gewesen wäre, wäre ich aufgestanden und mit ihnen mitgegangen.

Das sollte meine Stadt sein, und meine Vergangenheit sollte auf diesen Straßen herumliegen, hinter jeder Ecke hervorlugen und mich ansprechen. Aber wir sprachen wohl nicht mehr miteinander.

20.

Ich stelle fest, dass die Kommunikation in der Stadt auf jeder Ebene unterbrochen ist. Die einzelnen Berufe sprechen nicht miteinander, die Ärzte sprechen nicht mit den Patienten, die Verkäufer sprechen nicht mit der Kundschaft, die Taxifahrer sprechen nicht mit den Fahrgästen, die Leute innerhalb der Zünfte sprechen nicht miteinander, die einen Schriftsteller sprechen nicht mit den anderen, die wiederum nicht mit dritten sprechen. Familien sprechen zu Hause nicht miteinander, Männer und Frauen sprechen nicht miteinander, Mütter und Väter sprechen nicht miteinander. So als wären alle Themen plötzlich wie die Dinosaurier verschwunden, als wären sie auf geheimnisvolle Weise ausgestorben wie die Bienen, als hätten sie sich durch den Dunstabzug in der Küche oder durch das kleine Fensterchen im Bad mit dem eingerissenen Fliegengitter in Luft aufgelöst.

Und jetzt stehen er und sie da und können sich nicht erinnern, wo und wann genau das Gespräch abgebrochen ist. In einem Augenblick verstummst du. Und je mehr Zeit vergeht, desto unmöglicher wird es, das Gespräch fortzuführen. Es ist ganz einfach, Schweigen bringt Schweigen hervor. Am Anfang gibt es einen Moment, wo du etwas sagen möchtest, du sprichst es sogar in Gedanken aus, holst Luft, öffnest den Mund, danach winkst du ab und schließt die Tür von innen.

Ich kannte ein paar Leute, einen Mann und eine Frau, die seit 40 Jahren nicht mehr miteinander sprachen, fast ein ganzes Leben lang. Sie hatten sich wegen etwas zerstritten, und weil sie sich nicht mehr daran erinnern konnten, weswegen sie sich zerstritten hatten, war die Chance, sich zu versöhnen, verschwindend gering. Ihre Kinder wuchsen heran, aufgezogen in ihrem Schweigen, sie verließen sie. In den seltenen Momenten, wenn sie nach Hause zurückkamen, benutzten die beiden sie als Vermittler, obwohl sie im selben Raum waren. Frag deinen Vater, wo er die Schere hingetan hat. Sag deiner Mutter, sie soll nicht so viel Salz in die Linsen tun.

Als man sie in die Klinik brachte, sprachen sie überhaupt nicht mehr. Mir scheint, sie kannten einander auch nicht mehr.

Wenn die Menschen, mit denen du eine gemeinsame Vergangenheit geteilt hast, weggehen, nehmen sie die Hälfte von ihr mit sich. Eigentlich die ganze, weil es keine halbe Vergangenheit gibt. So als hätte man eine Seite der Länge nach in zwei Teile zerrissen und würde die Sätze nur bis zur Mitte lesen, und der andere liest die Enden. Und keiner von beiden versteht etwas. Der, der das andere Ende hält, ist nicht mehr da. Der, der so nah gewesen ist in den Tagen, Morgen, Mittagen, Abenden und Nächten, in den Monaten und Jahren dieser Vergangenheit … Es ist niemand da, der sie bestätigen könnte, es ist niemand da, mit dem du sie gemeinsam spielen könntest. Mir scheint, dass ich, als meine Frau wegging, die Hälfte meiner Vergangenheit verlor, eigentlich die ganze.

Die Vergangenheit kann man nur vierhändig spielen, mindestens vierhändig.

21.
Chronik

Hier in Kürze der weitere Verlauf der Ereignisse.

Drei Tage vor dem Referendum bringt die Bewegung der Vernunft Daten über die Einmischung russischer Hacker zugunsten der Sozis ans Licht.

Am selben Abend werden drei Aktivisten der Vernunft in ihren Häusern zusammengeschlagen. Einer von ihnen ist K.

Der Wahltag vergeht mit rund zwanzig Meldungen über Unregelmäßigkeiten in den Wahlbezirken, die keine Beachtung finden.

Die ersten Hochrechnungen zeigen fast identische Prozente für BS und die Recken, im Rahmen der statistischen Schwankungsbreite.

Bei der Pressekonferenz in den frühen Morgenstunden berichten die Analysten von einem sehr friedlichen Ton zwischen den Anführern der beiden Bewegungen und einer Annäherung ihrer Positionen.

Am nächsten Tag gegen Mittag, nach Bekanntgabe des Endergebnisses des Vergangenheitsreferendums und einem hauchdünnen Sieg der BS mit drei Zehntel Prozentpunkten, erscheint ihre Anführerin in einer schwarzen Aufmachung, und nachdem sie abgehackt ihren Sympathisanten gratuliert hat, bittet sie jemanden neben sich auf die Tribüne … den Oberwojwoden der Recken. Die Überraschung unter den anwesenden Beobachtern im Saal für Pressekonferenzen ist offensichtlich. Die Generalsekretärin der BS erklärt, dass das Zentralkomitee nach einer kurzen Sitzung den Beschluss zu einer Koalition mit den Recken gefasst hat, um die Integrität der Nation zu bewahren. Sie beruft sich auf das ausgeglichene Votum. Für das Wohl von Mutter Bulgarien und den Erhalt des Vermächtnisses des Genossen Dimitrov und Khan Kubrats, sagt sie mit lauter Stimme, woraufhin sie sich zusammen mit dem Oberwojwoden hinunterbeugt, sie nehmen den im Voraus vorbereiteten Armvoll Ruten, versuchen, sie zu zerbrechen, und schaffen es natürlich nicht. Sie heben sie über ihre Köpfe und sprechen feierlich mit gemeinsamer Stimme: Soll unser Volk so verbunden sein wie dieses Bündel, in Freude und in Sorge, in Glück und in Unglück!

Es klingt wie ein Wunsch an Frischvermählte im Standesamt.

Alles deutet darauf hin, dass die Entscheidung für eine Vereinigung der beiden Bewegungen seit mindestens einer Woche (wenn nicht sogar noch länger) abgesprochen und jetzt nach dem erwarteten Resultat noch einmal bestätigt worden ist. Aber nicht nur das. Statt eines konkreten Jahrzehnts wählt Bulgarien nach langem Zögern irgendeinen Eintopf oder gemischten Grillteller aus. Ein wenig Sozialismus, wären Sie so freundlich, ja, ja, von dem mit dem Ajvar als Garnitur. Und eine Portion Wiedergeburtszeit, die ohne Knochen, die etwas fettere.

Männer in Pumphosen legen sich neben Frauen mit toupiertem Haar …

Der zweite Teil der Rede ist noch radikaler. Nach einer kurzen Pause, wie beim Verkünden einer schweren Entscheidung, erklärt die Generalsekretärin, dass beide Anführer den Beschluss gefasst haben, eine Prozedur zum Austritt des Landes aus der Europäischen Union zu starten und einen neuen Weg in Richtung einer homogenen und reinen Nation zu beschreiten, treu dem Vermächtnis unserer Heiducken und Partisanen.

Keiner der Beobachter von außen hat erwartet, dass gerade das der Staat sein würde, der sich so schnell von der Übereinkunft lossagen und als erster nach dem Referendum die Union verlassen würde. Erster zu sein, ist nicht Teil seines Portfolios.

Die Nation nationalisiert, das Vaterland an Vaters statt genommen. Ich schrieb es in mein Profil. Keine Stunde später hatte mich jemand gemeldet, und mein Profil wurde gesperrt.

Es gelang mir, am nächsten Tag den Flieger zu nehmen.

Sie schlossen die Grenzen zwei Tage später.

Nach der Diktatur der Zukunft, wie mein Freund K. sagen würde, kam die Diktatur der Vergangenheit.

Schön ist es, seine Heimat gut genug zu kennen, um sie ein wenig früher zu verlassen, bevor die Falle zuschnappt.
Ich hatte jenes, was kommen sollte, bereits gelebt.

22.

Ich konnte mir vorstellen, was weiterhin geschehen würde, und es in meinem Notizbuch umreißen.

Diejenigen, die den Sozialismus wollen, bekommen in einem Gratispaket auch ein Abtreibungsverbot, ein Abo für die »Arbeiterzeitung«, ein Ende der Reisefreiheit, plötzliche Durchsuchungen und einen Mangel an Damenbinden. (Dasselbe bekommen auch die, die den Sozialismus nicht wollen.) Irgendwie unmerklich beginnen einzelne Dinge, aus den Geschäften zu verschwinden. IKEA verlässt das Staatsgebiet, und jene, für die das die Aufregung der Woche war, verwaisen schlagartig. »Peugeot«, »Volkswagen« und alle westlichen Firmen ziehen ihre Vertretungen ab. Das Stahlwerk »Kremikovci« bereitet sich darauf vor, erneut in Betrieb genommen zu werden, und die Schlote feuern einige Salven schwarzen Qualms ab, um das Ereignis zu verkünden. Die Präservative verschwinden, auf dem Schwarzmarkt und mit Beziehungen kann man immer noch bulgarische aus dickem Kautschuk finden, bestreut mit Talkum. Die Zeitungen, in rechteckige Blättchen zerschnitten, lassen sich taktvoll in den Toiletten anstelle des fehlenden Klopapiers nieder. Der frühere Akt des Dissidententums, genau das Stück Zeitung mit dem Foto des Generalsekretärs zu verwenden, tritt erneut in Kraft. Radioapparate werden erneut wertvoll, besonders die alten »Selena« und VEF, die verbotene Sender am Ende der Skala empfangen. Radio »Free Europe«, übereilt abgesetzt als unnötig in Zeiten der Demokratie, öffnet erneut seine Zentrale in Prag. Und die, die es hören, werden frühmorgens mit den Ladas der Milizionäre abgeholt werden.

Am Anfang werden die Leute denken, dass das alles ein Spiel ist, aber die Miliz schafft es schnell, die Dinge unmissverständlich und nachdrücklich zu erklären. Eine Faust in den Bauch, das Verdrehen eines Arms, das Brechen von Fingern, Stockhiebe und Tritte – das gute alte Arsenal aus der Zeit vor den liberalen Zimperlichkeiten ist erneut in Gang. Wahrscheinlich aus Rücksicht auf die neue Koalition tragen die Milizionäre Fellkappen statt Uniformmützen. Das Agentennetz der Geheimdienste hat überhaupt kein Problem, es ist ohnehin nie aufgelöst, nie deprofessionalisiert worden, wie seine Mitglieder stolz erklären. Und ganz natürlich wird es an dem Punkt weitermachen, an dem es – oder eher an dem es nicht – aufgehört hat.

Die internationalen Pässe hat man eingezogen. Der Zaun an der Staatsgrenze wird in Rekordzeit wieder aufgebaut, eigentlich hat der Aufbau schon davor begonnen, wegen der Flüchtlinge. Grenztruppen kehren zu den verlassenen Posten zurück. In den Geschäften macht sich die Konfektion mit ein paar wenigen vorherrschenden Modellen breit. Sehr schnell verändert sich das Dessin der Straße – immer mehr Frauen mit identischen Kostümen, neu sind nur die stilisierten folkloristischen Trägerröcke. Es kehren die alten bulgarischen Jeans »Rila« und »Panaka« zurück, früher kauften wir sie und entfernten die Etiketten, um Etiketten von »Rifle« und »Levi's« anzubringen, Gott weiß, wo wir sie aufgetrieben hatten. Dazu kommen nur weiße Hemden mit bulgarischer Stickerei, T-Shirts mit Khan Asparuch und breite Gürtel für die Taille.

Eines der unangenehmsten Dinge für die, die es nicht mehr gewohnt sind, sind die Zeitungen und das Fernsehen aus jener Zeit. Das offiziöse Presseorgan zu lesen, ist eine echte Qual. Das Fernsehprogramm endet mit den letzten Nachrichten um 22.30 Uhr, danach die Hymne und die Schneeflocken des leeren Bildschirms.

Zur Freude der Raucher kann man überall ungehindert rauchen. Zu ihrem Bedauern werden jedoch nur die alten Zigarettenmarken verkauft, »Stewardess« ist erneut so scharf, BT in der Schachtel – ebenfalls, »Phönix« und »Femina« Menthol für Damen haben denselben leicht ekligen süßen Nachgeschmack. Und »Arda« zerreißt einem sowohl mit als auch ohne Filter die von westlichen Blends verzärtelten Lungen.

Ein Großteil der Menschen passt sich, wie es eigentlich immer gewesen ist, unerwartet schnell an, so als hätten sie dreißig Jahre lang geduldig darauf gewartet, dass diese Zeit zurückkehrt. Die alten Gewohnheiten erweisen sich als lebendig und zäh. Und für die, die es nicht gewohnt sind … Bald beginnen die ungläubigen Bürger, die immer noch in irgendeiner demokratischen Trägheit leben (und auch die Jungen), in Windeseile die Arrestzellen zu füllen. Der Keller in der »Moskovska« 5, über den mein Freund Professor Kafka und ich sprachen, nimmt seine Arbeit mit Hochdruck wieder auf, natürlich nicht als Museum.

Die alten Witze werden erneut komisch. Und schrecklich.

IV

VERGANGENHEITSREFERENDUM

Und als sie sich umdrehten, sahen sie ihre Zukunft …

1.

Vom Flughafen in Zürich nahm ich direkt den Zug in ein Kloster, das eine halbe Stunde Bahnfahrt entfernt lag und wo ich mir eine Zelle mit WLAN (was will man mehr) im Gästeflügel gönnen konnte. Die Franziskaner gewährten seit Jahren gegen relativ niedrige Preise Obdach, und ich nutzte ihr Wohlwollen. Ich wollte eine gewisse Zeit lang allein sein und in Ruhe im Netz mitverfolgen, was mit dem Referendum in den anderen Ländern passierte. Und ich wollte diese Aufzeichnungen abschließen, die, so dachte ich mir, vorausgehen und voraussehen, aber es stellte sich immer mehr heraus, dass sie beschreiben und dem Geschehenen hinterherrennen. Früher oder später verwandeln sich alle Utopien in historische Romane.

Ich sah alles durch den Bildschirm des Computers, eingeschlossen in eine veredelte Zelle eines asketischen Franziskanerklosters, mit einer Glocke, Türen und Fenstern, die einige Jahrhunderte alt waren. Glas ist eine richtige Offenbarung. Wir haben uns daran gewöhnt, dass Gebäude und Steine überdauern, aber etwas so Zerbrechliches aus dem 17. Jahrhundert zu bewahren, ist einfach ein Wunder, wie man es auch betrachtet. Körniges, unebenes, von Menschenhand gegossenes Glas, in dem noch der Sand durchscheint, aus dem es gemacht ist. In der Nähe des Klosters gab es einen kleinen Bauernhof mit rund einem Dutzend Kühen, und die Kühe waren nicht anders als die im 17. Jahrhundert. Tiere fressen das Zeitgefühl auf. Ich schrieb alles sorgfältig in mein Notizbuch.

Ich versuchte lang und erfolglos, Gaustín anzurufen, dann wurde mir bewusst, dass, falls er irgendwo in die Zimmer der 60er hinuntergegangen war, Mobiltelefone noch gar nicht existierten. Ich musste ihm erzählen, was ich bis hierher gesehen hatte. Und die Kurzfassung lautet – ein Reinfall. Seine finstersten Ängste wurden Wirklichkeit, unsere finstersten Ängste.

2.

Alle glücklichen Staaten ähneln sich, jeder unglückliche Staat ist auf seine eigene Weise unglücklich, wie es geschrieben steht. In der Familie Europas kam alles durcheinander.

Und tatsächlich, alles im Haus des Kontinents stand Kopf, und jedes der Mitglieder dessen, was man bis vor kurzem noch *europäische Familie* genannt hatte, war auf seine eigene, lokale und einzigartige Weise unglücklich. Übrigens vermehrte sich in diesen Jahren das Wort »einzigartig« selbst wie die Ägyptischen Fliegen oder die Marokkanischen Wanderheuschrecken, so dass es jedes andere sprachliche Geschöpf in den Schatten stellte. Alles war »einzigartig«. Vor allem das Unglück. Keine Nation wollte auf ihr Unglück verzichten. Es war ein Rohstoff, ein fertiges Material für alles, Rechtfertigung, Alibi, Grund für Ansprüche …

Wie soll man sich vom Unglück trennen, wenn manche Völker nur diesen einen Reichtum besitzen, nur das Erdöl der Schwermut ist ihre unerschöpfliche Ressource. Und sie wussten, je tiefer man gräbt, desto mehr sprudelt es. Die sich nie erschöpfenden Vorkommen des nationalen Unglücks.

Die große Illusion und Selbsttäuschung ist, dass die Völker und Vaterländer nach Glück suchen. Das Glück ist, abgesehen davon, dass es unmöglich ist, auch unerträglich. Was wirst du mit seiner flüchtigen Stofflichkeit anstellen, diesem leichten Gespenst, dieser Seifenblase, die vor deiner Nase zerplatzen wird und etwas brennenden Schaum in deinen Augen zurücklässt.

Glück? Das Glück ist unbeständig wie Milch in der Sonne, wie eine Fliege im Winter und ein Krokus im frühen Frühling. Sein Rücken ist zerbrechlich wie der einer Libelle. Es ist keine Stute, die du satteln und mit der du in die Ferne galoppieren kannst. Es ist kein Eckstein, um deine Kirche und deinen Staat darauf zu bauen. Das Glück geht nicht in die Lehrbücher für Geschichte ein (dort gehen die Schlachten, Pogrome, Verrat und die blutige Ermordung eines Erzherzogs ein), auch nicht in die Chroniken und Jahrbücher findet es Eingang. Das Glück ist nur etwas für die Fibeln und Sprachführer in einer fremden Sprache, und zwar für Anfänger. Vielleicht weil es grammatikalisch am einfachsten ist, es steht immer im Präsens. Nur dort sind alle glücklich, die Sonne scheint, die Blumen duften, wir fahren ans Meer, kommen von einem Ausflug zurück, verzeihen Sie, wo gibt es in der Nähe ein gutes Restaurant …

Aus Glück schmiedet man keine Schwerter, das Material ist zart, zerbrechlich. Auch keine großen Romane werden daraus, nicht einmal Lieder und ein Epos. Dort gibt es keine Reihen in Ketten gelegter Knechte, belagerte Trojas, keinen Verrat, weder den auf dem Hügel blutenden Roland, mit schartigem Schwert und geborstenem Horn noch den tödlich verwundeten überalterten Beowulf …

Du kannst kein Heer unter die Kirchenfahnen des Glücks einberufen …

Ja, kein Land wollte auf sein Unglück verzichten, ein gut abgelagerter Wein im Keller der Vergangenheit, der immer zur Hand ist, wenn man ihn braucht. Der unantastbare Vorrat des Unglücks. Doch jetzt (zum ersten Mal) kam die Zeit, das Glück zu wählen.

3.

Es war fast sicher, dass **Frankreich** eines der glücklichen und glorreichen *Les trente glorieuses* wählen würde, als Wirtschaft und Wohlstand wachsen, alle sind ins französische Kino verliebt, Resnais, Truffaut, Trintignant, Delon, Belmondo, Anouk Aimée, Girardot, sie trällern *Et si tu n'existais pas* von Joe Dassin, sprechen über Sartre, Camus, Perec ... Und hinter all dem steht die gut geölte Maschine der Wirtschaft. Die glorreichen und glücklichen Dreißig, zwischen 1945 und 1975. Offenbar musste alles in Frankreich nach dem Sonnenkönig lange andauern, ihre glücklichen Perioden 30 Jahre, ihre Kriege ebenfalls dreißigjährig ...

Einige setzten beharrlich auf die 60er. Natürlich gab es auch einen konkreten Favoriten – das Jahr 1968 – erdichtet, verfilmt, in die Legenden aufgenommen. Jung zu sein im Jahr 1968, wer würde sich das nicht aussuchen.

Es zeigte sich, dass es die Franzosen selbst nicht würden. Die Sechziger waren Zeiten des Kopfschmerzes, die Kolonien verabschiedeten sich, Algerien ging 1962 verloren, Auseinandersetzungen mit denen, für deren Wohltäter man sich gehalten hat. Paris in den 60ern war gut für einen Artikel in einer Zeitschrift, fürs Kino und für zwei Wochen Urlaub, aber man wählt am Ende unpersönlichere Zeiten, um in ihnen zu leben. Die unpersönlichen Jahre sind die bequemsten zum Leben. Die Sechziger hatten eigentlich keine reelle Chance.

Ich vermute, 1968 existierte 1968 noch nicht. Niemand damals sagte zu sich, Alter, das jetzt, was wir leben, ist das große 68, das in die Geschichte eingehen wird. Alles passiert Jahre, nachdem es passiert ist ... Es braucht Zeit und eine Erzählung, damit jenes passiert, das angeblich bereits passiert ist … mit Verspätung, so wie man die damaligen Fotos entwickelte und die Gestalt langsam aus dem Dunkel auftaucht … Wahrscheinlich gab es 1939 auch kein 1939, es gab einen Morgen, an dem du mit Kopfschmerzen und Besorgnis aufwachst.

Eine der interessantesten Bewegungen, die rund um das Referendum entstanden, würde sich »Ein Fest fürs Leben« nennen – nach den Erinnerungen Hemingways an die 20er in der Hauptstadt der Welt. Das Paris der Cafés im Quartier Latin, von »Saint-Germain-de-Prés«, des »La Closerie des Lilas«, des »La Coupole«, des »Café de la Rotonde«, der »Place Saint-Michel« … das Zuhause von Miss Stein, die kleine Buchhandlung von Sylvia Beach *Shakespeare & Co.*, wohin Joyce höchstpersönlich gern einen Abstecher machte, das Paris von Fitzgerald, Pound … Ich habe dieses Buch immer geliebt, und hätte ich gekonnt, hätte ich sicher für sie gestimmt. Die Bewegung selbst war von einer Gruppe junger Schriftsteller gegründet worden. Aber wie erwähnt, wollten nicht alle in einem Fest fürs Leben leben. Das Fest ist gut zum Feiern und unbequem zum Leben. Es wird viel Lärm gemacht, man kann nicht schlafen, wie eine Dame wortwörtlich in einer Reportage sagte, eine alte Vermieterin aus den zentralen Stadtteilen. Das Problem war außerdem, dass die Bewegung hauptsächlich auf eine Stadt setzte, und sei sie auch die Hauptstadt der Welt. Doch Frankreich war groß und provinziell – die bretonischen Fischer, die Bauern und Apfelpflücker der Normandie, die stillen südfranzösischen Städtchen gaben keinen Pfifferling auf die Orgien irgendwelcher Schriftsteller, die von Café zu Café bummeln, Frauen tauschen und sich ohne Geld in billigen Hotels wälzen. Die verlorene Sache einer verlorenen Generation. Die Bewegung würde annähernd 4 Prozent bekommen, was gar nicht so wenig war, vielleicht genau so viel wie die Zahl der Schreibenden in diesem Moment in Frankreich.

Die Anhänger der Nationalistischen Partei von Marine Le Pen wählten eine Taktik, die sich später als falsch herausstellte. Anfangs beschlossen sie, das Referendum zu boykottieren, was sie tatsächlich ziemlich viel Zeit kostete, ohne ihnen ein besonders gutes Rating einzubringen. Sie nahmen erst am Ende an der Kampagne teil, und für viele überraschend unterstützten sie den gaullistischen Flügel bei der Wahl der späten 50er als Jahrzehnt, in das man zurückkehren sollte. De Gaulle war immerhin der härteste Verteidiger eines großen und autonomen Frankreichs, mit dem legendären Ruf eines Menschen, der sich gegen die Großen auflehnt und sich hinter ein »Europa der Vaterländer« stellt. Ihr Mann, *par excellence*.

So viele Dinge hatten Einfluss, vor allem irrationale und persönliche, dass es, als die Resultate einen Sieg derer zeigten, die für die beginnenden 80er gestimmt hatten, für die süße Zeitlosigkeit des scheidenden Giscard d'Estaing und des kommenden Mitterrand, die Analysten einige Zeit kostete, um zu erklären, warum das logisch war.

Im Endeffekt war es ein Sieg für die, die damals jung und aktiv gewesen waren. Sehr nah bei ihnen, mit ungefähr drei Prozent Unterschied, landeten immerhin die 60er, vielleicht vor allem wegen der sich jetzt verstärkenden anarchistischen Bewegungen, die noch einmal die Pflastersteine von 1968 werfen wollten.

Einzig die Nationalisten von Le Pen würden direkt erklären, dass sie die Wahlen nicht anerkennen und vorhaben, jede Entscheidung in dieser Sache im Europaparlament zu blockieren.

4.

Spanien, mit langer Erfahrung darin, *unglücklich auf seine eigene Art* zu sein, würde es leichter haben. Wenn du einen Bürgerkrieg hast, der in das Regime von Franco mündet, kannst du beruhigt ein halbes Jahrhundert ausklammern, und es bleiben dir weniger Jahre zur Auswahl, was es leichter macht. Und wenn du am Anfang des Jahrhunderts auch die ersten zwei, drei Jahrzehnte wegen der Spanischen Grippe wegnimmst, wegen des Rifkriegs und des Diktats von General Primo de Rivera, wird die Situation noch viel einfacher. Die Achtziger waren glänzende Jahre, die verrückten Jahre, sagte ein Madrilene in einer Reportage. Nach den kühlen, erdgeschossfinsteren Jahrzehnten unter Franco kommst du auf einmal raus, die Sonne scheint, die Welt hat sich geöffnet und wartet darauf, dass du alles erlebst, was du verpasst hast, die sexuelle und alle übrigen Revolutionen auf einmal.

Auf der anderen Seite behaupteten sie, dass sie nie so gut gelebt hätten wie während der 90er. Der Übergang nach Franco ist bereits vorbei, die Dinge haben sich eingespielt, die Wirtschaft befindet sich im Aufschwung. *Das Geld war mehr als die Arbeit, es gab eine Zukunft …*

Ich hatte kein Recht, ein Konto zu eröffnen, auch nicht einen Führerschein zu haben, nicht einmal, mir einen Pass ausstellen zu lassen ohne das Einverständnis meines Mannes, schrie eine Frau in einer Diskussion, als irgendein älterer Herr sich erlaubte zu sagen, dass es bei Franco ruhig gewesen war und auf das spanische Wirtschaftswunder während der 60er anspielte.

Letzten Endes wählte Spanien das »Entkorken« der 80er mit der Movida madrileña, Almodóvar, Malasaña … Die ersten Brüste im Kino nach Franco, mal mit Anlass, mal ohne.

Ich erinnere mich, wie wir, als diese Filme später zu uns gelangten (lass uns 17, 18 gewesen sein), Wetten abschlossen, dass es bis zur zweiten Minute eine Nacktszene geben würde, auch deshalb liebten wir das spanische Kino.

Wie dem auch sei, es gab keinen Bürgerkrieg während des Referendums, wie manche Beobachter prognostiziert hatten (die Unterstützung für Franco stellte sich geringer als erwartet heraus) und Spanien kehrte glücklich in die Fiesta der 80er zurück.

Einmal geriet ich in Madrid gegen Ende eines warmen Septembers nach Mitternacht auf einen Platz voller junger Leute, Biertrinker, Feuerschlucker, Grasraucher, Gitarrenklimperer, Tränen lachende Grüppchen ... Eine Szene, die gut in zumindest einige Jahrhunderte gepasst hätte. Als ich spät in der Nacht nach Hause ging, erblickte ich in den Seitensträßchen seelenruhig pinkelnde Jungen und Mädchen, direkt auf dem Gehsteig zwischen den Autos. So roch Madrid, nach Bier und Urin, und in diesem Geruch lag Freude.

Portugal würde analog dazu nach einem langen kalten Regime, das mit der Nelkenrevolution endete, die Mitte der 70er als neuen Anfang wählen, solange der Rausch von 1974 noch lebendig war. Aber auch solange die Erinnerung an den *Estado Novo*, Salazar und seinen Nachfolger Caetano noch warm war und in das Unglück, Portugiese zu sein, eingeschrieben werden konnte. Ein Mythos, der einige Jahrhunderte nach dem Zeitalter der Entdeckungen vereinte, und noch fester nach dem Zeitalter der Verluste der neuentdeckten Länder.

Ich erinnere mich, dass wir als Kinder »Staaten« spielten. Man zeichnet einen Kreis, jeder sucht sich durch einen speziellen Abzählreim einen Staat aus (*Oh, oh, oh, die Welt dreht sich immerzu, und welches Land wählst du …*), wir rufen »Soll schlagen, soll schlagen …«, Frankreich zum Beispiel. Alle rennen auseinander, und Frankreich ruft »Stop« und muss sagen, mit wie vielen Schritten es zu einem der anderen Staaten gelangen wird. Wenn es den Abstand trifft, eignet es sich das fremde Territorium an. Die Schritte waren von unterschiedlicher Länge – die eines Riesen, eines Menschen, einer Maus, einer Ameise und ich kann mich nicht mehr erinnern, welche noch. Ein simples Spiel, in dem es am wichtigsten zu sein schien, welches Land du dir aussuchen wirst. Alle rissen wir uns um Italien, Deutschland, Frankreich, die USA und sogar das Ausland. Das Mädchen, in das ich heimlich verliebt war, wählte immer Portugal. Ich entsprechend Spanien, um ihr nahe zu sein. Portugal hatte ohnehin keine anderen Nachbarn, und diese geographische Lage rettete mich vor der unausweichlichen Eifersucht. Jetzt erinnere ich mich, wie gut ihr dieses Land stand.

Was wussten wir darüber? Es war ganz am Rande Europas gelegen, klein, an die Wand des Ozeans gedrängt. Ein Land, das mit nichts hervorstach. Ob sie es nicht doch wegen des geheimnisvollen und nach dem bulgarischen Wort *portokal* für Orange klingenden Namens wählte? Ich war überzeugt, dass die Orangen hauptsächlich dort lebten, in Portugal. Und weil es so weit weg war, schafften sie es selten hierher. Irgendjemand isst sie auf dem langen Weg auf, weil er der Versuchung nicht widerstehen kann, höchstwahrscheinlich die Spediteure selbst. Ich machte ihnen keine Vorwürfe, ich könnte ebenfalls nicht widerstehen.

Portokalia Portugalova, so nannte ich sie. Nur dieser Name ist mir im Gedächtnis geblieben.

5.

Im Unterschied zu Spanien und Portugal fiel es **Schweden** wesentlich schwerer, seine glückliche Zeit zur Rückkehr auszusuchen, das lag am Vorhandensein nur weniger unglücklicher Jahrzehnte, was die Möglichkeit für eine sehr breite Auswahl eröffnete.

Na ja, die ersten rund fünfzehn Jahre des Jahrhunderts konnte man ruhig wegen der Arbeitslosigkeit ausschließen, die vom schlagartigen Bevölkerungszuwachs herrührte, den manche Historiker mit Impfungen und Kartoffeln erklärten. Später – nach den zwei großen Kriegen und einer bestens vergüteten Neutralität – kam alles an seinen Platz. Jenes, was den Kontinent zugrunde gerichtet hatte, war gut für das Land. Es wird immer Bedarf an festem schwedischem Stahl und Maschinenteilen geben, besonders in Kriegszeiten. Das erklärte die Tatsache, dass am Vorabend des Referendums zum ersten Mal unter allen übrigen Ländern hier eine Bewegung die Bühne betrat, die mit den 40ern verbunden war und obendrein auch noch an Popularität gewann. Jemand hatte hilfsbereit Auszüge aus dem Tagebuch von Astrid Lindgren herausgesucht, in denen kurz und präzise aufgezählt wurde, was man in jenen Kriegsjahren auf der Weihnachtstafel finden konnte: *Weihnachtsschinken von 3 ½ kg, Leberpastete, selbst gemacht, Bratenaufschnitt, ein geräucherter Aal, Rentierrücken,* oder die ausgetauschten Familiengeschenke zu Weihnachten 1944: *Anorak, Stiefel, Strickjacke, weißer Wollschal, 2 Paar Unterhosen (die kriegt er wohl jedes Jahr), Manschettenknöpfe, Alltagshose, Armband für die Uhr, Bücher, grauer Faltenrock, eine dunkelblaue Strickjacke, Strümpfe, Bücher, Puzzle, ein sehr schöner Wecker, eine Badebürste, Marzipanschwein …*

Ich weiß nicht, warum sich mir dieses Marzipanschwein so ins Bewusstsein eingebrannt hat und offenbar auch den schwedischen Journalisten. Schweden ist in Kriegszeiten kein Marzipanschwein, brachten die gegen diese Bewegung Protestierenden als Losung heraus. Der Überfluss war eine Tatsache, aber natürlich blieb das Problem mit dem Schuldgefühl. Kann man glücklich sein und satt inmitten der Hölle um einen herum. Im Endeffekt prognostizierte die Soziologie den 40ern keinen so hohen Prozentsatz, sie kamen auf den fünften oder sechsten Platz in der Rangliste, ohne praktische Aussicht auf Erfolg. Aber allein die Tatsache, dass das Gespenst der Kriegsjahre als Möglichkeit auftauchte, war schon erschreckend genug.

Den Analysten zufolge rührte der hohe Prozentsatz der Unterstützer für eine Rückkehr in die 50er, welche in allen soziologischen Untersuchungen die Kampagne anführten, just vom Aufschwung des vorhergehenden Jahrzehnts her und von der Peinlichkeit, doch den Krieg zu wählen. Aber auch allein für sich genommen waren die 50er ein wirklich starkes Jahrzehnt. Die Medien erinnerten daran, wie stark Schweden inmitten eines zerstörten, aus dem Krieg herausfindenden Europas dastand, mit unangetasteten Ressourcen und einer intakten Produktion. Das Leben wurde immer bequemer. *Wir hatten eine schöne halbautomatische Waschmaschine, zum ersten Mal einen Fernseher und so einen großen Kühlschrank* … sprach eine Frau im Fernsehen, wobei sie versuchte, ihre Arme so weit wie möglich auszubreiten. Sie war um die siebzig, gepflegt. Und … hier schwenkte die Kamera auf den Mann neben ihr, einen zähen, großgewachsenen Alten mit rotem Gesicht, der dem Kühlschrank noch seinen »Volvo Amazon« hinzufügte, das erste Modell, 1957, *schwarz mit hellgrauem Dach, eine ausgefeilte Sache* … Und er streckte ein Schwarzweißfoto von den beiden in die Kamera, aufgenommen vor dem Auto und bis über beide Ohren grinsend. Ich betrachtete den Volvo, er ähnelte dem Warszawa meines Vaters, der wiederum eine exakte Kopie des sowjetischen »Pobeda« war. Die soliden, leicht schwerfälligen Autos der 50er, stabil wie Panzer und mit fast so viel Verbrauch.

Ein anderer starker und nicht von der Hand zu weisender Trumpf für die Bewegung der 50er war natürlich IKEA. Ja, damals veröffentlicht IKEA seinen ersten Katalog, eröffnet sein erstes Geschäft und vielleicht am wichtigsten, man setzt auf die Idee, dass man die Beine von einem Tischchen abtrennen kann, damit es in den Kofferraum passt und man es sich zu Hause selbst zusammenbauen kann. So waren die 50er – praktisch, stabil, billig, ein wenig roh und schlicht.

Ihr großer Konkurrent jedoch waren die Siebziger. Einerseits die 1950er, andererseits die 1970er, trotz der wirtschaftlichen Krisen, das war der Streitpunkt des schwedischen Referendums. Es lag etwas von Natur aus Skandinavisches in den Siebzigern. Während der 70er und 80er Jahre war die Welt nicht nur durch den Eisernen Vorhang zweigeteilt, sondern auch auf ebenso kategorische Weise durch die Frage, vor die jeder Mann gestellt wurde – die Blonde oder die Schwarzhaarige (manchmal Rothaarige) von ABBA. Genau so gestellt und nicht Agnetha oder Anni-Frid (Frida). Ich mit meinen zehn Jahren gehörte nicht zur Zielgruppe, aber heimlich, wie die meisten Männer, gefiel mir die Blonde. Ich wusste aber ebenfalls schon, dass das banal ist und dass es cooler war, wenn einem die Schwarzhaarige gefiel. Oder dass man es zumindest sagte. Wie dem auch sei, ABBA waren alles Nordische, Helle, Schwedische, Tanzende, Glänzende, Weiße – der Siebziger.

ABBA oder der Sessel Poäng zum Beispiel, eine Erfindung von IKEA während desselben Jahrzehnts, solche Dinge stellen die Zeiten auf den Kopf, nicht das Bruttoinlandsprodukt und der Export von Holz und Stahl. Letzten Endes überholte trotz der Krisen der 70er und des Regierungswechsels, trotz der Teuerung des Erdöls und der neuen Krise, trotz alledem die *tanzende Königin* der späten 70er den Volvo von 1957 mit dem riesigen Kühlschrank und der halbautomatischen Waschmaschine. Die Romantik lag nicht mehr im Kühlschrank, die Menschen hatten Lust zu tanzen, und eine neue Sentimentalität schwebte über den nordischen Wassern. So erwachte Schweden nach dem Referendum im neuen 1977.

Es war keine Überraschung, dass auch **Dänemark** letzten Endes die 70er wählte, obwohl auch die 90er bis zum Schluss im Rennen waren. Ja, es lag etwas Skandinavisches in den Siebzigern. Sie glichen jenen Neujahrskarten, bestreut mit weißem Zucker statt Schnee, die wir heimlich ableckten.

Weil wir in den 70ern begannen, Spaß am Leben zu haben, so erklärte es mir eine dänische Freundin. Und die 60er – fragte ich sie, begann der Spaß nicht dort? Sie schwieg ein wenig und sagte: Du hast recht, nur dass wir noch nicht wussten, was wir damit anfangen sollen. Ich wurde ungewollt schwanger, gebar ein Kind, der Vater verschwand, ich ließ das Kind bei meiner Mutter und meinem Vater, ging nach Moskau, ein neues Leben, ich hielt es ein Jahr lang aus, irgendwelche Jewtuschenkos schrien in den Stadien, Achmadulinas, Schestidesjatniki … Ihre anständigen Dichter waren im Underground, betrunken, nicht veröffentlicht, verbannt, gerade hatte ich sie entdeckt, da verhaftete man mich, danach brachte man mich auf dem

Instanzenweg zurück nach Dänemark. Im Großen und Ganzen endeten so die 60er, wie eine Party von Jugendlichen, bei der du dich gerade betrunken hast, du fühlst dich gut, und plötzlich stürmt die Miliz herein. Nur der Kater blieb übrig. Während der 70er wusste ich bereits, wie ich mit den Freuden umzugehen hatte, wir wussten es alle, und wir lebten gut. Sei dir sicher, dass alle für sie stimmen werden. Na ja, nicht ganz alle, aber sie behielt trotzdem recht.

6.

Es regnete den ganzen Abend, ich erwachte von dem Geräusch, lag mit geschlossenen Augen da und lauschte den Tropfen. Es gibt keine Decke, nur dicke, einstmalige Dachbalken. Ich lag da und lauschte. Der Körper und der Regen führen ein altes, längst zurückliegendes Gespräch, das ich vergessen habe. Es gibt ein einfaches Leben, ein Leben in Einsamkeit, an das ich nicht mehr gewöhnt bin. Brot auf einem Holztisch essen, die Krümel nachher aufsammeln und sie den Spatzen hinwerfen. Langsam einen Apfel mit dem Messerchen schälen und entdecken, dass diese Handbewegung exakt die Handbewegung deines Vaters wiederholt, der die Handbewegung deines Großvaters wiederholt. Weder ist der Ort derselbe noch die Zeit oder die Hand. Aber die Handbewegung erinnert sich. Die lokale Zeitung *Zuger Woche* aufschlagen, die Wettervorhersage lesen, an die soeben gekeimte Zwiebel und einen blühenden Kirschbaum im Hof denkend. Besorgt um eine Welt, zu der du nicht gehörst. Gegen 5 meldete sich die große franziskanische Uhr auf der anderen Seite der Wand, nicht weniger stimmgewaltig als die Glocke. Ich stand auf, zog mich an, setzte mich ans Fenster, es wurde hell, ich schlug ein Bändchen mit Gedichten von Tranströmer auf, eine Taschenausgabe, las langsam und mit Genuss aus einer anderen Zeit, klappte das Bändchen zu und dachte mir, wenn die Staaten in die Vergangenheit zurückgehen, in die 70er oder 80er, was wird dann aus der Poesie und den Romanen, die noch nicht geschrieben worden sind und bevorstehen. Danach versuchte ich, mich zu erinnern, was ich so Großartiges aus den letzten paar Jahren gelesen hatte, es wird mir wohl um nichts leidtun.

7.

Was würde mit dem Referendum im einstigen Osten Europas geschehen – diesem Teil, vor dem immer das Attribut »ehemalig« stand. Natürlich hatten sich längst alle zerstreut, genau wie eine ehemalige Familie, die gezwungen gewesen ist, unter einem Dach zu leben, bis die Kinder groß sind, und sich jeder in eine andere Richtung davonmacht. Auch wenn sie sich nicht hassten, empfanden sie im besten Fall keinerlei Neugierde füreinander. Jeder wollte zu jener (westlichen) Geliebten gehen, von der er träumte, während sie das gemeinsame sozialistische Schlafzimmer teilten.

Meine letzte Hoffnung auf eine Rückkehr ins neue 1968 nach dem französischen Scheitern ruhte genau auf diesem (ehemaligen) Lager. Und natürlich war **Tschechien** der prädestinierteste Ort für den Staat von 1968. Knapp über zwanzig sein und auf den Straßen von Paris oder Prag, was mehr kann man sich wünschen. Nach dem Votum Frankreichs zugunsten der 80er war die Hälfte dieses Wunschtraums gestorben. Paris war verloren, es blieb Prag.

Aber wie in Frankreich sah das, was von außen gut aussah, von innen nicht so aus. Die Legende von 1968 klang toll, die Zeit hatte ihre Ränder geglättet, der Prager Frühling war verlockend wie der Garten Eden, bloß ohne die Episode mit dem Eindringen des erzürnten Gottes. Das Eindringen war aber eine Tatsache, und der Gott donnerte wie ein russischer Panzer und war rachsüchtig wie ein »Bruderheer«, ein echter Deus ex machina, gepanzert.

Nach dem Prager Frühling folgte ein verheerender Sommer, und wie immer, wenn das Leben zerbricht, tauscht alles seinen Platz: Die, die auf der Straße gewesen sind, wechseln in den kalten Schatten jenes Sommers und aller folgenden Sommer, doch die Ruhigen strecken ihre Nase hinaus und sind aufgerufen, ihre Plätze einzunehmen. Nicht die Zusammenstöße, die zerbrochenen Schaufenster, die Ausgesiedelten, die ins Gefängnis Geworfenen, Geschlagenen und Vergewaltigten, sogar Ermordeten, nicht das zermürbt, sondern das subtile, durchdringende Gefühl von Sinnlosigkeit an irgendeinem darauffolgenden Nachmittag, wenn du Leute auf der Straße lachen siehst, wie sie sich treffen, Kinder in diesem selben System zeugen, das dich bereits für lange Zeit aus dem Leben ausgeschlossen hat. Die Geschichte kann es sich leisten, 50 bis 60 von ihren Jahren zu verschwenden, sie hat tausende davon, für sie ist das eine Sekunde, aber was soll diese Fliege tun – der Mensch, für den dieselbe historische Sekunde sein ganzes Leben ist. Wegen dieser auf 68 folgenden Nachmittage wollte man in Prag nicht die Sechziger auswählen.

Und trotzdem wurde in Tschechien die Schlacht lange zwischen drei möglichen ehemaligen Staaten geführt. Zuerst die Erste Republik – die goldenen 20er … Wirtschaftswunder … ein Boom in der Kultur … unter den ersten zehn Volkswirtschaften der Welt … – erinnerten die Medien der Bewegung. Der Enthusiasmus einer jungen Nation, der alles gelingt. Danach kam der Staat am anderen

Ende des Jahrhunderts, die Samtene Revolution von 1989. Und am Ende der Prager Frühling von 1968, den man, wenn auch als dritte Kraft, zu Beginn ebenfalls nicht abschreiben durfte. Welchen Staat sollte man wählen, allein ihre Namen waren verlockend – *der goldene, der samtene* oder *der frühlingshafte*? Hinter den 20ern lugte ein Typ mit einem kleinen Schnauzbart hervor, der sich die Sudeten zurückholen und den blühenden Staat in ein Protektorat verwandeln würde. Hinter dem Prager Frühling stand ein kalter russischer Sommer, hinter der Samtenen Revolution – die folgenden Enttäuschungen der nicht vollständig wahr gewordenen Träume.

Letzten Endes erwies sich die Angst vor dem, was nach den Zwanzigern folgte, als größer als die Angst um das, was nach den Neunzigern kommen sollte.

Die große Schlacht der Ängste. So siegte die Samtene Revolution zum zweiten Mal und Tschechien kehrte in die 90er zurück.

Polen hatte ebenfalls eine Bewegung, die in Richtung der 20er tendierte und auf die Zweite Polnische Republik setzte, allerdings ohne besonderen Erfolg. Im Endeffekt steuerten die Dinge klar auf die 80er zu, mit zwei Fraktionen. Die einen wollten eine Rückkehr an den Anfang des Jahrzehnts selbst, zum Widerstand, der Geburt von »Solidarność« im Jahre 1980. Die Anhänger beharrten darauf, dass man den Enthusiasmus von damals wiederbeleben müsse, dass man einen starken Anfangsimpuls vorgeben müsse, sie erinnerten daran, wie innerhalb nur weniger Monate die Masse an Mitgliedern in der ersten nicht parteipolitischen Gewerkschaft im System 10 Millionen Mitglieder erreichte. 10 000 000. Selbst so viele Jahre später sah die Zahl immer noch beeindruckend aus.

Die andere Fraktion hingegen packte die Vogelscheuche von Jaruzelski aus der selben Zeit aus, dem General mit der schwarzen Brille, mit dem mich auch meine Großmutter in Bulgarien erschreckte, *leg dich ins Bett, sonst kommt der mit der Brille.* Nach 1980 folgten der Kriegszustand, Repressionen, Gefängnisse ... Deshalb wollten sie, dass man mit dem Ende des Jahrzehnts ganz von vorne anfing, mit den ersten halbfreien Wahlen, bei denen Wałęsa siegte. So oder so, die Fraktion der frühen 80er gewann die Oberhand. Es kam sogar soweit, dass Polen zwei Jahre früher neu startete, um auch die Wahl von Papst Johannes Paul II. zu feiern, ein Zeichen Gottes, mit dem das folgende ruhmreiche Jahrzehnt seinen Anfang genommen hatte.

Am Ende wählten fast alle Länder des Ostblocks (mit zwei Ausnahmen, Bulgarien und Rumänien) das Jahr 1989 als Wunschort für die Rückkehr und den Neustart. Darin lag natürlich sowohl gesunder Menschenverstand als auch ein persönliches Moment. Irgendwo dort, ganz am Ende des Jahrhunderts, waren alle, waren wir alle zum letzten Mal jung. Sowohl die aus den 50ern, die glaubten, das Ende würde kommen, und die dieses Ende noch erlebten, als auch die Jungen aus dem stattgefundenen und nicht stattgefundenen 68, die in 89 eine glückliche Umkehrung der beiden Ziffern sahen. Und schließlich die jungen Jungen, die 1989 Zwanzigjährigen, für die es die erste Revolution war, hier kann ich aus erster Hand sprechen. Endlich würde das Nichtgeschehene gleichsam geschehen, alles stand bevor, alles begann, und das ganz am Ende des Jahrhunderts.

Ich nutze das Recht der Randbemerkung, der Abschweifung des Augenzeugen, weil ich dort war, ich hüpfte, ich rief, ich heulte, und danach alterte ich schlagartig in den Ersetzungen der folgenden Jahre. Eine Randbemerkung und ein komisches Klagelied über die 90er. Das System veränderte sich vor unseren Augen und versprach ein schönes Leben, offene Grenzen, neue Regeln … Und das in ganz kurzer Zeit, heute, morgen. Ich erinnere mich, wie man auf den Plätzen von 1989 folgende Dialoge hören konnte: Hört mal, Leute, ich will euch ja nicht entmutigen, aber es müssen bestimmt noch mindestens ein, zwei Jahre vergehen, bevor die Dinge in Ordnung kommen, sagte ein Freund, ob es nicht sogar K. war? Und vielleicht auch drei, vier, sogar fünf, vermutete ein anderer scheu. Oh, wie wir uns damals auf ihn stürzten, es hätte nicht viel gefehlt, und wir hätten ihn verprügelt, buuuuh, wer wird denn fünf Jahre warten, hallooo, in drei Monaten beginnt die Prüfungsperiode, jetzt aber genug von diesen Fünfjahresplänen … Zu dieser Zeit gab es noch einen unantastbaren Vorrat an Zukunft, und wir teilten ihn mutig auf. Absolut naiv, wie man später sah.

Ein Jahrzehnt später, in den Nullerjahren, gab es diesen Vorrat nicht mehr, nur der Boden leuchtete uns glasig entgegen. Ab dort irgendwo, ab dem Ende des Jahrzehnts und dem Anfang des nächsten, geschah etwas mit der Zeit, etwas überdrehte, schaltete um, begann zu knistern, fuhr sich fest und blieb stehen.

8.

Wenn Skandinavien sich nicht entscheiden konnte, welche seiner glücklichen Perioden es wählen sollte, dann schüttelte sich **Rumänien** vor Unentschlossenheit, aber mit umgekehrten Vorzeichen. Das ganze zwanzigste Jahrhundert – ein historisches Herumirren und unglückliches Zusammentreffen von Umständen, falsche Entscheidungen, auf wessen Pferd man sich schwingen soll – auf das deutsche, auf das englische oder russische. Verlorene Territorien und Schlachten, Belagerungen, Krisen, innere Umstürze. Selbst die Revolution von 1989 war hier nicht samten. Als ob sich einzig in den späten 60ern und frühen 70ern für kurze Zeit ein Fenster öffnete (und es würde wohl oder übel ausgewählt werden) – ein Versuch, Unabhängigkeit in einer geteilten Welt zu erlangen. Danach würde das Fenster schlagartig in der Misere des folgenden Jahrzehnts zufallen, Schulden, leere Geschäfte und Securitate.

All diese glücklichen, übersättigten Völker, Franzosen, Engländer … Oh, ich bin nicht von hier, ich habe Jahrhunderte ununterbrochenen Unglücks hinter mir. Geboren bin ich in einer glücklosen Nation. Das Glück endet in Wien; jenseits davon, ein Fluch! Der erbarmungslose Cioran.

Und das beschrieb nicht nur den rumänischen Fall.

Es schien, als wäre das Votum **Österreichs** am disparatesten und unklarsten. Hier gab es die größte Anzahl Nichtwähler, und von den Wählern erhielten gleich mehrere Bewegungen, die selbst ziemlich anämisch waren, einen fast identischen Prozentsatz an Stimmen. Die Erinnerung an jenes bunte und vielsprachige Reich im ersten Jahrzehnt des 20. Jahrhunderts, vor allem befördert von der Literatur und der Secession, erkaltete langsam wie ein auf der Veranda vergessener Kaffee und ein trocken gewordenes Stück Schokoladentorte. Und es endete auch überhaupt nicht gut – Ermordungen von Erzherzögen, der Große Krieg, der Zerfall und alles andere … Das Österreich des Anschlusses vereinte einen beunruhigenden Prozentsatz auf sich, er war aber ebenfalls nicht ausreichend. Immer noch schwebte eine öffentliche Scham, eher Gewohnheit als Überzeugung, über allem. Das Österreich der 70er und 80er, dieses schuldbewusste Vergnügen von Ost und West, das seine immerwährende Neutralität in eine immerwährende Quelle von Vergütung verwandelt hatte, war das andere bevorzugte Tortenstück der Wähler. Und am Ende kamen die 90er, als das Geheime der vergangenen Jahrzehnte endlich offenkundig werden konnte – man konnte die Köfferchen öffnen, die Schecks einlösen, die Spione konnten ihren Lohn von ihren doppelten Arbeitgebern einfordern.

Mit diesem absolut unklaren und ausgeglichenen Ergebnis, das sich über einige Jahrzehnte des Jahrhunderts ergoss, riskierte Österreich, zwischen den benachbarten Zeitreichen annihiliert zu werden und dass Wien die Museumsstadt bleiben würde, die es immer gewesen war. Ein Grenzstreifen in der Geographie des Glücks. Letztlich siegten am Ende mit einem minimalen prozentuellen Vorsprung die 80er. Ein Sieg, hinter dem viele ein verstecktes nationalistisches Votum der Erben Haiders vermuteten, dessen Stern gerade zu jener Zeit aufgegangen war. Während ich mir die Reportagen aus Wien und Salzburg anschaute, stellte ich mir vor, wie die Sieger aus den 80ern rasch ein neues Referendum aus dem Hut zauberten, in dem bereits abseits der Blicke Europas ganz familiär der Anschluss von 1938 folgte. Viele vergrabene Dinge lagen am Fuße jenes 1939.

9.

Das große, entscheidende Rätsel blieb **Deutschland**. Dort tanzte die Geschichte am längsten, und Berlin war ihre Bühne, ihr Kabarett, ihre Aufmarschbasis, ihr Schaufenster und ihre Mauer in einem – alles. Die erste Hälfte des Jahrhunderts war amputiert trotz der Versuche der neuen Ultrarechten, eine Prothese an die leere Stelle zu setzen.

Deutschland würde nicht dorthin zurückkehren, noch nicht, trotz der Autobahnen und dem Volkswagen, die in diesem Wettrennen auf den Schwarzmarkt geworfen wurden. Aber jedes der folgenden Jahrzehnte hatte seine Chance.

»Die Soziologen sehen einen Sieg der 80er vorher, schrieb mir E. voller Entsetzen aus Berlin. Kannst du dir das vorstellen, nicht das Wirtschaftswunder der 50er, nicht die 60er wegen 1968 und allem anderen, sondern die 80er, was für ein Absturz. Du weißt, dass ich für die 90er bin, wir sagten doch immer, sie sind unser 1968, stimmt schon, ein wenig zerlumpt, ein wenig Secondhand, aber sie gehörten uns. Ich würde gerne am Anfang der 90er leben, und wenn wir gewinnen, dann komm und wir treffen uns dort, in Berlin oder in Sofia … Küsse, E.«

Die liebe E. Mit ihr zusammen erlebte ich die ersten Jahre der 90er, es war eine stürmische Beziehung, wie sie nur damals möglich war. Wir erleben endlich die Sechziger, sagte sie damals lachend, während sie mir ihre Zigarette im Bett reichte. Es gelang uns sogar zu heiraten, ein großer Fehler. Während der 90er heiratete niemand, alle ließen sich bloß scheiden. Na ja, es gelang uns auch, unseren Fehler noch im selben Jahrzehnt zu korrigieren, wir trennten uns, dann ging sie nach Deutschland. Alle Einserschüler in Deutsch gingen früher oder später weg, ich war ein Einserschüler in Bulgarisch und blieb.

Und doch hatte sie nicht völlig recht mit den 80ern, zumindest nicht mit den deutschen. Dort brodelte etwas auf beiden Seiten. *Wir sind das Volk!* – riefen sie auf dem »Alex« und den Plätzen im Osten. *Atomkraft? Nein danke*, riefen sie im Westen, Menschenketten, Friedensmärsche, rote Luftballons, Nena, Aids und Punk. Im Endeffekt war es auf beiden Seiten interessant. Zum heutigen Tag stellten sich allerdings nur wenige von denen, die sich die 80er wünschten, vor, dass sie in ein geteiltes Deutschland zurückkehren müssten. Aber auch dafür fand sich ein Schachzug, sie stimmten konkret für 1989, für den Vorabend selbst. In der Hoffnung, ihn um ein, zwei Jahre zu verlängern. Wenn man immer am Vorabend des Festes bleiben und den Hering des Enthusiasmus (nach Bismarck) lange frisch halten kann, indem man die Zukunft beständig aufschiebt, was will man mehr. Ich stellte mir das permanente Fallen der Mauer vor und den heimlichen Wiederaufbau danach, damit sie erneut fallen kann. Ein Auf-der-Stelle-Treten in der Freude.

Tatsächlich hatte 1968 keine großen Chancen in Deutschland. Mit Ausnahme eines harten, aber vernachlässigbar kleinen Kerns von späten Marxisten und rheumatischen Anarchisten (auch Anarchisten altern) wimmelte es nicht gerade von Unterstützern für das große 1968. Hauptsächlich, weil darauf die 70er folgten. Und sie waren keine leichte Wahl – mit Baader-Meinhof und all den Morden, Bombenanschlägen, Entführungen, Rauben. Zwischen Mao und Dao, »Bandiera rossa«, Che Guevara, Marcuse, Dutschke, so sah das Durcheinander der 70er in Europa aus. Und der Zweite Weltkrieg hatte erst vor gut zwanzig, dreißig Jahren geendet.

Manchmal ist uns nicht bewusst, dass ein historisches Ereignis nur weiter entfernt aussieht, als es eigentlich ist. Als ich geboren wurde, lag der Zweite Weltkrieg in gerade einmal 23 Jahren Entfernung, aber er ist mir immer wie aus einer anderen Epoche vorgekommen.

Wie Gaustín sagen würde: Achtung, die Geschichte ist immer näher, als sie im Rückspiegel erscheint.

Am Ende siegten die 80er. Nein, genauer gesagt siegten die westdeutschen 80er. Nur dass Berlin erneut eine geteilte

Stadt war. Es ist interessant, dass beide Seiten darauf bestanden.

Die alten Deutschen wählten das Jahrzehnt wegen des gravitätischen Körpers von Helmut Kohl, der Stabilität und Sicherheit ausstrahlte. Die jungen oder diejenigen, die damals jung gewesen waren, das heißt der Großteil der Abstimmenden, wählten die Disco der 80er.

Letztlich siegt immer das Banale, die Trivia und ihre Barbaren fallen früher oder später in das Reich der gewichtigen Ideologien ein und erobern es. Die großen Sieger des Referendums waren Falco, Nena, »Alphaville«, die ganze Fußballnationalmannschaft der BRD aus den Achtzigern, Breitners Bart, die jungen Becker und Steffi Graf, der gewichtige Luxus des KaDeWe, »Dallas«, »Dirty Dancing«, Michael Jackson, auf die sie hier so standen, sogar der »Kessel Buntes« im DDR-Fernsehen, den niemand mehr sehen konnte.

»Du behauptest, das sei das Jahrzehnt, das am meisten Langeweile und Disco hervorgebracht hat«, schrieb mir E. nach der Abstimmung, »aber offenbar haben die Menschen am meisten Lust darauf, so zu leben – mit Disco und in Langeweile.«

Nun ja, sie hatte natürlich recht, aber da war auch etwas anderes. Die Menschen wählten die 80er wahrscheinlich auch wegen ihres bevorstehenden Endes. Es liegt etwas Besonderes in den Wahlen, und das gab uns ein deutliches Zeichen. Indem du ein Jahrzehnt oder ein Jahr wählst, wählst du tatsächlich auch jenes, was danach kommen wird. Ich möchte in den 80ern leben, um auf 1989 zu warten.

(Niemand schenkte der Tatsache Beachtung, dass in den meisten östlichen Bundesländern die Partei der 30er zweitstärkste politische Kraft war.)

10.

Seit einigen Tagen (Wochen?) habe ich mit niemandem mehr gesprochen. Es kommt mir so vor, als würde ich die Vorstellung von Zeit verlieren. Ich stehe auf, ziehe mich an, gehe in die Stadt hinunter, um Fisch zu kaufen, es ist Markttag. Ich versuche wieder, Gaustín anzurufen, ohne Ergebnis, vom anderen Ende kommt ein merkwürdiges Signal. Ich wechsle einige Worte mit dem Olivenverkäufer. Er spricht Italienisch, ich antworte in schlechtem Deutsch. Im Endeffekt verkauft er mir so viele Oliven, wie er sich vorgenommen hat. Ich lasse seither im Kopf die letzten Worte wie Olivenkerne kreisen, während ich wieder zum Kloster auf dem Hügel hinaufsteige – *prego, olive, grazie, prego, olive, grazie.* Als ich oben ankomme, spucke ich sie aus. Ich habe auch Käse und Fisch gekauft. Ich nehme den Fisch aus, schneide einen sauren Apfel in dünne Scheiben, dazu Olivenöl, Basilikum, Zitrone, ein wenig Wein und ein Stück weißer Käse aus den Alpen. Eine halbe Stunde später ist der Fisch fertig. Ich tische ihn auf meinem schönsten Teller auf. Ich schenke mir den restlichen Wein ein. Ich setze mich und merke, dass ich überhaupt keinen Appetit habe.

11.

Syndrom des Abwesenden

So viele Orte, an denen ich nicht bin. Ich bin nicht in Neapel, in Tanger, Coimbra, Lissabon, New York, Jambol oder Istanbul. Ich bin nicht nur nicht dort, sondern ich bin schmerzhaft nicht dort. Ich bin nicht an einem regnerischen Nachmittag in London, ich bin nicht im abendlichen Stimmengewirr in Madrid, ich bin nicht in Brooklyn im Herbst, ich bin nicht auf den leeren sonntäglichen Straßen von Sofia oder Turin, in der Stille eines bulgarischen Städtchens von 1978.

Ich bin so sehr nicht da. Die Welt ist übervölkert mit meiner Abwesenheit. Das Leben ist dort, wo wir nicht sind. Wo ich auch bin …

Und nicht nur geographisch bin ich nicht da, nicht nur im Raum bin ich abwesend. Auch wenn Raum und Geographie nie einfach nur Raum und Geographie gewesen sind.

Ich bin nicht im Herbst 1989, in jenem unbesonnenen Mai von 1968, im kalten Sommer von 1953. Ich bin nicht im Dezember 1910, auch nicht am Ende des 19. Jahrhunderts, genauso wenig in den 80ern, die in der Disco steckengeblieben sind, die ich eigentlich verabscheue.

Der Mensch ist nicht geschaffen, um im Gefängnis nur eines Körpers und einer Zeit zu leben.

(Gaustín, »Neue und bevorstehende Diagnosen«)

12.

Jetzt ist die **Schweiz** an der Reihe. Ihre Zustimmung, am Referendum teilzunehmen, ohne ein Mitgliedsland zu sein, gehört zu jenen schmeichelhaften (wenngleich unerklärlichen) Überraschungen.

Einige Monate zuvor hatten Gaustín und ich folgendes Streitgespräch geführt.

Denk an meine Worte, sagte ich, die werden ohne mit der Wimper zu zucken für die 40er stimmen, zum Entsetzen aller.

Jetzt schau einmal, antwortete er, in einem kriegführenden Europa kann die Schweiz wie das Paradies ausgesehen haben, aber glaub mir, so war es nicht. Sie erwarteten, jeden

Augenblick überfallen zu werden, Flugzeuge kreisten über der Grenze. Hitler machte keinen Hehl daraus. Es gab sogar einen detailliert ausgearbeiteten Plan für ihre Eroberung, aufgeschlüsselt nach Städten.

Ich mochte diese Perspektive eines Zeitzeugen, die Gaustín einnahm, auch wenn es mich manchmal ärgerte. Wie soll man jemandem widersprechen, der so mit dir spricht, als wäre er dabei gewesen.

Na ja, sich auf einen Krieg vorzubereiten, ist nicht dasselbe wie in ihn einzutreten, nicht wahr, mäkelte ich.

Also da bin ich mir überhaupt nicht sicher, entgegnete er, manchmal ist es schwerer. Auf alles Furchtbare bei deinen Nachbarn zu lauschen, mit deinem Gewehr und in voller Kampfausrüstung zu schlafen. Dich durch die Alpen zu graben, um Bunker zu bauen, wir nannten sie »Redouten«, dich in den Redouten zu verstecken, die Kredite und Konzessionen für das Dritte Reich immer mehr zu erhöhen … Besonders, nachdem jene Frankreich in kürzester Zeit überrollt hatten. Erinnere dich, dass manche Städte von den Alliierten bombardiert wurden – Basel und Genf zum Beispiel, wenn ich mich nicht täusche auch Zürich.

Navigationsfehler, entgegnete ich, wobei ich mir die offizielle Erklärung der U. S. Air Force zunutze machte. Wie man so sagt, niemand bombardiert absichtlich die Bank, auf der sein Geld liegt.

Schau jedoch, wie viel Geld dieselben Schweizer direkt nach dem Krieg in wohltätige Stiftungen haben fließen lassen, in den »Marshallplan«, das »Rote Kreuz« in Genf, das kann man ihnen nicht absprechen, antwortete Gaustín.

Und trotzdem werden sie die 40er wählen, denk an meine Worte. Nie hat es hier einen solchen Zustrom von Gold, Geld und Gemälden gegeben. Banken und »alte Meister«.

So ist es, aber das Geld ging in die Banken, die Menschen

waren wirklich arm, besonders außerhalb von Zürich. Niemals werden sie die 40er wählen, entgegnete Gaustín.

Im Endeffekt behielt Gaustín recht. Er behielt immer recht. Obwohl alle Meinungsforschungsinstitute einen hohen Prozentsatz an Unterstützung für die Kriegsjahre prognostizierten, was Brüssel die Haare zu Berge stehen ließ. Im letzten Augenblick jedoch trafen die alten Meister des Referendums eine so naheliegende wie unerwartete Entscheidung. Die Schweiz, welch Überraschung, wählte die Neutralität. Eine besondere, sozusagen zeitliche Neutralität. Sie erwählte zu ihrer Periode das Jahr, den Monat und den Tag des Referendums selbst. Aber … aber das ist keine Vergangenheit, stotterten die EU-Kommissare. Ganz im Gegenteil, im Augenblick unseres Gesprächs ist es bereits Vergangenheit, antwortete die Regierung ruhig. Und morgen wird es mit Sicherheit noch mehr Vergangenheit sein. Und so mit jedem weiteren Tag, der vergeht.

Neutralität zu bewahren, war eigentlich schon immer ein Spiel außerhalb der Zeit. Ich spiele nicht nach eurer Zeit – eine gewisse Zeit lang. Aber ich kann sie für euch messen, wenn ihr dafür bezahlt, kann sie mit einem Chronometer (aus eigener Produktion) stoppen und euch Uhren verkaufen, kann eure Gemälde aufbewahren, eure Ringe, Diamanten und das ganze Gepäck, während ihr spielt oder euch schlagt.

Dagegen konnte man nichts einwenden.

Nach gewissen Streitigkeiten akzeptierte man in Europa, dass die Wahl der Schweiz tatsächlich auch ihre Vorteile für alle hatte. Es war kein Fehler, in dieser historischen Umwälzung der Zeit einen Staat zu haben, nach dem alle ihre Uhren stellen konnten. Auf wessen Uhr sonst könnte man sich verlassen, wenn nicht auf die der Schweizer. Es war gut, dass es ein geschütztes Muster, einen Goldstandard der Zeit geben würde, vom dem sich die anderen abgestoßen haben. Und zweitens, wenn jemand eine schwere Klaustrophobie in der Vergangenheit verspürte, könnte die Schweiz ihm eine temporäre Zuflucht bieten. Eine Zuflucht vor der Vergangenheit.

Man entschied ebenfalls, dass es gut wäre, wenn die unabhängigen europäischen Institutionen, die die Einhaltung der neuen Zeitgrenzen überwachten, in einem solchen Land angesiedelt wären. Im Niemandsland der Zeit.

13.

PS: **Italien**

Ich hatte jede Hoffnung aufgegeben, als es am Ende Italien, ungeordnet, in seiner typisch südlichen Art auf sich warten lassend, gelang, wenn auch als letztem Land, die 60er zu retten. Wo doch obendrein am Anfang nichts darauf hingedeutet hatte.

Wenn wir in die Zeit Mussolinis zurückkehren könnten, bloß ohne Mussolini, so viele Dinge wurden damals gebaut, sagte ein Mann mit einem Bauchansatz und einer Latzhose aus Jeansstoff auf Rai 1 vor der Abstimmung, während er an seinem kleinen Fiat lehnte. Zum Glück wurden im Lauf des Wahlkampfs solche Aussagen seltener, es erwachte eine andere Nostalgie, näher und angenehmer als die Schnellstraßen Mussolinis, die sich ohnehin als nicht so hochwertig erwiesen. Der Duce wurde gegen das Dolce eingetauscht.

Nicht Duce, sondern Dolce Vita!, schrieben die Anhänger der gleichnamigen Bewegung an die Wände. Wir hatten Geld, um es zu verschwenden, und Jugend, um sie zu verschwenden, sagte eine Italienerin auf der »Piazza di Spagna« in Rom, während sie an ihrem Gelato leckte, und das klang wie eine Replik aus einem Film. Das Wirtschaftswunder der 50er hielt in den 60ern noch an, es gab Fernseher für alle, Waschmaschinen, Vespas, kleine Fiats, Fellini, Lollobrigida, Mastroianni und Celentano.

Beim Referendum wählte Italien schließlich jenes Jahrzehnt, das niemand in Prag, Paris oder Berlin zu wählen gewagt hatte. *Italien rettet die 60er*, so lauteten die Schlagzeilen im Corriere della Sera und den meisten großen Zeitungen am folgenden Tag. *Vita brevis, Dolce vita longa!*

Die Sechziger waren ein Film, wahrscheinlich erfunden in den Laboratorien der *Cinecittà*, aber wer würde nicht in einem Film leben wollen. Das Italien der himmelblauen Vespas, das Italien der Nächte, der Trenchcoats, der unmöglichen Scheidungen auf Italienisch, der Fontana di Trevi. Das Italien der »Via Veneto«, der Terrassen und der Legenden über jene Privatparty im frühen November 1958, die Party anlässlich des Geburtstags der jungen Gräfin Olghina di Robilant, bei der die Tänzerin Aïché Nana einen plötzlichen Striptease hinlegt und einige an die Öffentlichkeit gelangte Fotos die Phantasie der Nation beflügeln, der Begriff ist geboren, und die Sechziger sind vorbereitet, ausgedacht, ersehnt.

Jenes süße Leben, la Dolce vita, war zumindest in einem für sich genommenen Land möglich.

Ich habe mir immer gedacht, und mit dem Älterwerden immer öfter, dass wir eines Tages alle im Italien der 60er leben würden, vielleicht nicht gerade in Palermo, aber irgendwo dort in der Toskana, der Lombardei, in Venetien, der Emilia-Romagna, Kalabrien … Es reicht schon aus, diese Wörter in den Mund zu nehmen, ein schmelzendes Gelato der Namen, mit den weichen *l*, *b*, *m* und der einen oder anderen kernigen Nuss des *r*.

Einmal, als ich jung war, geriet ich dort auf einen kleinen Platz in Pisa, und seither weiß ich, wie jenes aussieht, was ich schon immer gewollt habe …

Es ist Nacht, und du begreifst, dass sie nicht zum Schlafen gemacht ist. Du sinkst ein in die unbekannten Straßen. Nach einigen Querstraßen ist der Lärm völlig verstummt. Dann entdeckst du eine *piazza* mit einem kleinen Brunnen und einer Kirche in der Ecke. Und mit einer kleinen Gruppe, einige Jungen und Mädchen, die in die Kühle um Mitternacht hinausgegangen sind, um ein wenig zu plaudern. Du setzt dich auf eine der Bänke am anderen Ende des Platzes, um ihren Stimmen zu lauschen, und wenn dich in diesem Moment jemand fragte, was Glück ist, würdest du schweigend auf sie zeigen. Mit deinen Freunden auf einem solchen Platz alt zu werden, plaudernd und einen Schluck Bier trinkend in den warmen Nächten, in der Quadriga aus alten Gebäuden. Gelassenheit zu spüren im Still-Werden der Gruppe, gefolgt von einer Welle des Lachens, nicht mehr und auch nicht weniger von der Welt zu erwarten, als dass sie diesen Rhythmus von Stille und Lachen beibehält. In den unausweichlichen Nächten kommender Sommer und des Alters.

Von so einem Europa, scheint mir, träumten Gaustín und ich, mit kleinen gesprächigen Plätzen. Seine Morgen – österreichisch-ungarisch, seine Nächte – italienisch. Die Sehnsucht nach ihm und seine Anziehungskraft – bulgarisch.

14.

Die neue Karte Europas würde folgendermaßen aussehen.

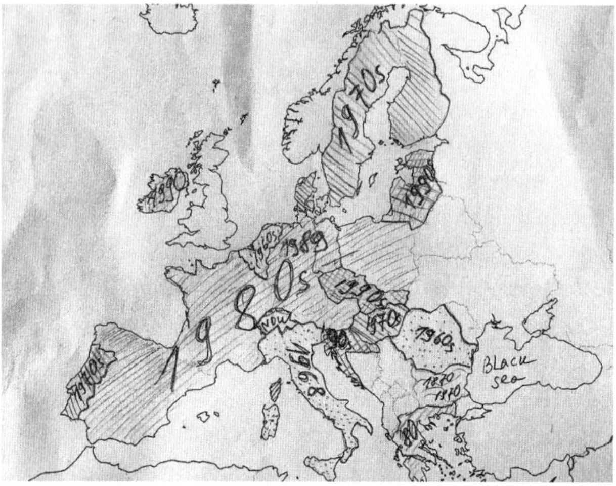

Letztlich wählten die Menschen beim Referendum die Jahre, in denen sie jung gewesen waren. Die heutigen Siebzigjährigen waren in den 70ern und 80ern jung gewesen, zwanzig, dreißig Jahre alt. Die Alternden wählten die Zeit ihrer Jugend, aber in ihr würden die Jungen leben, die damals noch nicht geboren waren. Es lag eine gewisse Ungerechtigkeit darin – die Zeit zu wählen, in der die nächste Generation leben wird. So wie es eigentlich bei allen Wahlen der Fall ist.

Anders ist die Frage gelagert, ob die Jungen so unschuldig waren. Die Stichproben deuteten darauf hin, dass viele von ihnen, sogar mit noch größerem Eifer als die Alten, für Jahrzehnte des vergangenen Jahrhunderts gestimmt hatten, an die sie sich nicht erinnerten. Irgendeine neue Art von Konservativismus, eine neue Sentimentalität und eingebildete Nostalgie wurde von Generation zu Generation weitergegeben.

Das Reich der 80er zeichnete sich als größtes und mächtigstes wie ein Rückgrat im Zentrum Europas ab – mit den damaligen Deutschland, Frankreich, Spanien, Österreich, Polen. Zu ihnen würde sich auch noch Griechenland, dieses ärmere Italien, gesellen.

Die nördliche Allianz der 70er war die andere große Gruppe mit Schweden, Dänemark, Finnland. Hier war Portugal die einzige südliche Ausnahme. Aber was konnte es Schöneres für die im Norden der Siebziger Lebenden geben, als ihre südliche Kolonie und warmen Strände am anderen Ende des Kontinents zu haben. Ungarn ging ebenfalls in diese Allianz ein, als die »fröhlichste Baracke« in der Zeit des Sozialismus.

Die 90er, die in den meisten Ländern als zweitstärkste politische Kraft auftraten, als zweiter Wunschtraum und in gewissem Sinne strahlende Zukunft des Reichs der Achtziger, waren tatsächlich überhaupt nicht zu unterschätzen. Hierunter fielen Tschechien, Litauen, Lettland und Estland, noch berauscht von ihrer Unabhängigkeit nach 1989. Slowenien und Kroatien wählten im Endeffekt auch das letzte Jahrzehnt des 20. Jahrhunderts, mit der Sonderklausel, erst nach dem Jugoslawienkrieg einzusteigen. Diese Wahl war sowohl für die Liberaleren als auch für die nationalistisch Gestimmten gut, jeder von ihnen sah Entwicklungsperspektiven. Hier, in diesem ein wenig auseinandergerissenen und unruhigen Staat der 90er, legte auch der irische Tiger Hand (oder Tatze) an. Es wurden noch neue Emigranten erwartet, die aus anderen Ländern herbeiströmten. Die Reiche der 70er und 80er würden früher oder später hier vor Anker gehen. Im Endeffekt würden sich offenbar alle im Punkt von 1989 treffen.

Die Konzentration in nur 3 bis 4 grundlegenden Zeitallianzen, und das in der zweiten Hälfte des 20. Jahrhunderts, wurde als vielversprechender Schritt hin zu einer zukünftigen Vereinigung gedeutet. Eine gewisse Zeit lang mussten aber alle Bürger innerhalb der Grenzen ihres Staates und des entsprechenden Jahrzehnts bleiben, das die höchste Stimmenzahl erhalten hatte. Die Vermischung der Zeiten sollte vermieden werden, zumindest am Anfang, bis die Dinge sich gefestigt hätten und angelaufen wären.

Danach würden die Grenzen aufgehoben werden. Tatsächlich verlief in diesem Punkt eine scharfe Trennlinie. Die Diachroniker dachten an einen Neustart der Zeit und ihre natürlich voranschreitende Entwicklung ausgehend von den ersten Jahren. Das Lager der Synchroniker jedoch bestand darauf, für einen längeren Zeitraum in den gewählten Jahrzehnten zu verbleiben. Die Prozedur erschien langsam und träge, und es war überhaupt nicht sicher, wie lange sie zurückgehalten werden konnte.

Die Büchse der Pandora mit den Gaben der Vergangenheit war bereits geöffnet worden.

15.

Sie suchten überall nach ihm, sowohl in den Siebzigern als auch in den Achtzigern. Sie durchwühlten von Grund auf die 60er, wo er sich gern aufhielt, aber keine Spur von ihm. Weder in den Kliniken, noch in den Siedlungen für Vergangenheit. Ärzte aus der Heliosstrasse und woher nicht sonst noch riefen mich an. Auch ich rief ihn einige Tage nacheinander an, und nachdem er beharrlich nicht abhob, nahm ich schließlich den Zug nach Zürich.

Der Tag war schön, unsichtbare Vögel meldeten sich aus den Baumkronen. Eine Frau saß in der Sonne und hatte ein Buch aufgeschlagen. Eine lesende Frau auf dem Balkon. Die Welt war noch dieselbe.

Gaustín war natürlich verschwunden. Das war kein Ereignis von außergewöhnlichem Ausmaß, was meine Erfahrungen mit ihm betraf, aber es kam mir doch sehr merkwürdig vor und bis zu einem gewissen Grad auch verantwortungslos in einem Moment wie diesem. Ob er die zugrunde liegende Bombe in diesem ganzen Freiwerden von Vergangenheit gespürt hatte? Ob er die atomare Schuld der Physiker der 30er gefühlt hatte? Ob ihn die Vergangenheit erneut eingesaugt hatte? Oder war sein Verschwinden nur ein kurzzeitiges, temporäres Versinken in einer anderen Zeit, aus der er ganz bald wieder auftauchen würde? Einen Augenblick lang dachte ich, dass er beschlossen hatte, seinem Leben ein Ende zu setzen. Aber wenn ich am Leben war, wie konnte Gaustín dann tot sein …

Mir fiel das kleine Zimmerchen auf dem Stockwerk der 40er ein, wo wir uns das letzte Mal gesehen hatten, es war sozusagen sein spätes Geheimbüro. Ihn zu finden, wäre genauso schrecklich wie ihn nicht zu finden. Ich öffnete ängstlich die Tür. Auf dem Schreibtisch lag neben den Flugzeugmodellen ein großer brauner Umschlag mit meinem Namen darauf. Darin war ein Blatt mit seiner Handschrift und von ihm unterschrieben, dass alles, was mit der Klinik und den Siedlungen für Vergangenheit zu tun hatte, bis auf weiteres unter meiner Leitung stehen würde. Da war noch etwas –

ein gelbes Notizbuch, Format 1/16, mit weichem Umschlag, zur Hälfte vollgeschrieben, ich würde es später lesen. Und eine offene schwarz-weiße Postkarte mit dem Rose Main Reading Room der New York Public Library, auf der Rückseite – zwei Zeilen in Gaustíns Handschrift.

Ich muss nach 1939, ich werde schreiben, wenn ich da bin.
Verzeih, Dein G.

Typisch. Mit zwei Sätzen lässt du alles stehen und liegen. (Ich muss gestehen, dass ich mich persönlich gekränkt fühlte.) Keinerlei Instruktionen, keinerlei Herz, nichts. All seine Projekte endeten hier. Will sagen, all seine Verrücktheiten. Und meine eigene Verrücktheit, dass ich Teil von ihnen war, dass ich darauf einging, dass ich sie mit ihm ausdachte. Er war einfach während der Fahrt abgesprungen, aus dem einen in das andere Jahrhundert. Er hatte es schon das letzte Mal, als wir uns sahen, gewusst, es war beschlossene Sache gewesen. Deshalb starrte er mich so an, als ich sagte, dass wir uns um 6 vor dem Krieg treffen würden.

Er war die Bombe von 1939 entschärfen gegangen. Früher oder später würde ich ihm folgen.

Was soll ich jetzt mit einigen Kliniken und Siedlungen für Vergangenheit anfangen, wo die Vergangenheit aus ihnen herausgekrochen ist und sich bereits offiziell in den Städten ringsum niedergelassen hat? Was soll man mit den Alzheimer-Orten in einer Alzheimer-Welt tun? Ich dachte einige Nächte darüber nach. Wie konnte er das alles mir aufhalsen. Natürlich mussten die Kliniken bestehen bleiben, die Patienten brauchten eine geschützte Vergangenheit. Noch mehr in dem Zeitenchaos da draußen.

V

DISKRETE UNGEHEUER

Und als die bösen Geister die Vergangenheit verließen, nisteten sie sich im Menschen ein …

Gaustín, Das gelbe Notizbuch

Ich weiß nicht, wer von beiden diese Seite schreibt.

J. L. Borges, »Borges und ich«

1.

Die Büchse war geöffnet.

Zu Anfang, einige Monate nachdem die Staaten ihre glücklichen Jahrzehnte gewählt hatten, blieb es verhältnismäßig ruhig. Der Boom alter Filme, Alben, Vinylplatten und der Produktion von Plattenspielern war nicht zu übersehen. Die einstigen Zeitschriften und Zeitungen von früher nahmen ihr periodisches Erscheinen wieder auf, es kehrten die Telegramme zurück, die Schreibmaschinen, das Kohlepapier … Die Menschen hatten vergessen, mit wie vielen Einzelheiten die Vergangenheit gefüllt ist, und jetzt entdeckten sie glücklich Dinge, gingen hinunter in den Keller, holten alte Gegenstände herauf, putzten sie, strichen sie neu an, gaben sie jemandem zur Restaurierung. Sie holten ihre Briefmarkensammlungen, Streichholzschachteln, Servietten und Schallplatten hervor. Die Kinos spuckten alte Filme aus, die Regisseure bekamen Bestellungen für Neuverfilmungen, Retrotanzclubs schossen wie Pilze aus dem Boden, auf den Straßen konnte man immer öfter die alten Lada im Osten oder Opel Rekord im Westen sehen, die Leichtindustrie wurde in neue Bahnen gelenkt.

Doch es gab auch Dinge, die mit der Zeit den Zug entgleisen lassen konnten. Manchmal ist es schwerer zu vergessen als sich zu erinnern. Der Verzicht auf Mobiltelefone zum Beispiel, auf Internet und soziale Netzwerke … Manche taten es sehr gern, das war doch Sinn der Sache – zu verlangsamen, auszumisten … aber das war ein sehr kleiner Prozentsatz. Das Heroin des Virtuellen hatte ganze Arbeit geleistet. Viele, selbst unter denjenigen, die für die Fünfziger oder Sechziger gestimmt hatten, wollten nicht verzichten.

Die Imperien der Mobilfunkanbieter und sozialen Netzwerke waren ebenfalls nicht glücklich über den möglichen Umsturz, es hieß, sie würden heimlich Geld in das Boykottieren der Regeln pumpen.

Andererseits reifte der Aufstand der »Verlierer« des Referendums heran. Die, die auf die 90er gesetzt hatten, weigerten sich beispielsweise, der Zeitlosigkeit der 70er zu folgen. Jeder wollte sein Jahrzehnt, für das er gestimmt und das er im Laufe der Kampagne erweckt hatte. Anarchismus und zentrifugale Tendenzen schwebten über den Ländern. Plötzlich begann jenes, das wie eine Idylle aussehen sollte, schrittweise zu zerfallen … Die Unzufriedenen begannen, sich in eigenen Siedlungen und Enklaven abzusondern, kleine Territorien abzuspalten und sie mit verschiedenen Zeiten zu besiedeln. Das Lokale wurde erneut wichtig.

Wenn der Uneingeweihte eine Reise unternimmt, kann er unerwartet und in keinem Reiseführer verzeichnet in eine andere Zeit geraten – ein osteuropäisches Dorf, das sich im frühen Sozialismus abgesondert hat, mit Kooperativen und alten Traktoren, ein Städtchen mit Häusern aus der Wiedergeburtszeit, wo die Vorbereitungen für einen Aufstand im Gange sind, oder ein Wald mit Wigwams, Trabants und ostdeutschen Indianern. Alle möglichen Vergangenheiten lagen auf den Straßen des Kontinents herum, vermischten sich und geschahen gleichzeitig.

Die alten Reiseführer mussten durch neue »Zeitführer« ersetzt werden.

2.

Die Welt war zu einer offenen Klinik für Vergangenheit geworden, als wären ihre Wände eingestürzt. Ob Gaustín all das vorhergesehen hatte – er, der mich immer anhielt, die Tür beim Hinausgehen fest zu schließen, um die Zeiten nicht zu vermischen …

Die Vergangenheit begann als Fluss, der aus seinem Bett tritt und alles rundum überschwemmt, er drängt sich durch die engen Sträßchen, setzt die Erdgeschosse unter Wasser, klettert die Wände hinauf, zerschlägt die Fensterscheiben und dringt in die Zimmer ein, schleift Zweige mit sich, Blätter, ertrunkene Katzen, Plakate, die Hüte von Straßenmusikanten, Akkordeons, Fotos, Zeitungen, Szenen aus Filmen, ein Tischbein, sich wiederholende Repliken, fremde Nachmittage, springende Schallplatten … Die große Flutwelle der Vergangenheit.

Es wurde langsam klar, dass die Karte mit den neuen Staaten der Zeit nur sehr kurz Bestand haben würde. Die durch das Referendum geweckten Dämonen konnten nicht wieder verbannt werden. Einmal hervorgekrochen, liefen sie überall umher, so wie sie Hesiod beschrieben hatte – ohne Stimme, aber verlockend …

Die Welt kehrte zu ihrem Urzustand des Chaos zurück, aber nicht jenes ursprüngliche Chaos, aus dem alles entsteht, sondern das Chaos des Endes, der grausame und chaotische Überfluss des Endes, der die vorhandene Zeit mit allem Leben darin ertränken würde.

Die bösen Geister waren losgelassen.

3.

Ich fand zwei jüngere und ehrgeizige Ärzte, um die Klinik zu leiten. Ich rüstete mich mit einem Stoß Bücher, leeren Notizbüchern und Bleistiften aus und kehrte ins Kloster auf dem Hügel zurück, hinter die Wände des siebzehnten Jahrhunderts, genau unter den Glockenturm. Von der Höhe des Klosters (und des siebzehnten Jahrhunderts) aus konnte man besser beobachten, bis wohin die Sintflut der Vergangenheit gelangt war, doch bis ihre Wasser hierher kämen, würde noch Zeit vergehen. Ich hatte auch das gelbe Notizbuch dabei, das mir Gaustín dagelassen hatte, mit allen möglichen Beobachtungen, neuen und bevorstehenden Diagnosen (so hatte er sie genannt), persönlichen Randbemerkungen und gleichsam absichtlich freigelassenen Stellen. Bald begann ich, sie zu füllen. Zuerst markierte ich seine Randbemerkungen mit einem G. und meine mit zweien (G. G.), später hörte ich auf. Ich bemerkte, dass unsere Handschriften nicht voneinander zu unterscheiden waren.

4.

Ist es möglich, dass es zu dieser Vermischung der Zeiten kommt, nur weil Gott das Band zurückspult? Wir befinden uns in der unsicheren Erinnerung eines Gottes, der begonnen hat zu vergessen. Die Erinnerung daran zu verlieren, was er ganz am Anfang ausgesprochen hat. In einer Welt, die aus Namen gemacht ist, bedeutet das Vergessen derselben ihr natürliches Ende.

Gott ist nicht tot. Gott hat vergessen. Gott ist dement.

(Das gelbe Notizbuch, G.)

Jenes, was ich nicht zu tun (oder zu sagen) wage, wird zu Gaustín.

Und trotzdem ist er zu radikal mit diesem »Gott ist dement«. Gott hat nur begonnen zu vergessen. Manchmal vermischt er die Zeiten, verwechselt Erinnerungen, die Vergangenheit fließt nicht nur in eine Richtung.

Was ist wohl im Kopf eines Gottes, der alle Geschichten der Welt hält. Sowohl die, die passiert sind, als auch die, die nicht passiert sind. All unsere Geschichten in jeder Sekunde dieser Welt.

(Das gelbe Notizbuch, G. G.)

5.

Ich kann mich nicht erinnern, in welchem Augenblick er begann, realer als ich zu werden. Die Leute lasen über Gaustín, interessierten sich, warteten darauf, wann er erneut auftauchen würde, fragten, warum er auf sich warten ließ. Die Zeitschrift, in der ich in regelmäßigen Abständen Kurzgeschichten über ihn veröffentlichte, verdoppelte mein Honorar. Ich sah, wie Gaustín mir auf Art der Sechziger zuzwinkerte – Alter, die Hälfte davon steht mir zu. Du brauchst nichts, entgegnete ich, ich habe mir dich doch ausgedacht. Ach so, zog er die Braue hoch, soll es für immer bei diesem Rollkragenpulli und der runden Brille bleiben, ein hellblauer Pontiac oder zumindest ein Mini Cooper würden mir gut stehen.

Los, verschwinde, rief ich, ich kann dir eine Vespa gewähren, mehr nicht.

Mit den Jahren fällt es mir immer schwerer auszusieben, wer wen schreibt. Oder ein Dritter schreibt uns beide, ohne besondere Hingabe oder Ausdauer. Manchmal bin ich glücklicher und besser, so schreibt man mich, und ich fliege, aber schon im nächsten Absatz stutzen sie mir die Flügel und ich taumle wie eine Taube im Staub. Ich sage mir immer wieder, vergiss nicht, dass du auf der anderen Seite der Geschichte stehst, vergiss nicht, dass du auf der anderen Seite der Geschichte stehst … Du schreibst sie, nicht sie dich. Beginnst du zu spüren, dass ein anderer dich schreibt, bist du am Ende, die bösen Geister haben von dir Besitz ergriffen, jenes ist gekommen, vor dem du dich am meisten fürchtest, dein Gehirn leert sich wie ein Getreidespeicher im Winter. Nein, noch halte ich die Lage im Zaum … Noch, so scheint es mir, schließe ich fest die Türen.

Ich bin derjenige, der schreibt …

Während ich schreibe, weiß ich, wer ich bin, aber höre ich auf, bin ich mir nicht mehr so sicher.

6.

Alle Radiosender spielen Musik und Nachrichten aus vergangenen Jahrzehnten. Es hat überhaupt keine Bedeutung mehr, was heute passiert. Es hat auch keine Bedeutung, welches Jahrzehnt beim Referendum gewählt wurde, jeder lebt in seinem eigenen. Wir dachten, in der Vergangenheit gäbe es eine Ordnung wie in einem Familienalbum mit chronologisch geordneten Fotos – hier als Kinder, hier beim Abschluss, hier bin ich Soldat, meine erste Hochzeit, die Geburt meiner Tochter … Nichts dergleichen. Ich habe einen kleinen, halblegalen Radiosender gefunden, der versucht, Nachrichten von heute zu übertragen. Aber auch er ist gezwungen, die Vergangenheit auszustrahlen (in ihrer ganzen Anarchie).

7.

Heute kam mir die Idee, mir etwas zu essen zu machen, das ich seit meiner Kindheit nicht mehr gekostet hatte – Ei auf Zeitungspapier. Das ist das einfachste Rezept, das ich kenne. Du legst ein Stück Zeitung auf die Herdplatte und schlägst darüber das Ei auf. Damals war das Problem, dass es keine Eier gab, jetzt gibt es keine Zeitungen. Gott sei Dank trieb ich eine Zeitung auf, ich schaltete die Herdplatte ein, auf kleiner Stufe, und das Zimmer erfüllte sich mit einem Geruch, den ich nicht mehr wahrgenommen hatte, seit ich 8 Jahre alt war. Der Geruch von Ei und erhitztem Papier, ein trockener Geruch. Ich erinnerte mich, wie ein Teil der Buchstaben auf dem Eiweiß einen Abdruck hinterließ. Ich rief mir ebenfalls ins Gedächtnis, wie die Zeitung damals für alles herhalten musste. Mein Großvater wickelte seinen Käse darin ein, und wenn wir uns zum Mittagessen hinsetzten, konnte ich die Schlagzeilen auf dem Stück Käse lesen.

Im Sommer bedeckte man die Fenster mit Zeitungspapier, anstelle von Jalousien und auch, damit die Fliegen die Scheiben nicht verschmutzten. Wo ich gerade Fliegen erwähnt habe, ich erinnerte mich an die nackte Glühbirne, die im Dorf von der Decke hing und auf die sie sich stürzten, meine Großmutter machte aus der Zeitung etwas wie einen Lampenschirm, der schnell vergilbte und anbrannte.

Es wurde ein gutes Ei auf Zeitungspapier.

8.

Ich habe schlecht geschlafen, von einer Flut und Bestien geträumt, von Feuern … alttestamentarische Träume, im Großen und Ganzen, ein echter Albtraum. Obendrein sind meine Zigaretten aus, aber ich habe keine Lust, aus dem Haus zu gehen, ich habe genügend Tabakvorräte. Ich muss nur Zigarettenpapier zum Drehen finden. Zeitungen gibt es keine mehr, die Seiten aus dem Notizbuch sind ziemlich dick … ich habe ein altes Heft mit dünnem Papier, fast schon Reispapier, noch aus den 90ern, vollgeschrieben mit alten Gedichten, die ohnehin nichts taugen …

9.

Das Syndrom der Blinden Vajša

Es ist der Fall eines Mädchens beschrieben worden, das mit seinem linken Auge nur in die Vergangenheit sieht, doch mit dem rechten – einzig jenes, was in der Zukunft geschehen wird. Manchmal ziehen sich die Grenzen zwischen Vergangenheit und Zukunft so weit zusammen, dass sie mit dem linken Auge sieht, wie der Mond verschwindet, und für das rechte geht die Sonne auf. Ein andermal laufen die Grenzen auseinander, und vor dem linken Auge breitet sich die Erdoberfläche der ersten Tage aus, wüst und wirr, und vor dem rechten – der Planet der letzten Tage, verwüstet und wieder wirr.

Für das Syndrom der Blinden Vajša, als das es später in der Wissenschaft bekannt werden wird, ist gerade diese Gleichzeitigkeit von Vergangenheit und Zukunft charakteristisch, die Fähigkeit (oder der Fluch), die Welt gleichzeitig in ihrem Davor und Danach zu sehen, nie in ihrem Bestand im Hier und Jetzt. Es unterscheidet sich vom Syndrom derer, die die Vergangenheit bewohnen, oder jener, die nur in der Zukunft leben, und es ist doppelt so schwerwiegend.

Klinisches Bild: Schmerzhaftes Gefühl von Unzugehörigkeit zu keiner Zeit, abrupte Sprünge zwischen Vergangenheit und Zukunft, faktische Blindheit bei normal funktionierenden Pupillen, Versuche von Selbstverletzung und suizidales Verhalten. Nähe zum sog. *Syndrom der Unzugehörigen.*

Die Betroffenen können nicht ohne Begleitung das Haus verlassen, weil die Straße, auf der sie gehen, für ihr eines Auge noch nicht existiert, für das andere jedoch bereits eine Hauptverkehrsstraße mit vorbeibrausenden Autos ist. Man erwartet eine Verdoppelung der Häufigkeit des Auftretens der Erkrankung innerhalb von ein, zwei Jahren.

(Gaustín, »Neue und bevorstehende Diagnosen«)

Manchmal macht mich G. wirklich rasend, ich werde nicht einmal seinen ganzen Namen ausschreiben. Er hat mich auch früher schon rasend gemacht, das Seltsame ist, dass er es auch jetzt tut, wo er gar nicht da ist. Allein die Tatsache, dass er nicht da ist, aber zwischen den Zeilen hervorgrinst, ist widerlich. Mich macht dieses rücksichtslose Sich-Aneignen rasend. Dieses ganze Aufbauschen und diese Selbstherrlichkeit von Werken, mit welchem Recht. Warte mal, ich habe mir dich ausgedacht, ich werde dich … Es reicht ein einziger Satz, zum Beispiel: »Gaustín ging am ersten Tag jenes Septembers von uns …« und Schluss.

Ein ganzes Leben lang treibt er mit meinem warmen südöstlichen Herzen Schindluder.

10.

Vor Jahren, als ich noch reiste, ging ich zu einem Sonntagsgottesdienst in die Dominikanerkirche in Krakau. Es war Februar, kalt und dunkel, es fiel Schneegriesel. Ich sah ein Mädchen mit einem kurzen Mantel auf den Stufen sitzen, Eltern mit einem Kinderwagen und zwei rotznäsigen Kindern, die sich erschrocken an sie drückten, einen alten Obdachlosen, der sein Kinn rhythmisch wie ein Metronom bewegte, Gesichter von Menschen in Unruhe. Ich hatte das Gefühl, dass ich dieselben Gesichter und Körper, dieselbe Szene irgendwo in den 40ern schon einmal gesehen hatte (ich wurde zwanzig Jahre danach geboren). Wie werden die Gesichter der Menschen aussehen, wenn die letzten Tage kommen? Wird es irgendein Anzeichen auf diesen Gesichtern geben, oder werden sie die gleichen sein wie unsere?

Eines Nachmittags, Jahre später, nach einem weiteren Attentat irgendwo in Europa, stand ich stundenlang im Museum in Den Haag. Wie in einer Zuflucht aus einer anderen Zeit. Es war voller Menschen, die vor den Nachrichten des Tages geflüchtet waren. Ein Mädchen mit Pullover und Jeans stand vor »Das Mädchen mit dem Perlenohrgehänge«. Ich stand einen Schritt weit von ihnen entfernt und rührte mich nicht. Ihre Gesichter – ein und dieselben. Also ist die Zeit nur ein Kleidungsstück, ein Ohrring … Der Museumswärter im Saal ähnelte Vermeer.

11.

Meine Notizbücher sind voll von schnell hingekritzelten Gesichtern. Gesichter nicht existierender Menschen … Auch hier, in diesem Notizbuch. Und in allen Notizbüchern über die Jahre hinweg … ich habe keine Vorstellung davon, wer sie sind, ich suche nicht nach Ähnlichkeiten …

Was machst Du?
Ich zeichne Gesichter, die nicht existieren.
Sind sie noch nicht geboren oder gibt es sie nicht mehr?
Sie sind noch nicht geboren und es gibt sie nicht mehr.

Man hat eine Software erfunden, die Gesichtszüge kombiniert, unbekannte Gesichter entwirft und erzeugt, und sie sind absolut glaubwürdig. Nicht ein einziges von ihnen existiert, wiederholten sie in dem Artikel unter jedem Foto. Und ich hatte dauernd das Gefühl, dass ich ihnen irgendwo begegnet war. Es liegt etwas Großartiges darin, Gesichter von nicht existenten Menschen zu erzeugen, ich kann nicht einmal sagen, was genau.

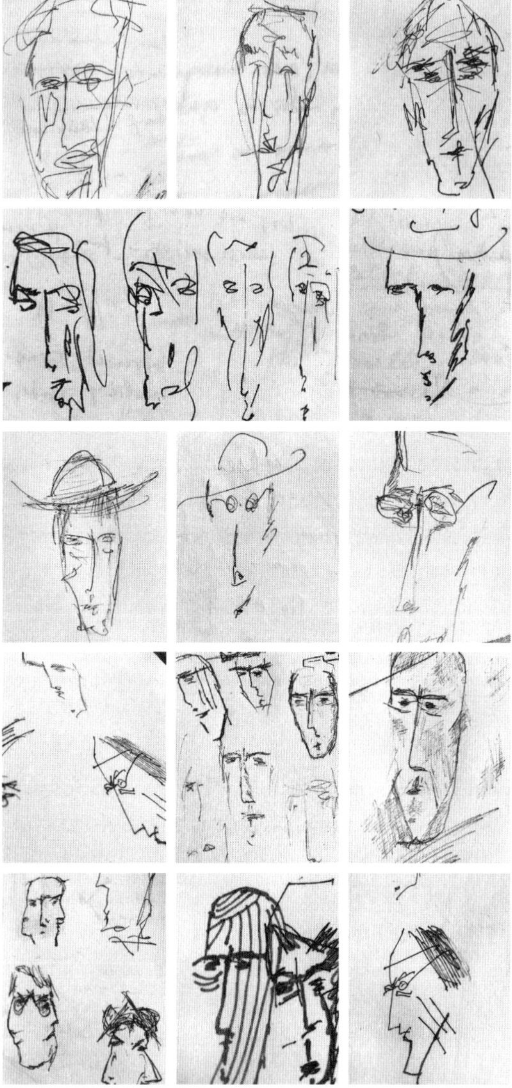

12.

Hunger nach Gesichtern. Ich bin 19, Grenzsoldat an der bulgarisch-griechischen Grenze. Ein ganzes Jahr werde ich dort sitzen, im Niemandsland, wo du, wenn du ein menschliches Gesicht siehst, darauf schießen musst. Keiner hat das Recht, die Grenze zu überschreiten. Auf dem Wachposten gibt es noch zwölf andere Soldaten und einen Kommandeur – die einzigen Gesichter, die du dauernd vor Augen hast, morgens, mittags und abends. Und das ist noch nicht einmal ein Gefängnis. Einmal monatlich hast du Anspruch auf einen Tag Urlaub. Die meisten nutzen diesen Tag, um sich einmal auszuschlafen. Schlaf gehört zu den wichtigsten Dingen für den Soldaten, wie auch Nahrung. Sex ist ein unerreichbares Gut. Ich nutze diesen Tag, um in die nahegelegene Provinzstadt zu kommen, die mit Müh und Not dreitausend Seelen zählt. Ich kenne dort niemanden. Ich stehe im Dunkeln auf, gehe einige Kilometer zu Fuß, wenn mir unterwegs ein Fuhrwerk begegnet, fahre ich per Anhalter, Autos kommen hier selten vorbei. Zwei Stunden später bin ich in der Stadt, gerade als das einzige Café im Zentrum aufmacht, ich setze mich draußen hin, bestelle etwas, Limonade oder Schweppes, und sehe mir Gesichter an. Ich sitze und betrachte Gesichter von »zivilen Leuten«, wie wir damals sagten. Nichtsoldatische Gesichter. Meine Augen folgen ihnen von allein. Das ist das einzige, das mir Befriedigung und Ruhe bringt. Irgendwo auf dieser Welt, außerhalb dieses Grenzpostens, gibt es Menschen, die ein normales Leben führen. Es kommt mir so weit weg vor, und ich habe Angst, dass ich nie wieder »p-s-y-c-h-o-l-o-g-i-s-c-h intakt« dorthin zurückkehren werde, wie in einem Buch steht, ich bewahre es heimlich in der Tasche mit der Gasmaske auf.

Ein beruhigendes Wissen, dass es unterschiedliche Gesichter gibt, und die anschwellende Angst, dass deines nicht Teil von ihnen ist. Dass es vielleicht nicht existiert.

13.

Ich beobachte die Welt, eingeschlossen in ein Zimmer aus dem 17. Jahrhundert, mit WLAN aus dem 21. Jahrhundert, ich schreibe auf einem Holztisch, der mindestens hundert Jahre alt ist, und schlafe in einem Bett mit Metallrahmen aus dem 19. Jahrhundert. Ich versuche, die Vergangenheit, die bevorsteht, zu verspielen. Mein Gedächtnis wird schwächer, der Verstand verlässt mich, jenes, das ich mir ausdenke, ist mir auf den Fersen, holt mich ein und kommt mir zuvor. Verzeih mir, Gott der Utopien, die Zeiten haben sich vermischt, und du weißt nicht mehr, ob das, was du erzählst, gewesen ist oder ob es erst noch kommen wird.

14.

Und es begannen massenhafte Verdopplungen von Gewesenem und Nichtgewesenem …

Immer detaillierter, immer näher an den realen Ereignissen, manchmal sogar realer als sie. Und niemand wird mehr unterscheiden können, was Wahrheit ist und was Abbild … Das eine wird ins andere übergehen, und wenn echtes, warmes, menschliches Blut vergossen wird, werden die Leute applaudieren wie im Theater, doch anderswo werden sie roten Farbstoff, gewonnen aus giftigem Zinnober, für Blut halten und sie werden zu Bestien werden …

(Gaustín, »Über die Vermischung der Zeiten«)

15.

Burgtheater, 1925/2025

Peer Gynt, dieser nordische Odysseus, kehrt zurück … Ein schrecklicher Sturm bricht los, Blitze zerreißen den Himmel, das Meer grollt, das Schiff wird jeden Augenblick zerschellen …

Plötzlich hört man inmitten von Blitz und Donner auf der Bühne Revolverschüsse, die direkt aus dem Zuschauerraum kommen. Eine Frau kreischt in der Loge im ersten Rang. Die Kugel ist durch ihre rechte Wange eingedrungen, hat die Zunge gestreift und ist auf der anderen Seite wieder ausgetreten. Die Zuschauer im Parkett heben die Köpfe. Und, oh Schreck – der Kopf eines Mannes hängt über die Brüstung. Blutstropfen werden von den altrosa Kleidern zweier entsetzter Mädchen, deren Plätze sich direkt darunter befinden, aufgesaugt. Der ganze Zuschauerraum ist aufgesprungen. Mehrere Paare rennen hinaus, es kommt zu einem Gedränge am Ausgang, die anderen rühren sich nicht …

In diesem Augenblick erscheint eine zierliche Frau in der Loge mit einer noch rauchenden Mauser, reicht der Verwundeten die Hand, der Erschossene hebt sein blutiges Gesicht, und die drei verbeugen sich höflich vor dem exaltierten Publikum.

Ende der Tragödie. Der Vorhang auf der Bühne fällt stillschweigend, auch wenn niemand mehr dorthin schaut.

Eine der größten Attraktionen in Wien – »Peer Gynt« im Burgtheater. Ein volles Reenactment der Vorstellung von 1925, begleitet vom Mord am mazedonischen Revolutionär Todor Panica am 8. Mai desselben Jahres, während des fünften Aktes, die Szene mit dem Sturm, genau vor der Replik

»Man stirbt nicht mitten im fünften Akt«. Die im Gesicht Verwundete ist seine Ehefrau. Die zierliche Frau, die ihn erschießt, ist Teil einer verfeindeten Fraktion, sie heißt Menča Kărničeva (ihr vollständiger Name lautet Melpomena, die Muse des Theaters, was für eine Ironie).

Die Zuschauer sind hauptsächlich wegen dieser paar Minuten gekommen – Schiffbruch auf der Bühne und Blut im Zuschauerraum. Wer würde nicht gern den Geschmack der 20er mit einem Mord im Theater kosten. Die Karten sind ein Jahr im Voraus ausverkauft.

16.

Meine Freunde, haben wir schon den Scheck der Zukunft ausgegeben? Den ungedeckten Scheck der Zukunft …

Die Vergangenheit existiert doch nicht *mehr*, und die Zukunft existiert *noch* nicht, sagt der Heilige Augustinus im 11. Buch der Confessiones.

In diesem *noch* liegt immerhin ein Trost, es gibt sie nicht, aber sie wird kommen. Und was tun wir, wenn auch die Zukunft nicht *mehr* existiert? Wie sehr unterscheidet sich eine Zukunft, die *noch* nicht existiert, von jener, die es nicht *mehr* gibt? Wie verschieden ist dieses Nichtexistieren. Die erste ist voller Versprechung, die zweite ist eine Apokalypse …

(Gaustín, »Randbemerkungen über das Ende der Zeit«)

17.

Das Gedächtnis hält dich, lässt dich in den harten Konturen eines einzigen Menschen erstarren, den du nicht verlassen kannst. Das Vergessen kommt, um dich zu befreien. Die

Züge verlieren ihre Schärfe und Nachdrücklichkeit, die Unklarheit verwischt die Form. Wenn ich mich nicht erinnere, wer genau ich bin, kann ich jeder sein, sogar ich selbst, sogar ich selbst als Kind. Plötzlich werden jene Spiele bei Borges, die dir in deiner Jugend so gefallen haben, Spiele der Verdopplungen, real, sie passieren mit dir selbst. Jenes, was eine Metapher gewesen ist, ist zu einer Krankheit geworden, wenn wir Sontag umkehren. Hier gibt es keine Metaphern mehr, wie G. gesagt hatte, als wir uns das erste Mal sahen und den Tod der Eintagsfliegen am Ende des Tages erörterten. Hier bist du wirklich nicht mehr sicher, auf welcher Seite der Geschichte du stehst. Hier wird »ich« zum sinnlosesten Wort, zu einer leeren Schale, die die Wellen am Ufer entlangschleifen.

Es folgt das große Verlassen. Einer nach dem anderen verlassen dich alle Körper, die du gewesen bist. Sie lösen sich von selbst auf. Der Engel der Verlassenden und der Engel der Verlassenen – manchmal sind sie ein und derselbe.

18.

Ich stoße auf folgende Aufzeichnung im gelben Notizbuch, die mir einige Tage lang keine Ruhe lässt.

»Während er einen Roman über die vom Gedächtnis Verlassenen schreibt, beginnt er selbst, das Gedächtnis zu verlieren … Er hat es eilig, ihn abzuschließen, bevor er das vergessen hat, wovon er erzählt.«

Macht er sich lustig, will er mich erschrecken, oder spielt er mir eine Idee zu?

19.

Die peinliche Situation mit dem Vergessen von Namen … Natürlich beklagt sich jeder ab einem bestimmten Alter darüber. Aber es geht um die Namen von Menschen, die einem sehr nahe stehen. Du kannst beispielsweise nicht den Namen der Frau vergessen, mit der du damals zusammengelebt hast, einige Jahre eine Ehe geführt hast, und jetzt hält sie dir den Roman hin und lächelt in Erwartung einer sehr persönlichen Widmung. Sie hat sich einmal bei einem meiner seltenen Auftritte vor Publikum in die Schlange gestellt. Und … völlige Blockade. Ich kann mich in Einzelheiten an ihren Körper erinnern, sagen, wo sie ein Muttermal hat, wie unser erstes Mal war, das sind fünf Jahre unseres Lebens.

Aber der Name … ich drehe ein Dutzend in meinem Kopf hin und her, und keiner ist ihrer. Es passiert mir nicht zum ersten Mal, aber nie ist es so schrecklich gewesen, nie bei einem so vertrauten Menschen. Ich sehe mich hilflos um, die Schlange wartet. Ich kenne für solche Fälle ein paar Tricks – ist ein Bekannter in der Nähe, stelle ich ihn ihr vor, um ihren Namen zu hören, aber zu meinem Unglück befindet sich jetzt ringsum kein solcher Mensch. Ich gehe zu Plan B über. Ich verfasse eine Widmung, die ausreichend persönlich ist, aber ohne Namen. Ich schreibe etwas wie *Für die gemeinsame Vergangenheit, aus der wir gemacht sind.* Ich reiche ihr das Buch. Sie schlägt es auf, danach gibt sie es mir unschuldig zurück – schreib doch bitte den Namen dazu …

Ich drücke vor Verlegenheit auf die durchsichtige Tischplatte des Standes, etwas gibt nach, und das Glas fällt mir mit einem Knall vor die Füße. Mein Handgelenk blutet ziemlich stark, eine Frau in der Schlange fällt in Ohnmacht, die Leute strömen zusammen, das Mädchen von der Buchhandlung gießt Wasser über die blutende Stelle und packt Tampons aus, die Autogrammstunde ist beendet, die Schlange löst sich auf, zwei Fotografen machen Fotos, morgen werde ich mich auf irgendeiner Webseite der Boulevardpresse sehen … in Blut versunken … aber für mich liegt so eine Erleichterung in all dem … Kann ich dir irgendwie helfen, flüstert meine Frau besorgt, meine Exfrau, wegen der ich blute wie ein Schwein. Alles in Ordnung, sage ich, wobei ich ein wenig Blut auf ihrem Exemplar bemerke, genau neben der Widmung.

Sollen wir es austauschen?, fragt sie das Mädchen. Oh nein, danke, so ist es persönlicher, sagt Emma und verlässt den Tatort.

Emma! Emma, natürlich, Emma … Wie Emma Bovary.

20.

Ich ging damals zu einem befreundeten Neurologen. Er hielt mich ohnehin schon lange für einen Hypochonder.

Es ist möglich, dass es sich um vorübergehende Schutzmechanismen handelt, der Stress. Du triffst viele Menschen, wenn wir auch die dazunehmen, die du dir ausdenkst …

(Er hat recht, ich habe gar nicht darüber nachgedacht, dass ich alle in meinen Büchern herumlaufenden Figuren ebenfalls im Kopf behalten muss, ich bin barmherzig, und das Töten geht mir nicht so leicht von der Hand wie manch anderem, was ihr Behalten noch mehr erschwert.)

Natürlich verblöden wir mit der Zeit alle ein bisschen, sagt der Arzt, hier und da brennen Neuronen durch, manche Verbindungen sind verloren, auch wenn sie eines Tages unvermutet wieder auftauchen können. Aber nicht genau in dem Moment, wenn wir nach ihnen suchen. Es ist wie mit dem Schlaf – je mehr ich mir abends im Bett vorsage, dass ich einschlafen muss, ich muss einschlafen, desto geringer ist die Chance. Ruh dich mehr aus …

Ich verlasse die Praxis mit jener Empfindung und jenem Gefühl von Schuld, dass sie mich für einen Betrüger halten, für einen Erfinder der eigenen Paranoia. Aber wie, zum Teufel, hieß dieser befreundete Neurologe, frage ich mich nur einige Meter später und kehre zurück, um den Namen auf seinem Türschild zu lesen.

Wir haben, bevor wir geboren wurden, von den Wassern der Lethe getrunken, wie es geschrieben steht, um unser vorheriges Leben völlig zu vergessen. Aber warum wachen wir manchmal mitten in der Nacht auf oder es kommt uns eine plötzliche Erleuchtung um drei am Nachmittag, dass wir das schon gelebt haben und wissen, was in weiterer Folge passieren wird. Es sind unerwartete Risse aufgetreten. Risse, aus denen das Licht der Vergangenheit strömt. Und wir hätten doch alles vergessen haben sollen. Die Wasser der Lethe sind auch nicht mehr das, was sie einmal waren.

21.

Ich entdecke unter den Mythen keinen großen Gott des Gedächtnisses oder zumindest einen Gott des Vergessens. Solche, wie es sie für die Liebe, das Feuer, die Rache gibt … Ich entdecke nicht einmal Halbgötter oder Nymphen. Die ganze griechische Mythologie, in der es sonst nur so von Gottheiten wimmelt, von Halbgöttern, Kentauren, Helden und was nicht sonst noch allem, hat die Götter des Gedächtnisses und des Vergessens vergessen. Ja, es gibt Mnemosyne, eher als Mutter der Musen, es gibt auch Lethe, aber sie stehen irgendwie im Schatten, halb vergessen. Wahrscheinlich war die Welt zu der Zeit, als die Mythen entstanden, noch zu jung, um Erinnerungen zu haben, zu jung, um zu vergessen zu beginnen … Und die Menschen starben auch früh, noch bevor das Alter ihren Verstand leeren konnte …

Schließlich entsteht dann auch die Schrift. Die frühen Tontafeln mit Keilschrift aus Mesopotamien bewahren keine Weisheiten über das Geheimnis der Welt, wie man erwarten würde, sondern ganz praktische Informationen über die Anzahl von Schafen in einer Herde oder die verschiedenen Wörter für »Schwein«. Die ersten Schriftdenkmäler sind Listen gewesen. Am Anfang (und am Ende) steht immer die Liste.

22.

Weil dieses Jahr nichts mit meinem Leben geschieht, schreibe ich Tag für Tag mein Tagebuch von letztem Jahr ab, sagte eine Freundin einmal zu mir. Am heutigen 26. November schreibe ich das am 26. November des vergangenen Jahres Geschehene ab.

Ich habe noch nie etwas so Düsteres gehört.

Lange Zeit führte ich selbst ein Tagebuch, ohne das Datum einzutragen, auch nicht das Jahr, ich notierte nur, ob es Tag oder Nacht ist, irgendwann hörte ich auch auf, das dazuzuschreiben.

Jetzt, wo ich mich immer mehr von meinem Gedächtnis verabschiede, denke ich, dass es eine große Dummheit war, ich habe auch die kleinen Stützpunkte der Jahre und Monate verloren. Ich erinnere mich an einige Dinge, während ich lese, aber wann sie passiert sind, vor einem Jahr oder vor 15, kann ich nur schwer rekonstruieren. An andere erinnere ich mich überhaupt nicht, als wären sie einem völlig Unbekannten passiert und von der Hand eines anderen aufgeschrieben.

Meine Handschrift wird unleserlicher, kleiner und spitzer, so schrieb ich als Kind.

Manche Wörter verlieren sich schon, während ich sie aufschreibe, sie verwandeln sich einfach in Unsinn, tauschen ihre Silben, der Kopf geht nach hinten an den Schwanz, wie irgendwelche mythischen Tiere, wie schnell zusammengeflickte Kentauren oder metamorphosierte Kaulquappen.

Wunsch – Nuwsch

Von wo bin ich eigentlich ausgegangen, was wollte ich erzählen …

Ich versuche, ein Buch darüber abzuschließen, wie sich das Gedächtnis zurückzieht … Ich beeile mich, es fertigzustellen, bevor ich vergessen habe, worum es darin eigentlich ging. Aber wenn alles, was ich schreibe, Wirklichkeit wird, muss ich in eine andere Person flüchten.

23.

Zuerst verschwanden ein paar Wörter. Er machte es zu einem Spiel, es war lange her, sie waren noch Studenten. Er teilte seiner Frau und seinen Freunden mit, welche diese fünf, sechs schwindenden Wörter waren, und wenn er eines von ihnen brauchte, reichten sie sie ihm – *Deckenleiste, merkantil, Rosmarin, Konfrontation …*

Eines Tages, vielleicht weil er sich von seiner Frau trennte und aufhörte, seine Freunde zu treffen, die Wörter sich jedoch vermehrten, beschloss er, sie aufzuschreiben. Am Anfang war eine einzige Seite ausreichend, danach ein Blatt, von beiden

Seiten beschrieben. Danach noch eines und noch eines … Danach kaufte er ein Notizbuch. Er nannte es *Kurzgefasstes Wörterbuch des Vergessenen*. Es gab darin auch eine Abteilung für Namen und Personen. Allmählich wurden die Abteilungen mehr – es tauchte eine für Gerüche auf, die ihn an allerlei Dinge erinnerten. Danach für Geräusche, obendrein war er dabei, auch sein Gehör zu verlieren. (Ein Arzt sagte zu ihm, dass der Verlust von Gehör und Gedächtnis miteinander verknüpft sind, sie teilen ein und dasselbe Zimmer im Gehirn.)

Am Ende tauchte noch eine Abteilung im Notizbuch auf, vielleicht die wichtigste – für das, was wirklich mit ihm geschehen war, um es von dem unterscheiden zu können, was er in Büchern gelesen hatte, und von jenem, was er sich selbst ausgedacht hatte.

Früher oder später würde er alles vermischen – das Geschehene, das Gelesene und das Ausgedachte würden springen und ihre Plätze tauschen, bis sie allmählich leiser werden und ausbleichen, aber bis auf Weiteres versuchte er, die Grenzen aufrechtzuerhalten. Jahre später sollte sich seine Exfrau für ein Autogramm in die Schlange stellen, und er würde ihren Namen nicht in seinem Kopf finden …

24.

Am schlimmsten war es mit den Namen. Und wenn er gezwungen war, die Sprache zu wechseln, war es ein Albtraum. Er vergaß selbst die passende Phrase, um sich entschuldigen und nachfragen zu können:

Sorry, your name escapes me … Sorry, your name …

Jeden Morgen nahm er ein leeres Blatt Papier und schrieb es mit diesen fünf Wörtern voll. Das erinnerte ihn an die Bestrafungen in der Schule, wenn er 100 Mal ein falsch buchstabiertes Wort oder eine kleine Verfehlung wie »Ich habe meine Hausaufgaben vergessen« schreiben musste. Von hier kam die frühe Entdeckung, dass die Wiederholung den Sinn verändert, das Geschriebene entbeint und des Sinnes beraubt. Hundertmal wiederholt zerfiel alles (einschließlich der Schuld) zu bedeutungslosen Silben.

Wie dem auch sei, diese Erinnerungen gefielen ihm jetzt. Sie gehörten zu den wenigen, die ihm geblieben waren, und er kümmerte sich um sie wie um ein geliebtes Tier, er rief sie zu sich, streichelte ihre Ohren und sprach zu ihnen.

Er wusste, dass er eines Tages auch zu dieser Phrase gelangen würde:

Sorry, my name escapes me.

25.

Er fragte sich, wie bald der Moment gekommen sein würde, in dem er auch die Buchstaben vergessen würde. Nur das könnte er nicht überleben. Er hatte sehr früh zu schreiben gelernt, mit 4 oder 5, was eigentlich bedeuten sollte, dass sie als letzte gehen. Er stellte sich deutlich vor, wie sie sich wie kleine Tierchen verdrücken, wie Ameisen oder Käfer, sie verlassen dieses Heft, verlassen die Bücher und seine Bibliothek, sie krabbeln, durchqueren das Zimmer und gehen massenhaft fort. Die Völkerwanderung der Buchstaben. Da ist ja das Q, es schwimmt wie eine Kaulquappe davon, das D winkt nur und schiebt seinen dicken Bauch durch die Tür, das O rollt wie ein wohlgenährter Mistkäfer von dannen, das V macht zum Abschied das Victory-Zeichen, das Z verschwindet wie ein Blitz in der Dunkelheit. Er schlägt aufs Geratewohl ein Buch auf, es ist leer, nur ein kleines »e« fällt auf den Boden und rollt hinter die Heizung.

Eine Bibliothek mit leeren, verlassenen Büchern – ohne Titel, ohne Autor, ohne Text. Weiße Seiten, Tabula rasa. Der Verstand des Kindes ist eine Tabula rasa und wir müssen alles auf sie schreiben, sagte seine Lehrerin auf der Feier für die erste Klasse. Er hatte sich die merkwürdige Kombination gemerkt, gerade weil er sie nicht verstand. Jetzt war sein Verstand wieder eine Tabula rasa, nur dass man nichts mehr darauf festhalten kann. Der Film ist belichtet.

26.

Das Neuron (von altgriechisch νεῦρον – Sehne, Faser) ist eine elektrisch erregbare Zelle, die Informationen verarbeitet und überträgt. Die Dendriten empfangen die Signale der anderen Nervenzellen, und das Axon leitet mittels tausender Verästelungen diese Signale an die anderen Neuronen weiter, die ihrerseits …

(Anatomie für die 11. Klasse)

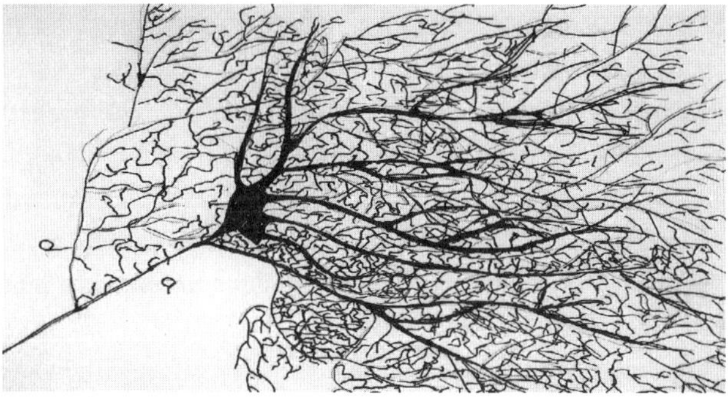

Dieses freudige (oder alarmierende) Miteinander der Neuronen, dieses ständige Summen. Aufleuchten, Sichbewegen von Ionen, Schwingen vom Membranen, Axone, Neurotransmitter, Übertragung in den Synapsen, Signale, Überspringen von Impulsen, *der Arbeit fröhlich Lärmen* ... Und auf einmal, oder nicht auf einmal, sondern allmählich, hören sie auf, miteinander zu sprechen, hören auf, einander zu besuchen, sich wie Nachbarn mit Dingen auszuhelfen, Mehl, Salz, Geschichten, das Lärmen verstummt, alles in der Werkstatt erstarrt, wird zähflüssig, die Lichter gehen aus.

27.

Ein Freund erzählte, wie seine Mutter und seine Schwiegermutter, Frauen im Alter von 80, fast gleichzeitig angefangen hatten, ihr Gedächtnis zu verlieren. Es gab keine andere Möglichkeit, sie mussten sie beide zu sich in ihre Wohnung nach Sofia holen. Und jeden Morgen wurde folgendes Gespräch geführt:

Wer ist die Dame, woher kommt sie eigentlich?, fragte die eine.

Also, ich bin aus Dings, wie hieß es noch gleich, am Meer. (An ihre Namen erinnerten sie sich nicht mehr, auch nicht an die Namen ihrer Städte.)

Ach, wirklich, ich komme auch vom Meer, was für ein Zufall. Und was tun Sie hier?

Ich bin zu Besuch bei meinem Sohn. Er lebt hier mit seiner Frau. Und um das Enkelchen zu sehen. Und Sie?

Ah, ich bin zu meiner Tochter gekommen. Sie lebt hier mit ihrem Mann. Und auch zur Enkelin.

Na, da schau an, was für ein Zufall. Wie alt ist Ihre Enkelin, meine Dame?

Sie muss so 7 oder 8 sein, und Ihre?

Mein Gott, was für ein Zufall, meine ist auch in dem Alter. Hier, das ist sie auf einem Foto.

Ernsthaft, meine Dame, rief die andere, aber das ist doch meine Enkelin.

Manchmal kam es zum Streit, manchmal versöhnten sie sich mit der Erkenntnis, dass sie in ein und demselben Haus bei ein und derselben Familie sind und dass die Tochter der einen den Sohn der anderen zum Mann genommen hat.

Am nächsten Morgen, sagte mein Freund, begann alles von vorn.

Woher kommt die Dame eigentlich …

28.
Salz

Die alten Mythen (und neuen Ideologien) mögen es nicht, wenn man sich umdreht … Orpheus, der sich umgedreht hat, wird Eurydike für immer verlieren, Lots Frau, die sich nach Sodom umgedreht hat, wird zur Salzsäule erstarren, wer sich zur Vergangenheit umdreht, wird später einfach verhaftet werden. Alles muss ganz von vorne anfangen, ohne Gedächtnis. (Neu, neu ist der Stern des Kommunismus und es gibt nichts vor ihm, deklamierte der lokale Parteisekretär im Städtchen T. früher einmal.)

Denkt an Lots Frau! Denkt auch an Sodom und Gomorrha, das Feuer und den Schwefel, die vom Himmel regnen. Und wagt es nicht zurückzublicken, so wird Lukas mahnen. Jeder soll dort bleiben, wo er ist. Der, der auf dem Dach seines Hauses ist, soll nicht hinuntersteigen. Auch jener, der auf dem Feld von der Apokalypse eingeholt wird, soll es nicht verlassen. Das gleicht einer polizeilichen Anordnung.

Aber worin liegt das große Verbrechen der Vergangenheit? Warum sollen sie nicht zurückblicken? Weil die Vergangenheit gefährlich ist und sich nach ihr umzudrehen eine Sünde, die dich in eine Salzsäule verwandelt? Die Apokalypse kommt, um gerade die Vergangenheit zu vernichten. Es reicht nicht aus, Sodom und Gomorrha zu verlassen, das ist leicht, jeder flüchtet vor dem Unheil. Die Bedingung ist, es zu vergessen, es aus deinem Gedächtnis zu löschen, es darf dir nicht fehlen. Lots Frau hat die Stadt verlassen, aber es ist ihr nicht gelungen, sie zu vergessen.

Die Zeit ist nicht nur eine weitere Sekunde, die soeben verflossen ist, sondern eine ganze Reihe von rückwärtsgerichtetem Scheitern (und vorwärtsgerichtetem Scheitern), ein Trümmerhaufen, wie es Benjamin beschreibt, vor dem der Engel der Geschichte mit aufgerissenen Augen und offenem Mund stehen wird, den Blick abgewendet. Ob der Engel der Geschichte (der von Klee gemalte *Angelus Novus*) nicht eigentlich Lots Frau ist?

Warum bleibt sie stehen und dreht sich um?

Weil es menschlich ist.

Was hat sie dort zurückgelassen?

Vergangenheit.

Warum gerade in Salz?

Weil Salz kein Gedächtnis hat. Nichts wächst auf Salz.

In der Nürnberger Chronik des Hartmann Schedel vom Ende des 15. Jahrhunderts gibt es eine Illustration dieser Szene. In einer Nahaufnahme der Vater mit den Töchtern, geführt von einem erheiterten Engel, der ihm etwas erzählt. Sie schreiten voran, entfernen sich vom brennenden Sodom mit den einstürzenden Türmen. In der Mitte zwischen der sich entfernenden kleinen Gruppe und der brennenden Stadt steht eine Frau in Weiß. Sie hat das Gesicht nach hinten gewandt. Eigentlich schaut sie ein wenig zur Seite. Der Vergangenheit, wie auch dem Feuer, kann man nicht direkt ins Auge blicken. Ihr Gesicht ist befriedet. Es gibt kein Entsetzen, keine Angst, keinen Schmerz. Es ist nur noch Salz. Und die Töchter und der alte Lot, geführt vom gesprächigen Engel, bemerken ihre Abwesenheit nicht einmal. Sie haben sie bereits vergessen.

29.

Ihr sollt euch nicht Schätze sammeln in der Gegenwart, wo Motten und Rost sie fressen und wo Diebe einbrechen und stehlen. Sammelt euch aber Schätze in der Vergangenheit, wo weder Motten noch Rost sie fressen und wo Diebe nicht einbrechen und stehlen. Denn wo dein Schatz ist, da ist auch dein Herz.

(Gaustín, »Apokryphe Versionen und neue Testamente«)

30.

Nichts beruhigt so wie die angeordneten gleichförmigen Bände von Enzyklopädien aus verschiedenen Kontinenten – altes Kirschrot, Braun und Schwarz.

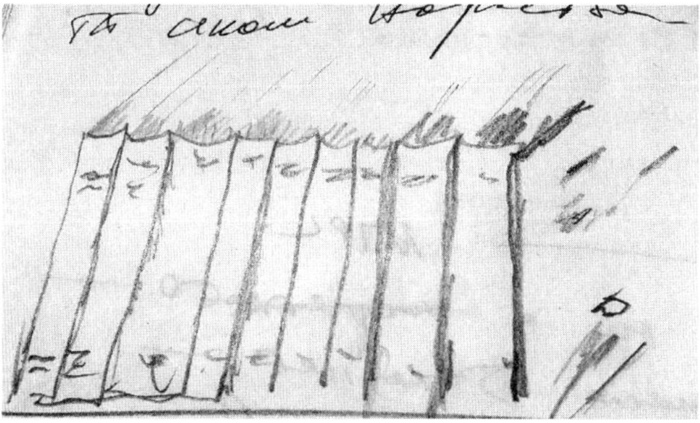

Dieses Mantra von Titeln kann gegen böse Mächte und Zeiten verwendet werden:

Enciclopedia general ilustrada del País Vasco
Enciclopedia de México
Nueva enciclopedia de Puerto Rico
Diccionario biográfico de Venezuela
Encyclopedia Britannica
The New York Public Library, Oriental Collection
The South in American Literature, 1607–1900
Poisonous and Venomous Marine Animals of The World
Nomenclator Zoologicus
Il grande libro della cucina italiana
The Cuisine of Hungary
Book-prices Current (London), 1905/06
Subject Index of Books Published Before 1800
The Mother of All Booklists
Dictionary of Anonymous and Pseudonymous English Literature
Dicionário bibliográfico brasileiro
Catálogo de la bibliografía boliviana
A Short-title Catalogue of Books Printed in England, Scotland …, 1475–1640
Catalogue of German Books, 1455–1600
Crime Fiction, 1749–2000
Bibliografía de la literatura hispánica

31.

Irgendwo in den Anden glaubt man bis heute, dass die Zukunft hinter dir ist. Sie kommt überraschend und unvorhersehbar hinter deinem Rücken hervor, doch die Vergangenheit hast du immer vor Augen, sie ist schon geschehen. Wenn sie von Vergangenheit sprechen, zeigen die Menschen des Aymara-Volks mit der Hand vor sich. Du gehst voran mit dem Gesicht zur Vergangenheit und drehst dich um zur Zukunft. Wie würde dann wohl das Gleichnis von Lots Frau aussehen?

Wir gehen voran und betreten die endlosen Elysischen Gefilde der Vergangenheit.

Ich gehe voran und werde zu Vergangenheit.

32.

Ich träume erneut diesen Traum. Irgendwo, in der Bibliothek dieser Welt, im Hauptlesesaal mit hoher bemalter Decke, hölzernen Tischen und aus dem Vollen gedrehten Lampen in der weichen Farbe von altem Gold, sitzt ein Mann, versteckt hinter einer aufgeschlagenen Zeitung. Die Zeitung ist groß, folglich alt, so wie die Zeitungen früher einmal waren. Ich gehe zwischen den Gesichtern von Menschen (ich sehe im Traum nur die Gesichter), die sich mir zuwenden, auf ihn zu. Gesichter von Männern und Frauen, sie sind mir irgendwoher bekannt, haben aber längst ihre Namen verloren. Ich weiß (ich weiß es nicht, aber ich fühle es), dass uns alle beobachten, die Szene ist wichtig. Auf der ersten Seite steht im Telegrafenstil mit großen Buchstaben … was es ist, kann ich noch nicht lesen.

Es sieht nah aus, aber im Traum verlängert sich der Weg von selbst, meine Bewegungen werden immer mühsamer, als würde ich durch etwas Klebriges waten, oder ich habe einfach Angst, ihn zu erreichen … Die Angst ist doppelt – erstens davor zu lesen, was da steht, obwohl ich irgendwo in mir drin weiß, was es ist. (Ich kenne die ganze Zeitung auswendig.)

Die zweite Angst ist, dass der Mann, wenn ich ihn erreiche, die Zeitung herunternehmen wird und ich mein eigenes Gesicht sehen werde.

33.

Es gibt Tage, an denen alles in Ordnung zu sein scheint, ich kann sogar schreiben, gewinne Städte und Zimmer zurück, in denen ich gewesen bin, mein Verstand ist klar wie ein Eimer Regenwasser, dann wird alles wieder trübe, schlammig … es kommen irgendwelche Leute ohne Gesichter, klappern im Zimmer, sprechen, wollen mich bedrohlich glücklich machen, später erinnere ich mich an nichts, starre auf einen Punkt und habe keine Kraft, meinen Blick abzuwenden …

34.

Ein Haarschnitt in Brooklyn bei Gianni, einem Tadschiken, der Frank Sinatra vor sich hin trällert, und wenn er das Rasiermesser aufklappt, um meinen Nacken auszurasieren, verspüre ich die immer dagewesene Angst, wie ein Opferlamm geschlachtet zu werden. Danach zaubert er ein unerträglich heißes und feuchtes Tuch hervor, das er auf mein Gesicht wirft und festdrückt. So, geschlachtet und doch nicht geschlachtet, erstickt und doch nicht erstickt, am Ende mit Lavendelrasierwasser übergossen, öffne ich die Augen wie ein Wiederauferstandener und gebe ein etwas größeres Trinkgeld, als Lösegeld für mein Überleben. Schon auf dem Gehsteig füge ich in meinem Notizbuch den Geruch des Rasierwassers hinzu, der Erinnerungen an Haarschnitte weckt. Jeder hat eine Erinnerung daran und Angst davor. Jeder hat sein eigenes Weißwerden auf dem Friseurstuhl registriert.

Der besondere Geruch der New Yorker Straßen, der von den verrottenden Früchten des Ginkgo biloba kommt. Ich schreibe auch diesen Geruch auf … Ginkgo biloba in New York. Was findet man wohl im Gedächtnis dieses Baumes, der sich an das Ende der Dinosaurier erinnert, diese sich bewegenden (und einstürzenden) Wolkenkratzer von vor der Eiszeit. Und zusammen mit ihnen auch das Einstürzen der echten Wolkenkratzer – das ist ein unverhältnismäßiges, entsetzliches Gedächtnis. Hast du jetzt begriffen, warum du Albträume hast, sage ich zu mir, weil du dich seit Jahren mit Ginkgo biloba gegen Vergesslichkeit vollstopfst, doch er erinnert dich an schreckliche Dinge.

Ich fahre jeden Tag von Brooklyn zur New York Public Library an der Ecke Fifth Avenue und 42stc Straße. Allmählich gewöhne ich mich an alle Details auf dem Weg. Das Hinausfahren Richtung Manhattan Bridge, weit entfernt im Hintergrund die Freiheitsstatue, der Anblick von Brandmauern, Schornsteinen, Wassertürmen, riesigen Dachterrassen und dort zum Trocknen aufgehängter Wäsche, bevor die U-Bahn wieder in den Untergrund abtaucht. Ich steige am Times Square aus, bleibe eine Minute stehen, um die Reklametafeln zu lesen, so als würde ich die ersten Seiten der heutigen Zeitung durchsehen. Reklametafeln sind die neuen Zeitungen. Was steht da – irgendwelche Ungeheuer, Zurück in die Zukunft, Blockbuster, die mit dem Ende der Welt drohen, Uhren und Kredite … Offenbar kommt nichts Gutes daher. Ich gehe auf der 42sten weiter, unter dem Soundtrack von Feuerwehr- und Polizeiautos, wie im Film. Ich betrete den Bryant Park, vorbei an den grünen Tischchen und Stühlen unter den hohen Platanen, ich werfe einen Blick auf das Chrysler Building, dieses Art Déco in der Vertikalen, und ich gleite in die kühle Höhle der Bibliothek hinein wie in eine andere Zeit, eine Zeitzuflucht.

35.

Im Radio melden sie, dass in der Wüste im Juli Schnee gefallen ist und sich auf den Pyramiden aufgehäuft hat, ich stelle mir die Sphinx mit einer Schneehaube vor. Schnee entstellte die öffentlichen Statuen, wie Auden schrieb. Was wohl die Kamele in dieser Schneewüste tun. Sie suchen fieberhaft in der Vergangenheit, in einem tiefen Gedächtnis, was man in solchen Fällen tut, aber es gibt keine Aufzeichnungen, die Zeitkapseln der Gene haben nichts Entsprechendes bewahrt.

Man sagt, wenn das Ende der Welt kommt, werden sich die Jahreszeiten vermischen.

36.

Ich träumte einen Traum, nur eine Phrase daraus gelang es mir zu bewahren. Das unschuldige Ungeheuer der Vergangenheit. Den Traum habe ich vergessen, die Phrase ist geblieben.

37.

Sarajevo 1914/2024

Die Reenactments werden immer brutaler, immer authentischer. Dieses ist eines der populärsten auf dem Balkan – eine Rundfahrt durch Sarajevo mit einer Kopie des Automobils von Franz Ferdinand – *Gräf & Stift Doppelphaeton*, schwarz, Vierzylinder. Auch die Kleidung, das weiße Hemd des Thronfolgers, die Uniform, der Säbel, die Fahrtroute, die Stationen, der fatale Irrtum des Chauffeurs – alles wie an jenem Tag.

»Bleib nicht außen vor, geh ein in die Geschichte! Sei für eine Stunde Gavrilo Princip oder Franz Ferdinand in Sarajevo 1914!«

Die Organisatoren, übrigens in Verbindung mit der Stadtverwaltung, wollen etwas ganz Besonderes für den Jahrestag des Mordes auf die Beine stellen, der 28. Juni in neuem Stil. Etwas noch nie Dagewesenes und Hyperrealistisches. Es ist auch noch ein rundes Jubiläum des Ausbruchs des Ersten Weltkriegs. Tausende Bürger, herangezogen als Statisten und gekleidet im Stil der Epoche, spazieren seit einer Woche durch die Stadt. Es läuft ein detailliertes Reenactment auf Grundlage von erhaltenen Archivfotos, wissenschaftlich begleitet durch Historiker von der Universität. Aber etwas fehlt, es fehlt Suspense, Gefahr. Immerhin ist das nicht nur ein Spaziergang einer Hoheit an einem schönen Junitag … schließlich wird ein Krieg begonnen und keine Gartenparty. Es gelingt ihnen, einen weitläufigen Verwandten der Dynastie aufzutreiben – in entfernter Nebenlinie, aber immerhin, es braucht doch adliges Blut.

Für die Rolle des Gavrilo Princip veranstalten sie ein Casting unter den jüngeren anarchistisch gestimmten serbischen Burschen, die arbeitslos und zu allem bereit sind. Es zeigt sich, dass die einstige Bewegung »Schwarze Hand«, aus der die Attentäter damals hervorgingen, reaktiviert worden ist. Sie wählen von dort einen jungen Mann. Sie statten ihn mit der entsprechenden Pistole aus – einer »Browning M 1910«, klein, flach, bequem verdeckt zu tragen. Natürlich mit ungefährlichen Platzpatronen, nur so viel, dass man den Knall hört.

Es kommt der 28. Juni, die ganze Stadt versammelt sich, um zu schauen, manche mit Eintrittskarten, manche von den Balkons der Nachbargebäude aus, kleine Kinder hängen auf den Ästen der Bäume. Eine verblüffende Ähnlichkeit übrigens mit jenem 28. Juni 1914. Sogar die Wolken sind identisch, wie jemand später anmerken wird, als er die Filmaufnahmen vergleicht. Es weht ein leichter Wind, er zerstreut die bereits herabgerieselten Lindenblüten. Die Statisten, manche in Frack und Zylinder, andere ungezwungener gekleidet, laufen ungeduldig umher, die Frauen – ebenfalls im Stil einer (auch wegen genau dieses Tages) für immer verschwindenden Epoche, tragen stolz ihre Hüte, so groß wie Storchennester.

Der Erzherzog knattert mit dem vierzylindrigen schweren und schwarzen *Gräf & Stift Doppelphaeton* heran. Alles geschieht so, wie es an jenem frühen Vormittag war – das Ehrengeleit aus drei Automobilen fährt los, der erste erfolglose Versuch mit der Bombe, ein Stopp im Rathaus, wo der Erzherzog zittrig sagen wird – da kommt man nach Sarajevo, um einen Besuch zu machen, und wird mit Bomben beworfen, Abfahrt zum Krankenhaus, um die Verwundeten zu besuchen, das Abweichen von der neuen Route, das Manöver bei der Lateinerbrücke, vor den Augen des bereits verzweifelten Gavrilo Princip, der sich in einer Kneipe mit Bier volllaufen lässt. In diesem Augenblick hebt der Attentäter den Blick und sieht, dass das Opfer von selbst zu ihm kommt, er zieht die Pistole, macht einen Satz zum wie ein schwerer Käfer auf der Stelle drehenden Automobil und schießt auf den Erzherzog.

Eine rote Rose erblüht auf dem weißen Hemd des Erzherzogs, Blut sprudelt hervor. Es ist alles so realistisch, dass die Menschen in der Menge ringsum erstarrt sind, keiner wagt zu klatschen. Die Ehefrau Sophie sinkt auf Franz Ferdinands Beine zusammen, aber niemand schenkt dem besondere Aufmerksamkeit, so ist es auch in der Geschichte vermerkt. Etwas in den Handlungen des Attentäters selbst ist jedoch nicht, wie man es erwarten würde. Es ist, als könnte er das Geschehene ebenfalls nicht glauben, dem Drehbuch nach muss er erfolglos versuchen, sich zu erschießen, Zyankali schlucken, doch es hat ihm die Sprache verschlagen.

Eine lange, eine historisch lange Sekunde, bleibt über dem Zentrum von Sarajevo hängen, so als würde etwas in der Zeit umschalten, und man kann sehen, wie Gavrilo Princip verlegen und tatenlos mit der noch rauchenden Pistole herumsteht, die Menge glotzt und ist erstarrt, einen Augenblick bevor sie sich auf ihn stürzt, um ihn zu zerreißen, der Wind ist abgeflaut, man hört nichts, ein Kind plumpst von einem Ast, wagt es aber nicht einmal zu heulen … (Für einen Augenblick kommt es mir so vor, als könnte ich hier die Handschrift Dembis mit seinem neuen Freilufttheater, seiner Tragicommedia dell'arte erkennen.)

Und in diesem Moment röchelt der Erzherzog, das Blut spritzt wie ein Springbrunnen, und das Bild wird lebendig. Der Mann liegt wirklich in den letzten Zügen.

Die Gendarmen stürzen sich auf Gavrilo Princip, d. h.

den, der Gavrilo Princip spielt, aber das hat überhaupt keine Bedeutung mehr, alles ist in Gang gekommen, wie damals. In dem Durcheinander ertönt noch ein Schuss, und die angebliche Platzpatrone durchbohrt den Magen eines der Gendarmen. Erst dann stürzt sich die Menge auf den Mörder, um ihn zu zerreißen. Das Heulen der Sirenen von Polizeiautos, ein Krankenwagen versucht, sich einen Weg zu bahnen. Die Pferde werfen die Polizisten ab und trampeln in dem Durcheinander einige Damen mitsamt ihren Hüten nieder. Das Chaos ist unaufhaltsam, und niemand führt Regie.

Niemand wird später erklären können, wie die angeblichen Platzpatronen sich auf einmal als scharf herausstellen. Einmal in hundert Jahren schießt auch das nicht geladene Gewehr, wie sie in dieser Gegend sagen, aber wer weiß …

Sofort kommt eine scharfe Note von den österreichischen Behörden wegen der Tötung ihres Mitbürgers, des Erben des Erzherzogs. Von der Europäischen Staatsanwaltschaft werden Vorwürfe gegen die Organisatoren des Reenactments erhoben, man verlangt eine unverzügliche Verhaftung aller Beteiligten und eine Verfolgung der anarchistischen Bewegung »Schwarze Hand«. Die Ortsansässigen von Sarajevo brauchen keine Aufforderung, und einige serbische Firmen und Vertretungen werden auf der Stelle zerschlagen.

Europa steht um Haaresbreite vor einem zweiten Ersten Weltkrieg.

38.

Etwas ist wie ausgewechselt, etwas ist nicht mehr dasselbe.

Ich höre seine schlurfenden Schritte, das schwere Atmen.

Vorher war es nicht so, vorher war da Rhythmus, Tanzen, Laufen.

Ich erblicke für einen kurzen Augenblick zwischen den Schatten der Blätter das müde Licht von gestern oder von einem vergessenen Nachmittag vor Jahren. Etwas sickert durch, tröpfelt, setzt sich ab aus anderen Zeiten.

Ich spüre mit dem Gaumen einen Geschmack von Asche, mit meiner Nase den Geruch von Verbranntem. Wie von einem selbstentzündeten Stoppelfeld oder Wald …

Etwas ist wie ausgewechselt, etwas ist nicht mehr dasselbe.

Ich betaste mit meinen Fingern eine andere Haut, kühl und körnig. Vorher war sie warm und glatt, lebendig wie die Hand eines Menschen, jetzt ist sie wie die abgestreifte Haut einer Sandviper.

Du gehst an einem heißen Augustnachmittag spazieren, und plötzlich schlägt dir hinter einem Busch Verwesungsgeruch entgegen. Eine Leiche, wahrscheinlich von einer Ratte, aber trotzdem eine Leiche.

Etwas ist dabei kaputtzugehen, bitter zu werden, zu müffeln, sich zu verfinstern und kalt zu werden, mit meinen fünf Sinnen spüre ich es.

Etwas ist wie ausgewechselt, etwas ist nicht mehr dasselbe.

Und wenn die Zeit bereits stehengeblieben ist? Wie werden wir es erfahren? Werden die Uhren stehenbleiben? Werden die Kalender an ein und demselben Datum verharren? Wohl kaum, sie ernähren sich ja eigentlich nicht von Zeit, sie leben nicht davon.

Und was ernährt sich dann von Zeit?

Alles Lebendige natürlich. Katzen, Kühe, Bienen und Schwimmnattern, Disteln, der Mäusebussard und die Mäuse, die Eichhörnchen in den Parks, die Regenwürmer und die Fruchtfliege, der Blauwal und die Rotfeder – alles was schwimmt, fliegt, sich still und leise durchschlängelt, auf Bäume klettert, wächst, fortpflanzt, altert und stirbt. Nur sie ernähren sich von Zeit … Oder die Zeit sich von uns. Wir sind die Nahrung der Zeit.

Wir müssen es spüren, zum Teufel, wenn sie gestorben ist.

39.

Und erneut zu den Bücherregalen, um mich davon zu überzeugen, dass die Welt gebunden und geordnet ist. Da ist der Erste Weltkrieg, er hat in den zwölf identischen roten Bänden irgendeiner Enzyklopädie sein Ende gefunden. Da ist der Kalte Krieg, für immer begraben zwischen den Buchdeckeln dreier großer Bände, grau. Weder der Spanische Bürgerkrieg ist noch schrecklich (er schläft auf dem oberen Regalbrett) noch der Zweite Weltkrieg, für ihn gibt es zwei Regale. Alles existiert, um in ein Buch zu münden, wie Mallarmé im Lieblingszitat von Borges sagte. Was, wenn man darüber nachdenkt, kein so schlechter Ausweg ist.

Ich stehe im Rose Main Reading Room unter der Kassettendecke mit den gemalten Himmeln im Veronese-Stil. Ich habe mich in der Nähe der Regale mit Geschichtsbüchern niedergelassen. Ich habe, mehr als Alibi, den ersten Band einer Enzyklopädie des Kalten Krieges zur Hand genommen, eine Ausgabe von 2008, die Buchstaben A-D.

Mir wird bewusst, dass ich Fronterinnerungen aus diesem Krieg erzählen kann, wir kämpften schon als Kinder in ihm. Ich blättere in ihr, und wie ein Spion werfe ich heimliche Blicke auf die Menschen um mich herum. Du verwandelst dich in das, was du liest. Am Tisch vor mir steht ein

Mann, den ich sofort als Obdachlosen erkenne. Ich habe immer eine unerklärliche Nähe zu ihnen gespürt. Er trägt eine Regenjacke, die ihm um einiges zu groß ist (ich habe eine ähnliche), und eine Russenmütze mit zur Seite abstehenden Ohrenschützern. Im Lesesaal ist es warm, aber er fühlt sich so wohler, zusammengepackt, sofort bereit aufzubrechen, falls sie ihn hinausjagen, ich kenne dieses Gefühl der vorauseilenden Schuld gut.

Links von sich hat er einen Stapel Bücher aufgeschichtet. Tatsächlich ist er einer der wenigen rundherum, die wirklich lesen. Die anderen glotzen auf ihre Handys, chatten, warten darauf, dass der Regen draußen aufhört. Die Bibliothek ist ein Zufluchtsort, ein warmer und trockener Ort, der allen offensteht. Vor Jahren hatte es einen Versuch gegeben, den Zutritt für Clochards zu verbieten, aber man verwarf die Idee wieder. Ich brenne vor Neugier zu sehen, was genau er liest, stehe auf, tue so, als suchte ich etwas in den benachbarten Regalen, und drehe mich leicht um. Ganz oben auf seinem Stapel liegt eine dicke, zerfledderte Ausgabe der »Chronik der Barbaren«. Darunter, es gelingt mir den Buchrücken zu lesen – »Kurze Geschichte Indiens«. Und vor ihm … das kann nicht sein – Gaustín »Ausgewählte Schriften«. Unwillkürlich strecke ich die Hand aus, der Clochard hebt den Blick, erst dann entziffere ich den Einband richtig – Augustinus natürlich. (Ich bin mir fast sicher, dass da vor kurzem noch Gaustín stand.) Ich entschuldige mich, er starrt mich an, dann beugt er sich erneut über das Buch, das er in der Hand hält, irgendein Album mit riesigen spanischen Häusern aus dem 19. Jahrhundert.

40.

Vor einigen Jahren begann ich allmählich, mein Gehör zu verlieren. Das diskrete Hörgerät, das man mir mit dem Versprechen verschrieb, es würde mir die Amseln am Morgen und die Grillen in einer Sommernacht zurückbringen, hatte so gut wie keinen Effekt. Mit ihm hörte ich alles wie auf einer alten Grammophonplatte aufgenommen, mit einem leicht metallischen Widerhall und einem Knacken hier und da. Das Gefühl von technischer Reproduzierbarkeit, wie Benjamin sagen würde. Der Soundtrack der Welt von gestern, aufgenommen und auf Playback abgespielt.

Auch während des Krieges haben Vögel gesungen. Ich lasse mir diese Phrase immer wieder durch den Kopf gehen, während ich »Quartett für das Ende der Zeit« von Messiaen höre, geschrieben und zum ersten Mal gespielt im Januar 1941 im Lager für französische Kriegsgefangene. Ich habe die Lautstärke ganz aufgedreht. An den Anfang des Quartetts hat Messiaen jene Worte aus der Offenbarung nach Johannes gestellt – über den Engel, der das Ende der Zeit verkündet. Es fiel ein kalter Regen an diesem Nachmittag, das Konzert fand im Freien statt, doch keiner der 400 Lagerinsassen und Wächter ging fort. Eine ungewöhnliche Kombination von Klavier, Klarinette, Geige und Cello – das waren die verfügbaren Musiker unter den Gefangenen … Der erste Teil, die Kristallene Liturgie, wird eröffnet mit dem Erwachen der Vögel, die Klarinette imitiert in einem wundervollen Solo eine Amsel, und die Geige nach ihr – eine Nachtigall, endlos, sich wiederholend, sich vergessend, lieblich und zugleich beunruhigend, gelassen und angespannt.

Auch während des Krieges haben Vögel gesungen. Darin liegt das ganze Entsetzen … und ein Trost.

41.

Während das Buch Prediger uns lehrt, dass es eine Zeit für alles gibt, eine Zeit für dies und eine Zeit für jenes, wird uns auf einmal im letzten Buch der Bibel das Ende der Zeit angekündigt. Das verkündet der Engel in der Offenbarung des Johannes, sein einer Fuß auf dem Meer, der andere auf dem Land, in seinen Händen ein Buch. Jenes, das Johannes essen muss. Wenn wir sagen »ich habe dieses Buch verschlungen«, sollte man irgendwo auch ein Echo jener Stimme hören.

Nimm und iss es, sagt der Engel, als er Johannes das Buch reicht, in deinem Magen wird es bitter sein, in deinem Mund aber süß wie Honig. (Als junger und hingebungsvoller Leser aß ich einmal eine Seite, an das Buch kann ich mich nicht mehr erinnern, ein Gedichtband, scheint mir, sie tragen weniger Druckerschwärze. Sie war schon in meinem Mund bitter.)

Und genau an dieser Stelle kündigt der Engel an, dass keine Zeit mehr bleiben wird. Das war's. Nicht das Ende der Welt wird uns verkündet, sondern das Ende der Zeit.

Es werden sich die Käfige der Tage öffnen, und alle Zeiten werden sich in einer vereinen.

... und Gott holt wieder hervor, was vergangen ist.

42.

... Mein ganzes Leben ist aus fremden zusammengenäht. Auch das, was ich jetzt lebe, ist ein anderes Leben, wessen, kann ich nicht wissen. Ich fühle mich wie ein Monster, zusammengeflickt aus verschiedenen Zeiten. Ich sitze in einer fremden Stadt mit ununterbrochenem Sirenengeheul von

Feuerwehrautos, als würde sie ständig in Flammen stehen, ich verbringe alle meine Tage in ihrer Bibliothek, im kühlen Lesesaal unter einem gemalten Himmel, umgeben von den Enzyklopädien der Welt, rote Einbände und goldene Buchstaben. Ich lese alte Zeitungen und betrachte die Gesichter der Menschen. Ich habe Angst, dass jeden Augenblick jemand auftauchen, sich umsehen und auf mich zukommen wird …

Ich stehe in einer Bibliothek, der Bibliothek der Welt. Jeden Morgen bestelle ich Zeitungsausgaben von ein und demselben Tag des Jahres 1939. Alles ist mir bekannt, ich bin dort gewesen, ich habe in einer Spelunke in der 52sten getrunken, die Regenfälle jenes Herbstes haben mich nass gemacht. Die Zeitung ist nur eine Tür. Im Kleinen und Unbedeutenden, so war es doch, dort versteckt sich die Vergangenheit mit ihrem Uhrwerk, das unschädlich gemacht werden muss. Irgendwo dort, zwischen den letzten Rabatten für die Saison und dem Artikel über die Gasmasken an deutschen Schulen mit dem großen Foto auf Seite 3 der »New York Times« (alle Schüler eines Gymnasiums vor der Schule in Reih und Glied aufgestellt, sich an den Händen haltend und mit übergestülpten Gasmasken, ohne Gesichter). Ich werde die Anzeigen der Kinosalons und Nachtlokale sehen, ich werde auf Seite 37 ein wenig in der Bar Cinzano sitzen, werde den neuen Radioempfänger »Emerson« ohne Kabel und Antennen für nur 19,95 Dollar einschalten, um die letzten Berichte aus dem Ausland zu hören, ich werde in den Kleinanzeigen für Zimmer zur Miete in Lower Manhattan übernachten, und ich werde die Gesichter der Menschen betrachten, die am frühen Abend in den Klatschspalten ausgegangen sind. Nichts darf ausgelassen werden, dort befindet sich der Abzug, an einem letzten Augustabend … Dein G.

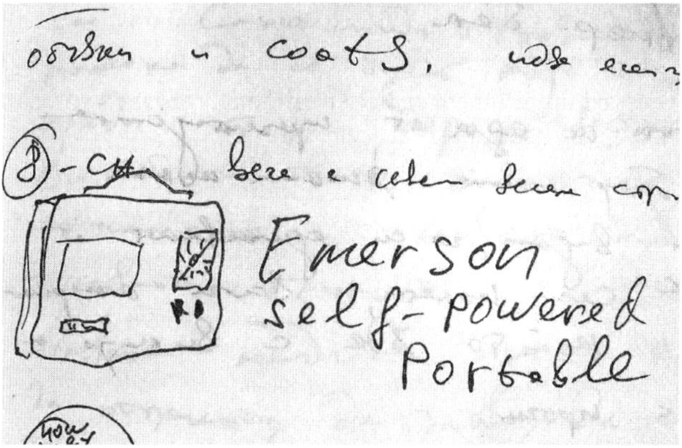

Ich stehe am Fenster mit dem Brief in der Hand, Absender und Empfänger, ich lese und denke mir, dass die Welt immer ein wenig vor dem 1. September steht, am Ende des Sommers, mit den Reklamen in der Zeitung und dem weit entfernten Donnern eines soeben beginnenden Krieges … Der Nachmittag der Welt, an dem sich unsere Schatten unter der schwindenden Sonne verlängern, bevor der Abend hereinbricht.

43.

Solange du dich erinnerst, hältst du die Vergangenheit fern. Als hättest du ein Feuer inmitten eines nächtlichen Waldes angezündet. Rundherum haben sich Dämonen und Wölfe hingehockt, die Bestien der Vergangenheit ziehen den Kreis enger, aber noch wagen sie sich nicht heran. Die Allegorie ist simpel. Solange das Feuer des Gedächtnisses brennt, bist du der Herr. Beginnt es auszugehen, wird das Heulen stärker werden, und die Bestien werden immer näher kommen. Das Rudel der Vergangenheit.

Je weniger Gedächtnis, desto mehr Vergangenheit.

Kurz vor Ende der Zeiten werden sie sich vermischen. Weil die Käfige offen sind, und alle werden hinauskriechen … Wenn es die Tage nicht mehr gibt, worin werden wir dann leben, sagte ein Dichter, wie war noch sein Name. Und Tage gibt es nicht … Der Kalender hat sich selbst aufgelöst, es gibt nur einen Tag und eine Nacht, und sie wiederholen sich ewig …

Ich erinnere mich, um die Vergangenheit in der Vergangenheit zu halten …

(Das gelbe Notizbuch)

44.

Ich bin 7 … Zu Besuch in einer anderen Stadt, es findet irgendein Fest statt. Es wimmelt von Menschen, ich reiche ihnen gerade einmal bis zur Hüfte, sie drängeln, treten mir auf die Füße, irgendjemand spuckt von oben die Schalen von Sonnenblumenkernen auf mich, ich klammere mich an die Hose meines Vaters, später lasse ich ihn los, bleibe an einer Schießbude stehen, aber ich reiche nur bis zum Tresen, ich kann mich nicht erinnern, wie lang ich dort gestanden habe, ich drehe mich um … mein Vater und meine Mutter sind verschwunden. Und jetzt. Der Vater nahm Hänsel und Gretel auf einen Spaziergang in den unbekannten Wald mit und … als sie sich umdrehten, war er nicht mehr da.

Ich renne durch die Menschenmenge, rufe, trete aus dem Gewimmel hinaus, es ist später Nachmittag, die Straßen der Stadt sind voll, die Leute kommen von der Arbeit zurück. Ich halte eine Frau im Alter meiner Mutter auf, Tante, ich habe mich verlaufen, schluchze ich. Ich kann mich weder an den Namen der Straße erinnern noch an die Hausnummer, wo wir abgestiegen sind. Ich weiß nur, dass die Tür grün ist … Ah, aber die sind alle grün, Schätzchen, ich komme gerade von der Arbeit, frag jemand anderen. Ich frage eine andere Frau, die Männer halte ich überhaupt nicht auf, ich habe es eilig, Kleiner, ich habe es eilig, schau, irgendwo hier muss ein Onkel von der Miliz sein, alles halb so wild … Es wird ganz dunkel, Autos brausen vorbei, die Straßen leeren sich, es wird kühl, niemand bemerkt mich, ich bekomme Nasenbluten … Und plötzlich packt mich eine Hand, zwei schallende Ohrfeigen, wir waren ganz verrückt vor Angst wegen dir … Ich bin gerettet.

45.

Ich bin 6, mein Bruder ist 4, wir stehen in kurzen Hosen und Sandalen, aber mit langen Haaren wie die Beatles (Ich John, er Paul) auf dem Dorfplatz vor dem Partisanendenkmal. Das Foto hat unser Vater geschossen, eine Minute bevor er uns (begleitet vom Dorfmilizionär) zu Großvater Petre brachte, der uns auf Anordnung des Bürgermeisters die Köpfe kahl scheren wird. Das wird er auch mit unserem Vater tun, der sich abgesehen von den langen Haaren auch einen Schnurrbart hat wachsen lassen. Im Dorf gibt es keinen Frisiersalon. Großvater Petre setzt uns auf einen Baumstumpf neben dem Esel, der in der Nähe schnaubt. Ich sehe zu, wie mein Haar in hellen, blonden Locken zu Boden fällt, und wage es nicht einmal, ordentlich zu heulen, ich habe Angst vor dem Milizionär. Es kann sein, dass sie dir auch das Heulen verbieten, wenn sie dir schon die langen Haare verbieten …

Am Ende eilen wir drei – mein Vater, mein Bruder und

ich, kahlgeschoren wie Gefängnisinsassen, bespritzt mit dem billigen Kölnischwasser von Großvater Petre nach Hause. Wagt es bloß nicht zu heulen, presst mein Vater zwischen den Zähnen hervor, der gemerkt hat, dass wir jeden Augenblick losplärren werden.

Strawberry Fields Forever …

46.

Ich werde alt. Immer weiter weg verbannt vom Rom der Kindheit in den weit entfernten öden Provinzen des Alters, von wo es keine Wiederkehr gibt. Auch Rom antwortet nicht mehr auf meine Briefe.

Irgendwo existiert die Vergangenheit als Haus oder Straße, du bist kurz weggegangen, nur fünf Minuten, und hast dich in einer unbekannten Stadt wiedergefunden. Sie schreiben, die Vergangenheit sei ein unbekanntes Land. Blödsinn. Die Vergangenheit ist meine Heimat. Die Zukunft ist ein fremdes Land, voll mit fremden Gesichtern, ich werde keinen Fuß hineinsetzen.

Lasst mich nach Hause zurückkehren … Meine Mutter hat gesagt, ich soll nicht zu spät kommen …

47.

Ich muss 3 sein. So hoch wie die Rosen im Garten, ich stehe barfuß auf der warmen Erde, halte meine Mutter an der Hand und schaue mir lange eine Rose aus nächster Nähe an. Das ist das einzige, woran ich mich erinnere. Das erste und letzte.

48.

Syndrom der Unzugehörigen

Keine Zeit gehört dir, kein Ort ist dein. Das, wonach du suchst, sucht nicht nach dir, jenes, wovon du träumst, träumt nicht von dir. Du weißt, dass etwas an einem anderen Ort und in einer anderen Zeit dein gewesen ist, deshalb durchstreifst du ständig vergangene Räume und Tage. Doch wenn du am richtigen Ort bist, ist die Zeit eine andere. Wenn du in der richtigen Zeit bist, ist der Ort verschieden.

Unheilbar.

(Gaustín, »Neue und bevorstehende Diagnosen«)

EPILOG

Romane und Erzählungen geben einen trügerischen Trost von Abfolge und Form. Angeblich hält jemand alle Fäden der Handlung in der Hand, er kennt die Abfolge und Auflösung, welche Szene nach welcher kommt. Das wirklich mutige Buch, mutig und untröstlich zugleich, wäre das, in dem alle Geschichten, ob sie passiert sind oder nicht, um uns herum im Urchaos schwimmen, schreien und flüstern, flehen und kichern, sich begegnen und in der Dunkelheit aneinander vorbeigehen.

Das Ende eines Romans ist wie das Ende der Welt, es ist gut, es aufzuschieben.

Der Tod hat sich ins Lesen vertieft, hat vergessen, und seine Sense rostet neben ihm vor sich hin. Es könnte ein Stich von Dürer sein oder ein Detail bei Bosch.

Ich habe Enden nie gemocht, ich erinnere mich nicht an das Ende auch nur eines Buches, eines Films, ob es so eine Diagnose gibt – Gedächtnisverlust für Enden? Und was gibt es schon so viel zu erinnern an einem (immer schon im Voraus angekündigten) Ende.

Ich erinnere mich nur an Anfänge.

Ich erinnere mich, wie ich lange Jahre früh schlafen gegangen bin … Ich erinnere mich, wie sie zum ersten Mal Eis ins Dorf karrten und mein Vater mich zum Zigeuner mitnahm … ich habe seinen Namen vergessen. Ich erinnere mich an einen fürchterlichen Schneesturm im Winter und die Kerze, die zu Hause brannte, die Kerze brannte … Ich erinnere mich an eine Rose, die ich von Angesicht zu Angesicht betrachte, selbst nur so hoch wie sie. Ich erinnere mich, wie ich mit nassem Uniformmantel in den Schützengräben irgendeines Krieges hocke, ich rauche kurze, scharfe Zigaretten. Ich sitze in einer der Spelunken in der 52sten Straße, verwirrt und unsicher … Oder ich schnüre meine Sandalen und hebe meinen Schild hoch, der in der Sonne blitzt.

Sie sagen, dass mein Leben ein ganz anderes gewesen sei.

Ich stimme zu, um sie nicht zu ärgern. Aber eigentlich habe ich kein anderes Leben.

Ich kann mich nicht mehr erinnern, ob ich mir Gaustín ausgedacht habe oder er sich mich. Gab es so eine Klinik für Vergangenheit, oder war das nur eine Idee, eine Aufzeichnung im Notizbuch, ein Stück Zeitung, das mir zufällig untergekommen ist? Und ob all das mit dem Herbeiströmen der Vergangenheit bereits passiert ist, oder beginnt es morgen …

0.
1939/2029

Die Armeen sind aufmarschiert und warten. Die ersten Schüsse werden vom Schiff *Schleswig-Holstein* gegen die Garnison auf der Halbinsel Westerplatte im Hafen von Danzig abgegeben werden. Es ist schon lange vorbereitet, man wartet auf den konkreten Moment, irgendein Jahrestag. Alles wird genau nachgestellt, auf die Stunde genau. Es gibt vorher einen kleinen Streit über die Minuten, manche behaupten, es habe um 4.44 Uhr begonnen, andere um 4.48 Uhr. Es wird auch der erste in diesem Krieg getötete Soldat fallen, der polnische Unteroffizier Wojciech Najsarek. Die Luftwaffe wird den Überfall aus der Luft unterstützen … In der Ostsee werden einige U-Boote warten.

Ich weiß, was passieren wird. Bei einer Armee von eineinhalb Millionen reicht ein Schuss aus und … Die Panzer werden die Bäume niederwalzen, jenes alte Schiff wird es Granaten regnen lassen, die versteckten MG-Nester werden sich zu erkennen geben und alles mit kra-kra-kra kurz und klein schneiden – der erste Körper wird zerfetzt werden, aaah, jemand hat die Platzpatronen gegen echte ausgetauscht, gegenüber wird man das Feuer erwidern … das Heulen wahnsinnig gewordener Füchse, aufgescheuchte Krähen, Signalraketen, die den Himmel durchschneiden, alles hat gewartet, alles hat sich angestaut, um jetzt loszubrechen … Ich weiß von irgendwoher, dass es am ersten Tag insgesamt 20 Gefallene geben wird, vier auf polnischer und 16 auf deutscher Seite, und am Ende – Millionen …

Das bisher größte Reenactment eines Krieges, in realen Dimensionen, mit eineinhalb Millionen Statisten als Wehrmachtssoldaten, verteilt über die ganze Grenze zu Polen mit einer Länge von 1600 km, 62 Divisionen, 54 von ihnen in Kampfbereitschaft, 2800 Panzer, 2000 Flugzeuge (die alten Junkers und Stukas sind restauriert worden), die Artilleriegeschütze warten verborgen im Wald, U-Boote, Linienschiffe, eine Flottille von Zerstörern, ein Geschwader Torpedoboote.

Wir wiederholen diesen Krieg, damit er sich nie mehr wiederholt, wird jemand im Radio sagen, und diese absurde Tautologie wird alles aufschließen.

Morgen war der 1. September.

-1.

Жгмцццрт №№№№кктррпх ггфпр 111 111 111…
внтгвтгвнтгггг777ррр…

DANK

Für jemanden, der die Welt von gestern liebt, war dieses Buch nicht einfach zu schreiben. Es verabschiedet sich bis zu einem gewissen Grad von einem Traum von der Vergangenheit oder eher davon, in was man sie zu verwandeln versucht. In gewissem Sinne verabschiedet es sich auch von der Zukunft.

Verschiedene Orte und Zufluchtsorte waren Teil des Wegs dieses Romans.

Ich danke dem Cullman Center, New York Public Library, wo ich zehn Monate während 2017/2018 mit glücklichem Lesen und Notieren verbracht habe.

Ich danke ebenfalls dem Literaturhaus Zürich für seine freundliche Einladung im Jahr 2019, die mir Zeit und Luft zum Schreiben gegeben hat.

Man denkt, dass man in Einsamkeit schreibt, aber in seinem Kopf führt man ununterbrochen Gespräche mit anderen Menschen und Büchern. Ich danke ihnen allen, wahrscheinlich werden Sie im Roman Echos dieser Repliken in Abwesenheit entdecken. Ich danke auch Gaustín, der immer irgendwo in der Nähe war.

Ich danke den Menschen, mit denen ich Ideen im Laufe des Schreibens geteilt habe oder die meine ersten LeserInnen waren – Bojko Penčev, Ivan Krăstev, Nadežda Radulova, Dimităr Kenarov, Božana Apostolova, Angela Rodel, Galin Tichanov …

Für die Recherchen, besonders für eines der Kapitel,

im Zusammenhang mit dem Vergangenheitsreferendum, danke ich Helle Dalgaard, Marie Vrinat-Nikolov, Maria Vutova, Henrike Schmidt, Magda Pitlak, Jarosław Godun, Hellen Kooijman, Borislava Čakrinova, Giuseppe Dell'Agata, Veselin Vačkov, Marinela Lipcheva und Martin Weiss.

Ich danke ebenfalls dem Wissenschaftskolleg Berlin, wo ich das Buch Ende Februar des Schaltjahres 2020 abgeschlossen habe. Ich hatte dort gute und ermutigende Gespräche mit FreundInnen und KollegInnen wie Efraín Kristal (Borges war die ganze Zeit über bei uns), Wolf Lepenies, Thorsten Wilhelmy, Barbara Stollberg-Rilinger, Katharina Biegger, Daniel Schönpflug, Stoyan Popkirov, Luca Giuliani, David Motadel, Felix Körner.

Ich danke Božana Apostolova, die sich unerschütterlich hinter das Buch gestellt hat wie auch hinter meine früheren Bücher, die im Verlag Janet 45 erschienen sind.

Ich danke Nedko Solakov, Lora Sultanova, Christo Gočev, Nevena Dišlieva-Krăsteva und Iva Koleva, die in einer außergewöhnlichen Situation dieses Buch auf den Weg gebracht haben.

Ich danke meinen Eltern für die Geduld und Liebe, mit der sie dieses Buch erwartet und meine Abwesenheiten ertragen haben.

Am Ende, wie es immer kommt, danke ich denen, die an meiner Seite waren und mich ertrugen, während ich diesen Roman schrieb – Biljana, die liest und lektoriert, und Raya, kritisch und nachsichtig. (Wie sie einmal sagte, deine Helden haben keine Namen, damit du sie nicht vergisst. Und sie hatte recht.)

Und ich danke allen, die an irgendeinem Nachmittag in der Zeitzuflucht dieses Buches sitzen werden.

G. G. Berlin, 29. Februar 2020